L² ⁷ n 9940

# MÉMOIRES
# DE DANIEL HUET
### ÉVÊQUE D'AVRANCHES

Imprimerie de Ch. Lahure (ancienne maison Crapelet)
rue de Vaugirard, 9, près de l'Odéon.

# MÉMOIRES

# DE DANIEL HUET

## ÉVÊQUE D'AVRANCHES

TRADUITS POUR LA PREMIÈRE FOIS DU LATIN EN FRANÇAIS

### PAR CHARLES NISARD

PARIS
LIBRAIRIE DE L. HACHETTE ET C<sup>ie</sup>
RUE PIERRE-SARRAZIN, N° 14
(Près de l'École de Médecine)

1853

# AVERTISSEMENT.

Les Mémoires de Huet [1] n'ont jamais été traduits en français; mais ils l'ont été en anglais, par J. Aikin [2]. Quoique ces Mémoires fassent assez connaître leur auteur, cependant j'ai cru devoir les faire précéder d'un *Éloge historique*, où il m'a semblé que le docte évêque est apprécié par l'abbé d'Olivet avec une justesse, une simplicité et une grâce charmantes. Cette addition était indispensable, comme aussi celle que j'ai faite de trois autres pièces d'un véritable et piquant intérêt. On comprendra mieux, en les lisant, certains passages de ces Mémoires, étrangement passionnés, et où Huet porte sur deux ou trois personnages les jugements les plus opposés à

---

1. Ils ont pour titre : *Pet. Dan.* Hueti *episcopi abrincensis* Commentarius *de rebus ad eum pertinentibus, Amstelodami, apud Henricum Du* Sauzet, mdccxviii, in-12. Il n'existe que cette édition.
2. 2 vol. in-8, Londres, 1810.

l'opinion qu'on a d'eux généralement. Ces pièces, à vrai dire, ne sont pas rares; mais elles ne sont pas non plus communes, et sont reléguées dans des recueils qu'on ne trouve que dans les bibliothèques publiques. Les notes que j'ai ajoutées regardent seulement les gens de lettres du XVIIe siècle qui n'ont pas assez de célébrité pour être bien connus de tout le monde aujourd'hui, et à l'égard desquels il était nécessaire d'entrer dans quelques explications. Les hommes comme Descartes, Boileau, Bochart, Montausier, etc., etc., n'ont besoin que d'être nommés pour être salués à l'instant comme des personnes de connaissance intime.

# ÉLOGE HISTORIQUE

## DE L'AUTEUR

#### PAR L'ABBÉ D'OLIVET.

Pierre-Daniel HUET, ancien évêque d'Avranches, mort à Paris le 26 janvier 1721, était né à Caen, le 8 février 1630. L'amour de l'étude prévint en lui, ne disons pas tout à fait la raison, puisque nous ignorons quand elle commence, mais au moins l'usage de la parole. *A peine, dit-il, avais-je*[1] *quitté la mamelle, que je portais envie à ceux que je voyais lire.* Il perdit son père à dix-huit mois, sa mère quatre ans après. Il fut livré à des tuteurs négligents qui le mirent dans une pension bourgeoise, où, avec peu de secours, et n'ayant que de mauvais exemples, il ne laissa pas d'achever la carrière des humanités, avant que d'avoir treize ans faits.

Pour la philosophie, il tomba sous un excellent[2] professeur qui, à la manière de Platon, voulut qu'il commençât par apprendre un peu de géométrie. Mais le disciple alla plus loin qu'on ne souhaitait. Il prit

---

1. *Hueliana*, p. 3, édition de Paris, 1722; *Commentar.*, p. 16.
2. Le P. Membrun, connu par ses vers latins, et par un *Traité du poëme épique*.

un tel goût à la géométrie, qu'il en fit son capital, et méprisa presque les écrits que dictait son maître qui heureusement était assez sage et assez habile pour ne lui en savoir pas mauvais gré. Il parcourut tout de suite les autres parties des mathématiques ; et quoique cette science ne fût pas accréditée dans les colléges, ni même dans le monde, au point qu'elle l'a été depuis, on lui en fit soutenir des thèses publiques, les premières qui aient été soutenues à Caen.

Il devait, au sortir de ses classes, étudier en droit, et y prendre ses degrés. Deux ouvrages qui parurent[1] en ce temps-là interrompirent cette étude utile, et le jetèrent dans une autre plus amusante. Ces deux ouvrages étaient les *Principes de Descartes* et la *Géographie sacrée de Bochart*. Une preuve qu'on ne doit jamais avoir de préjugés, ou du moins s'y opiniâtrer, puisqu'un même homme, et un homme très-judicieux, peut quelquefois, dans ses âges différents, penser si différemment, c'est que M. Huet, qui a vivement censuré Descartes longtemps après, le goûta d'abord, l'admira, et le suivit durant plusieurs années. Quant à la *Géographie* de Bochart, elle fit une double impression sur lui, et par l'érudition immense de l'ouvrage, et par la présence de l'auteur, ministre des protestants à Caen. Tout ce livre était plein d'hébreu et de grec, aussitôt il voulut savoir ces deux langues, alla saluer l'auteur, lui demanda ses conseils, son

---

1. Les *Principes de Descartes*, imprimés en 1643, et le *Phaleg* de Bochart, en 1646.

amitié, et se fit son disciple, mais disciple prêt à devenir émule. Souvent un jeune homme, avec de l'esprit et du courage, n'a besoin que d'un modèle vivant pour déterminer le genre de ses études. Tel qui n'a fait toute sa vie que des madrigaux, aurait été un savant de premier ordre, s'il avait eu de bonne heure un Bochart devant les yeux.

Qu'on ne croie pas cependant que M. Huet fût ennemi des amusements et des exercices qui conviennent à la jeunesse. Il voyait[1] le monde, il avait soin de se bien mettre, il cherchait à plaire. Véritablement, il n'avait pas de grâce à danser; mais il primait à la course, il était meilleur homme de cheval, il faisait mieux des armes, il sautait mieux, il nageait mieux, dit-il, que pas un de ses égaux.

A vingt ans et un jour, la coutume de Normandie le délivra enfin de ses tuteurs qui lui épargnaient sordidement tout ce qu'ils pouvaient. Sa plus forte passion, et la première qu'il satisfit, dès qu'il se vit son maître, fut de voir Paris, non pas tant par curiosité, que pour se fournir de livres et pour connaître *les princes*[2] *de la Littérature;* c'est une de ses expressions. Il rendit d'abord ses devoirs au P. Sirmond, plus que nonagénaire. Cet aimable et respectable vieillard joignait à son grand savoir une grande candeur, qui lui venait de son propre fonds, et une grande politesse, que la cour de Rome et celle de

---

1. *Commentar.*, lib. I, p. 55, 56, 57.
2. *Huetiana*, p. 4; *Commentar.*, p. 58.

France lui avaient donnée. Le P. Petau, bien moins âgé, mais naturellement plus rigide que son confrère, se dérida le front en faveur d'un jeune provincial qui, non-seulement était déjà digne de l'écouter, mais qui osait même quelquefois[1] n'être pas de son avis, et lutter, presque enfant, contre un si grand homme.

Je nommerais tous les savants d'abord, si je nommais tous ceux que M. Huet connut, et dont il s'acquit l'estime, à son premier voyage à Paris. Deux ans après, il eut occasion de connaître ceux de Hollande; car la reine de Suède ayant invité Bochart à l'aller voir, il se joignit à lui, et partit au mois d'avril 1652. Bochart arriva dans des circonstances où il ne fut pas si gracieusement reçu qu'il avait lieu de s'y attendre. La santé de cette princesse chancelait. Trop d'application à l'étude, car elle y passait des nuits entières, lui avait échauffé le sang. Bourdelot, son médecin, habile courtisan, et qui avait étudié autant son esprit que sa complexion, l'obligea de rompre tout commerce avec les gens de lettres, dans l'espérance de la gouverner lui seul. Bochart en souffrit. Pour M. Huet, sa jeunesse l'empêcha de paraître si redoutable à ce médecin. Il vit souvent la reine, elle voulut même se l'attacher; mais l'humeur changeante de Christine lui fit peur, et il aima mieux au bout de trois mois retourner en France, où le principal fruit de son voyage fut un manuscrit d'Origène, qu'il avait copié à Stockholm.

[1] Voy. les *Dissertations sur diverses matières*, par l'abbé Tilladet, t. II, p. 432, 433.

Parmi les savants qu'il connut en Hollande, Saumaise tient le premier rang. Dirait-on, à l'emportement qui règne dans les écrits de Saumaise, que c'était au fond un homme facile, communicatif, et la douceur même, jusque-là qu'il se laissait dominer par une femme hautaine et chagrine, qui se vantait d'avoir pour mari, mais non pas pour maître, *le plus savant de tous les nobles, et le plus noble de tous les savants ?*

Quand M. Huet fut de retour dans sa patrie, il reprit ses études avec plus de vivacité que jamais, pour se mettre en état de nous donner son manuscrit d'Origène. Deux sortes d'Académies, l'une qui s'était formée en son absence pour les belles-lettres, l'autre qu'il fonda lui-même pour la physique, servaient à le délasser, où plutôt le faisaient de temps en temps changer de travail.

En traduisant Origène, il médita sur les règles de la traduction et sur les diverses manières des plus célèbres traducteurs. C'est ce qui donna lieu au premier livre qu'il publia, et par lequel il fit, si j'ose ainsi dire, son entrée dans le pays des lettres. On y admire ce qu'on a depuis admiré dans ses autres ouvrages, une lecture sans bornes, une judicieuse critique, et surtout une latinité qui ferait honneur au siècle d'Auguste. Enfin, seize ans après son retour de Suède, il mit son Origène au jour. Ces seize ans, il les passa dans sa patrie, sans emploi, tout à lui et à ses livres, ne se dérangeant que pour venir tous les ans se montrer un ou deux mois à Paris.

Pendant ce temps-là, il eut des lueurs de fortune dont il ne fut point ébloui. La reine de Suède, qui, après avoir abdiqué la couronne, s'était transplantée à Rome pour toujours, voulut l'attirer près d'elle en 1659; mais l'aventure de Bochart, demandé avec tant d'ardeur, et puis oublié dès qu'il parut, l'empêcha de succomber à la tentation de voir l'Italie. On le souhaita en Suède pour lui confier l'éducation du jeune roi, qui remplaça en 1660 Charles-Gustave, successeur de Christine. Mais il eut la force de remercier; et ceux qui jugent des actions par l'événement, trouveront qu'il fit très-bien de se tenir en France, car dix ans après, il fut nommé sous-précepteur de M. le Dauphin, sans avoir d'autres patrons que son mérite et le discernement de M. de Montausier.

Il arriva à la cour en 1670, et y demeura jusqu'en 1680, qui est l'année que M. le Dauphin fut marié. Plus il sentit que ce nouveau séjour l'exposait à de fréquentes distractions, plus il devint avare de son temps; à peine donnait-il quelques heures au sommeil: tout le reste de son loisir allait ou aux fonctions nécessaires de son emploi, ou à la *Démonstration évangélique*, commencée et achevée parmi les embarras de la cour.

Je ne dois pas oublier ici le service qu'il rendit aux lettres, en nous procurant cette suite de commentaires, qui se nommait communément *les Dauphins*. Quoique la première idée en fût venue à M. de Montausier, on est redevable à M. Huet d'en avoir tracé le plan et dirigé l'exécution, autant que le permit la docilité ou la capacité des ouvriers.

Tout occupé depuis si longtemps, et de ses compositions, et de lectures qui avaient directement la religion pour objet, il prit enfin, à l'âge de quarante-six ans, les ordres sacrés. Après quoi, il eut l'abbaye d'Aunay, où il se retirait tous les étés, lorsqu'il eut quitté la cour. Un des ouvrages qu'il y composa sous le titre de *Quæstiones Alnetanæ*, immortalisa le nom de cette solitude, agréablement située dans le Boccage, qui est le canton le plus riant de la basse Normandie.

Il fut nommé à l'évêché de Soissons en 1685. Avant que ses bulles fussent expédiées, M. l'abbé de Sillery ayant été nommé à l'évêché d'Avranches, ils permutèrent avec l'agrément du roi. Mais à cause de quelques brouilleries entre la cour de France et celle de Rome, ils ne purent être sacrés qu'en 1692. Je m'imagine qu'un si long délai ne chagrina que fort peu M. Huet; car la vie qu'il avait menée, et la seule qu'il aimait, ne sympathisait pas avec les fonctions épiscopales : aussi ne fut-il pas longtemps à s'en dégoûter. Il se démit de son évêché d'Avranches en 1699.

Pour le dédommager, le roi lui donna l'abbaye de Fontenay, qui est aux portes de Caen. L'amour de M. Huet pour sa patrie lui inspira de s'y fixer; et dans cette vue, il appropria les jardins et la maison de l'abbé. Sa patrie lui avait paru très-aimable, tant qu'il n'y avait eu que des amis; mais du moment qu'il y posséda des terres, les procès l'assaillirent de tous côtés et le chassèrent, quoiqu'il eût aussi, grâce à son air natal, quelque ouverture pour le jargon de la chicane.

Alors il revint à Paris, et se logea dans la maison professe des jésuites, où il a vécu ses vingt dernières années, pendant lesquelles il s'est appliqué principalement à faire des notes sur la Vulgate. Il ne regardait pas seulement la Bible comme la source de la religion; mais il croyait que c'était[1] de tous les livres le plus propre à former et à exercer un savant. Il avait lu vingt-quatre fois le texte hébreu, en le conférant avec les autres textes orientaux. Tous les jours, dit-il, sans un seul d'excepté, il y employa deux ou trois heures, depuis 1681 jusqu'en 1712.

Une cruelle maladie dont il fut attaqué cette année-là, et qui le tint au lit près de six mois, lui affaiblit considérablement, non pas l'esprit, mais le corps et la mémoire. Cependant, dès qu'il eut un peu recouvré ses forces, il se mit à écrire sa vie, et il l'écrivit avec toute l'élégance, mais non pas avec tout l'ordre, ni avec toute la précision de ses autres ouvrages, parce que sa mémoire n'était plus la même qu'autrefois. Elle alla toujours en diminuant. Ainsi, n'étant plus capable d'un ouvrage suivi, il ne fit plus que jeter sur le papier des pensées détachées, travail proportionné à son état.

Quoiqu'il m'en ait confié son unique copie, pour la

---

1. *Commentar.*, p. 354; *Hveliana*, p. 182.

publier sous le titre d'*Huetiana*, je ne me flatte point qu'à ce sujet on me permît de rapporter ici avec quelle complaisance il m'a souffert, depuis que j'eus l'honneur de le connaître en 1708. On doute, lorsqu'il s'agit de grands hommes, si c'est amour-propre ou reconnaissance qui fait que nous parlons de leur amitié; et souvent, de peur d'être soupçonnés d'une faiblesse, nous renonçons à un devoir.

Je ne saurais pourtant ne pas avouer que c'est moi qui procurai la cinquième édition de ses poésies en 1709. Je m'en ressouviens d'autant plus volontiers, que sans cette édition qui réveilla *ses Muses endormies* vraisemblablement il n'eût jamais songé aux cinq[1] nouvelles métamorphoses qu'il composa en 1710 et 1711. Tout son esprit s'y retrouva. Quelle délicatesse, et pour un savant de ce rang-là, et dans un âge si avancé ! Quelle fleur, et, si nous osions parler ainsi, quelle jeunesse d'imagination !

Au reste, si l'on veut bien considérer qu'il a vécu quatre-vingt-onze ans, moins quelques jours; qu'il se porta dès sa plus tendre enfance à l'étude; qu'il a toujours eu presque tout son temps à lui; qu'il a presque joui toujours d'une santé inaltérable, qu'à son lever, à son coucher, durant ses repas, il se faisait lire par ses valets; qu'en un mot, et pour me servir de ses termes, *ni le feu*[2] *de la jeunesse, ni l'embarras des affaires, ni la diversité des emplois, ni la société de ses égaux, ni les tracas du monde, n'ont pu*

---

1. *Lampyris, Galerita, Mimus*, etc.
2. *Huetiana*, p. 4; voy. aussi *Commentar.*, lib. I, p. 15, et lib. V, p. 278.

modérer cet amour indomptable de l'érudition qui l'a toujours possédé : une conséquence qu'il me semble qu'on pourrait tirer de là, c'est que M. d'Avranches est peut-être, de tous les hommes qu'il y eut jamais, celui qui a le plus étudié.

Outre qu'il était naturellement robuste, il vivait de régime. Dès l'âge de quarante ans, il ne soupait point. Encore dînait-il sobrement. Il ne mangeait que des viandes communes, point de ragoûts; et à peine mettait-il dans son eau une huitième partie de vin. Sur le soir, il prenait une sorte de bouillon médicinal [1]. A la vérité, lors même qu'il se portait le mieux, il avait le teint d'une pâleur à faire craindre qu'il ne fût malade.

Une singularité bien remarquable, c'est que deux ou trois jours avant sa mort, tout son esprit se ralluma, toute sa mémoire lui revint. Il employa ces précieux moments à produire des actes de piété, et mourut tranquille, plein de confiance en Dieu.

---

1. C'est un bouillon connu sous le nom de bouillon rouge du médecin Delorme.

# MÉMOIRES
# DE D. HUET,

#### ÉVÊQUE D'AVRANCHES.

---

### LIVRE I.

Un auteur considérable, maître en l'art de bien penser et de bien dire, et d'une autorité souveraine dans l'Église de Jésus-Christ, saint Augustin, aux approches de la vieillesse, revenant sur les actes de sa vie passée, rapportait avec reconnaissance à la bonté de Dieu ce qu'il y trouvait de vertueux et de louable : mais s'il y apercevait quelque infraction à la loi divine, il s'en purifiait par une pénitence salutaire, et, après en avoir fait l'aveu, se portait publiquement accusateur de soi-même. « N'ai-je pas, mon Dieu, disait-il, déclaré contre moi-même mes offenses? Et vous avez chassé l'impiété de mon cœur[1]. » Pour moi, bien qu'un si grand exemple m'excitât depuis longtemps à nettoyer les souillures de ma vie passée, une cause plus grave encore m'y détermina tout à coup. Ce fut une maladie aiguë et presque mortelle qui m'éprouva cruellement durant six mois entiers, et dont je ne suis pas tout à fait remis, encore qu'elle ait cessé depuis quelques années. L'avertissement était dur et sévère ; mais les effets en furent excellents. Je

---

1. *Confess.*, lib. I, cap. v.

sentis que Dieu m'appelait à faire mon examen de conscience et à lui offrir mes fautes avec tous les sentiments de la plus profonde humilité. Je crus en conséquence qu'il était à propos d'exposer le tableau de toute ma conduite en présence de Dieu, le témoin et le juge de mes erreurs, l'auteur de toute grâce et de toute bonté. Ajoutez à cela que j'étais en butte chaque jour aux reproches de mes amis, lesquels m'ayant entendu raconter une foule d'anecdotes sur les plus savants hommes de ce siècle, que j'avais particulièrement connus, me demandaient avec instance ces Mémoires, sous prétexte d'apprendre quelque chose de certain à cet égard, et de peur que le souvenir des faits dont ils n'étaient instruits que par moi, ne tombassent dans l'oubli.

Toi donc, Dieu tout-puissant, qui entends, qui ordonnes qu'on te regarde comme le père de tous les hommes, ainsi que tu l'es en effet, daigne accueillir avec faveur cet ouvrage entrepris par ton ordre, afin qu'en l'écrivant et en le publiant, ma pensée, ma volonté, tous mes sentiments n'aient d'autre but que d'accroître l'amour de toi dans le cœur de ceux qui le liront. Car alors ils reconnaîtront qu'après avoir été privé de mon père et de ma mère presque dès l'enfance, méprisé et repoussé de mes parents et de mes alliés, je n'ai pas laissé que d'être l'objet de ta tendresse paternelle, et guidé par ta main bienfaisante à travers les accidents et les corruptions d'une longue vie, jusqu'à une extrême vieillesse.

Le parti calviniste, peu d'années après la prise de la Rochelle[1], était à son déclin, lorsque je naquis à Caen de noble race[2]. Au moment de ma naissance, Daniel Huet, mon père, engagé d'abord dans ce parti, était déjà vieux; mais ma mère était jeune encore. Elle s'appelait Isabelle Pillon de Bertoville, appartenait à une famille de Rouen, et était femme d'un grand mérite. Elle avait eu deux filles avant moi, Marie

---

1. En 1626.
2. En 1630.

et Suzanne, et un autre fils nommé François. Leur naissance et la mienne furent suivies de celle de Gillette, plus jeune que moi de deux ans. Bientôt après naquit Valentine, qui, comme François, vécut peu de jours. Je dois compter comme un des plus grands des bienfaits que j'aie reçus de Dieu, celui d'être né de parents catholiques. Car, bien que mon père fût né et eût été élevé au milieu des erreurs du calvinisme, le vent de la grâce céleste souffla enfin sur lui, et bientôt, instruit, éclairé par les conseils et les exhortations, comme aussi par les lettres que je possède encore de Jean Gontier, docte et pieux jésuite, il fit sa soumission à l'Église catholique, but l'antidote salutaire de la vérité, et rejeta le poison mortel de la doctrine impie. Et il ne pratiqua pas mollement sa nouvelle religion, car il s'était exercé avec soin aux controverses qui ont pour but la défense du catholicisme, et il s'était appliqué, avec un zèle extrême, à étendre, autant qu'il était en soi, les limites de cette religion qu'il avait d'abord méprisée. En effet, sa mère, mon aïeule, qui l'avait infecté de ses dogmes pervers, étant gravement malade et en danger de mort, les prières à Dieu de cet excellent homme pour le salut de sa mère et les exhortations pressantes qu'il lui adressait à elle-même eurent tant d'efficace, qu'il la contraignit enfin de confesser la vérité. Aussi abjura-t-elle ses doctrines, et ses dernières paroles, comme le chant du cygne, furent un renoncement aux dogmes de sa secte odieuse. Elle s'endormit ensuite doucement dans le Seigneur. A la nouvelle de cette mort, Gontier, heureux d'être si bien payé de la peine qu'il avait prise, puisque l'homme qu'il avait converti avait été en état de rendre le même service à d'autres, pensa que l'événement méritait d'être consacré par des monuments publics et recommandé à l'attention de la postérité. Ses amis donc et lui prirent la peine de célébrer cette conversion en vers grecs, latins et français, fort bien tournés, et ils y ajoutèrent un bel éloge de la vie et des rares vertus de mon aïeule. Le tout, par l'ordre de mon père, fut gravé sur une table de marbre, pour en conserver le souvenir à perpétuité, et placé sur le tombeau de la défunte, qu'il avait fait construire dans l'église de Saint-Jean, de Caen. Il fit également construire dans cette même église, pour soi et sa postérité, une chapelle entourée d'une balustrade élégante, ornée de peintures et de sculptures, pourvue de linge d'autel et de tapis de la plus grande magnificence, et dotée chaque année d'un revenu fixe. Tels furent, en outre, sa piété et son zèle pour le service religieux, qu'il rehaussa la simplicité des chants de l'église en établissant dans sa paroisse un maître de musique et un chœur composé de voix et d'instruments. A cet effet, il donna libéralement à l'église les instruments qu'il avait achetés pour son propre plaisir, les consacrant désormais à cet usage pieux. Il était très-amateur de musique, où il était fort habile et dont il maniait les instruments en artiste. Il dansait avec grâce et excellait tellement dans cet art, qu'étant un peu malade[1] et dans son lit, un jour qu'on donnait un grand bal à Caen, les danseurs vinrent chez lui répéter et le constituèrent spectateur et juge de leurs talents respectifs. Il s'était aussi exercé dans la poésie, et n'avait point trouvé Apollon rebelle, soit dans les essais de sa jeunesse, soit dans les compositions plus sérieuses qu'il destinait au théâtre. Je n'éprouve aucun embarras à rappeler ici, comme un témoignage de sa piété chrétienne, le service qu'il rendit aux carmes de la maison de Caen. Je prie seulement le lecteur d'avoir de l'indulgence pour un fils imprudent et qui met peut-être plus de complaisance qu'il ne doit à raconter les actes de son père. La maison des pères menaçait ruine, et déjà le péristyle tout entier s'était écroulé. Comme les moines, à cause de leur vœu de pauvreté, n'étaient pas en état de réparer le dommage, survint mon père à propos, qui prit à sa charge une grande partie des dépenses nécessaires à la réparation des

---

1. Il est dit, dans l'*Huetiana*, p. 318, que cet événement arriva peu avant la dernière maladie de son père, qui le retint six mois au lit.

bâtiments, et entreprit d'en surveiller toute l'exécution. Les religieux ne furent pas ingrats, et l'écusson de notre famille qu'ils firent sculpter en plusieurs endroits sur le péristyle, rendit témoignage de leur reconnaissance. Cet exemple que mon père m'avait laissé, et beaucoup d'autres encore de ses bons procédés envers l'Église attirèrent alors médiocrement mon attention, détournée qu'elle était par les dissipations de la vie vers d'autres objets.

J'avais été tenu sur les fonts de baptême par un personnage riche et du premier rang dans la ville de Caen. Le 1er janvier qui suivit ma naissance, il me donna de magnifiques étrennes. C'était un petit chapeau de soie, orné d'une aigrette en plumes de héron retenues par un anneau d'or enrichi de diamants. Il y ajouta un ceinturon brodé d'or d'où pendait une épée assortie à la petitesse de ma taille, puis un collier d'or massif si pesant, que, lorsque je fus un peu plus grand et qu'on m'en parait, embarrassé dans ses nombreux replis, j'étais accablé de ce poids énorme et tombais à chaque instant.

Mon bon père ne survécut pas longtemps à cette quantité d'enfants. Atteint d'hydropisie, il prit vainement toutes sortes de remèdes, entre autres des eaux de Pougues. Au retour de ces eaux, il mourut sans douleur. Alors la tutelle et l'administration de nos biens fut donnée à notre mère, qui géra l'une et l'autre avec sagesse pendant trois ans. Dans ce temps-là, ma mère me menait souvent chez sa sœur et ma tante, Catherine Pillon, dans une campagne près de la ville. Il y avait dans le voisinage une vieille paysanne qui avait pour moi beaucoup de tendresse et m'attirait souvent dans sa chaumière par des caresses et de petits présents. Un jour que j'étais allé la voir, je la trouvai étendue par terre, près de la cheminée, et la tête enveloppée de telle sorte que je pus à peine approcher ma figure de la sienne pour l'embrasser. Elle, m'écartant par de douces paroles et détournant la tête, me pressait de m'en aller bien vite. Et elle avait raison. Elle était alors en proie à une maladie contagieuse très-maligne dont elle mourut la nuit suivante. Pour moi, je n'eus aucun mal. Je serais le plus ingrat, le plus méchant des hommes, si je ne rapportais un si insigne bienfait à la protection manifeste de Dieu. Mais cette protection, je n'ai jamais cessé d'en être l'objet depuis cet âge si tendre jusqu'aujourd'hui.

J'avais cinq ans, et déjà il semblait que j'étais capable d'apprendre quelque chose de cette première littérature qui est comme l'enfance de la grammaire et que Varron appelle *litteratio*. Tout près de nous demeurait alors un ecclésiastique, nommé Alain Augée, remarquable par sa piété, la droiture de son esprit, et ne manquant pas d'instruction classique ni même d'un certain talent pour la poésie. Très-exercé d'ailleurs dans les controverses sur les points qui touchent à la foi, il en a laissé de copieux témoignages dans les écrits qu'il a publiés. Ma mère, qui avait déjà porté ses vues sur lui pour en faire mon précepteur, voulut qu'il m'enseignât les premiers éléments des lettres. Déjà j'y avais fait quelques progrès, lorsque les espérances que je donnais à ce sujet furent brisées par la mort prématurée de ma mère bien-aimée qui n'avait pas encore quarante ans. Cet événement remplit de deuil toute la maison et mit un tel trouble dans les affaires de la famille, que peu s'en fallut qu'on ne regardât comme probable sa ruine presque complète. Mais le Dieu tout-puissant, soutien et père des orphelins, vint à notre aide; il rendit l'espérance à celui qu'on méprisait et releva celui qu'on foulait aux pieds. Alors je pus dire de moi : « Mon père et ma mère m'ont abandonné; mais le Seigneur m'a adopté[1]. » Notre parenté, en effet, se bornait à un très-petit nombre de personnes; encore se dérobaient-elles avec un soin particulier à la nécessité menaçante d'une longue tutelle. Gilles Macé, qui avait épousé ma tante Gillette, eût

---

1. *Psalm.*, XXVI, 10.

alors hérité de notre fortune, si mes sœurs et moi fussions venus à mourir. Mais, dit Justinien[1], « les parents que la loi appelle à hériter sont aussi ceux qu'elle oblige à la tutelle; car à qui peut échoir le bénéfice de la succession doivent incomber aussi les charges. »

Ce Macé[2] était fameux par ses grandes connaissances dans les mathématiques et principalement dans l'astronomie. Il en avait donné une marque dans un ouvrage sur les mouvements de la comète qui parut en 1618. Pour les bien observer, il avait acheté des instruments fabriqués avec le plus grand soin, qui me sont demeurés depuis avec tous ses autres instruments de mathématiques. C'est Daniel Macé, fils de Gilles, qui m'en fit présent. A dire le vrai, Gilles parut trop donner dans la vanité ou plutôt dans la sottise des horoscopes.

Quoi qu'il en soit, oublieux des liens qui l'attachaient à nous, n'ayant nul souci de ses devoirs, épris seulement de son art et regardant comme perdu tout le temps que réclamerait de lui la tutelle dont il allait être investi; prévoyant que le fardeau en serait si lourd et la durée si longue qu'il n'aurait pas un moment à donner à d'autres soins, il résolut, autant qu'il était en soi, de s'y soustraire. Il s'enfuit donc à Paris, chez des amis. Mais tandis qu'il s'efforce, au moyen de leur crédit, d'obtenir la décharge de la tutelle, il tombe gravement malade, et meurt dans toute la force de l'âge.

Pendant qu'on disputait sur le successeur à donner à ma mère dans la tutelle, je fus conduit dans la maison Macé, où ma tante se chargea de mon éducation. Cette maison était voisine d'un couvent de pères porte-croix. Je fus, avec quelques autres enfants de bonne famille, confié à l'un d'eux,

---

1. *Instit.*, lib. I, tit. XVII.
2. Né à Caen, en 1586. Il y était avocat distingué. Son étude favorite était cependant les mathématiques qu'il enseignait publiquement à l'université de Caen. Il écrivit quelques vers qui ne sont point méprisables. Il mourut à Paris, en 1637.

pour apprendre à fond les premiers éléments des lettres. Mais, bien que le bonhomme fût d'un caractère doux et ne se montrât nullement sévère dans ses leçons, le souvenir des caresses de ma mère, au milieu desquelles j'avais été élevé jusqu'alors, me fit prendre en horreur la voix et le regard sourcilleux de cet étranger. Je me rappelle même que, quelques années après, et quoique je fusse déjà grand, je frémissais des pieds jusqu'à la tête en entendant la cloche qui nous appelait à l'école.

Sur ces entrefaites, arrivèrent nos parents les plus proches pour aviser à notre éducation et faire choix d'un tuteur. Il en vint un, entre autres, du pays de Pont-Audemer, à deux journées de Caen. C'était un bon homme, mais qui n'entendait rien aux affaires, et cela au grand dommage de notre patrimoine, lequel allait payer les frais d'une tutelle administrée par un étranger tenu de faire de fréquents voyages, de longues absences hors de chez lui, et à de longs séjours à Caen. Mais la mort ne le laissa pas longtemps remplir sa charge; et Daniel Macé, fils de Gilles, fut choisi pour le remplacer.

L'assemblée de famille avait trouvé expédient de reléguer mes sœurs à Rouen et de les mettre en pension chez des religieuses de la règle de Saint-Dominique. Deux de nos tantes, jeunes filles d'une piété rare, avaient déjà depuis longtemps prononcé leurs vœux dans cette maison. Dernièrement encore, la tante Catherine Pillon, dont j'ai parlé plus haut, y était morte. Elle avait été mariée autrefois dans notre ville, était veuve depuis longtemps, et mère de quatre fils alors dans l'adolescence et plus âgés que moi de quelques années. On me réunit à eux pour vivre en commun et partager leurs études. Quelques-uns suivaient déjà les écoles publiques; les autres, à peu près de mon âge, recevaient à la maison des leçons d'un excellent prêtre, très-capable sans doute d'instruire des enfants dans la connaissance de la religion chrétienne et de régler leurs mœurs, mais absolument illettré.

Pour ses élèves, ils avaient une telle horreur de l'étude, que les jours de classe, quand venait l'heure d'y retourner, il semblait qu'on les traînât au moulin pour tourner la meule. C'est enchaîné à de pareils condisciples que j'étudiai durant six années. Devenu plus grand, quoique encore très-enfant, je fus mis aux jésuites du collége de Mont-Royal, à Caen. J'y étudiai cinq ans les belles-lettres et trois ans la philosophie. Mais si, peut-être charmés de mon goût pour les belles-lettres, les pères ne m'eussent vivement poussé, encouragé, soutenu, tout ce qu'il pouvait y avoir de bon en moi eût été détruit par les mauvais exemples que j'avais à la maison. Car, comme ma passion pour les lettres excitait l'envie de mes cousins, ils ne négligeaient rien de ce qu'ils croyaient pouvoir troubler mes études. Ils me volaient mes livres, déchiraient mes cahiers, les trempaient dans l'eau ou les frottaient de suif afin qu'il me fût impossible d'y écrire. Ils fermaient les portes de notre chambre, de peur que, tandis qu'ils joueraient, je ne m'y cachasse avec un livre, ainsi qu'ils m'avaient surpris plusieurs fois à la campagne pendant les vacances d'automne. Regardant comme un crime de toucher seulement à un livre, ils exigeaient qu'on passât les journées entières à jouer, à chasser, ou à se promener. Pour moi, porté vers des plaisirs d'un autre genre, je m'esquivais au lever du soleil et comme ils dormaient encore; puis, m'enfonçant dans les bois, je m'arrêtais à l'endroit le plus sombre et le plus commode pour lire et étudier, à l'abri de leurs regards. De leur côté, après m'avoir longtemps cherché, traqué, cerné, ils m'expulsaient de mon gîte, soit en me jetant des pierres ou des mottes de terre mouillée, soit en me lançant de l'eau avec un tube à travers les branches. Mais autant leur envie et leur méchanceté opposaient d'obstacles à mes efforts, autant ces mêmes efforts se développaient, se soutenaient par le désir infini d'apprendre que la nature m'avait inspiré. Tel est même l'empire que cette passion a exercé sur moi dès ma naissance que si, prêt d'ailleurs à céder à d'autres la gloire dans les lettres, je ne le cède à personne en amour constant, incroyable pour elles, j'ai le droit, je pense, et je le déclare franchement, de revendiquer ce genre de mérite : il est un des principaux bienfaits que Dieu m'a si libéralement répartis; c'est grâce à mon assiduité à l'étude, à mes nobles soucis que je n'ai point eu de peine à me préserver des excès de l'adolescence et des vices de la jeunesse, quoique j'y aie été depuis trop souvent entraîné par les courants d'une nature impétueuse et par la fougue d'un caractère rebelle et singulièrement éveillé.

De ce goût imperturbable pour les lettres et de l'étude continuelle des choses qui en sont l'objet, je conclus que, parmi une foule d'autres avantages que j'y ai acquis, je dois faire état principalement de celui-ci, à savoir : que je n'ai jamais senti ce dégoût de la vie ni cet ennui des hommes et des choses, dont, en général, on a coutume de se plaindre plus que de raison, et que la plus grande de toutes mes pertes ayant toujours été le temps, j'ai toujours aussi tâché de la réparer à force de diligence et d'opiniâtreté dans le travail. Je me souviens que, ayant à peine quitté la mamelle, et ne sachant pas même encore mes lettres, s'il m'arrivait d'entendre quelqu'un lire un conte, je portais une envie extrême à cette personne-là, me figurant mille plaisirs, du moment que je pourrais de moi-même, et sans l'aide d'autrui, lire et m'amuser comme elle. Plus tard, ayant su le faire, mais n'ayant point encore appris à écrire, si je voyais quelqu'un ouvrir et lire une lettre, je pensais combien il me serait agréable de communiquer et de causer de même avec un camarade.

Ces regrets étaient l'aiguillon de mes études. Je le sentais, en apprenant la grammaire et les autres sciences à l'égard desquelles je me forgeais des motifs pour m'animer à les connaître et à m'en pénétrer. Ces heureuses dispositions n'échappaient point à mes maîtres; aussi, dans le but de les favoriser, et durant cette période de cinq ans que je passai dans les classes inférieures, tantôt ils me faisaient des présents, tantôt me décernaient le prix à la suite d'un concours. L'un d'eux avait un tel attachement, une si grande tendresse pour moi, qu'ayant su que j'avais été, en jouant, très-grièvement blessé à la tête d'un coup de pierre, il en conçut tout à coup les plus vives alarmes. Il en tomba même malade et courut danger de mort. Avec de tels appuis, il ne m'était pas difficile de mépriser les envieux. Aussi, ai-je toujours aimé ce noble collége de Caen, ce théâtre des exercices de mon adolescence. Toutes les fois que j'ai pu le revoir, ç'a été pour moi le comble de la joie; je pensais alors rajeunir et remonter le cours de mes premières années.

Ce que saint Augustin dit avoir senti au commencement de ses études, c'est-à-dire de l'aversion pour le grec[1], je l'éprouvai moi-même. Mais je ne fus pas longtemps à reconnaître l'utilité de cette langue, et, dès ce moment, je travaillai avec ardeur à réparer les suites de mon antipathie. Cependant, j'avais dès-lors un penchant irrésistible pour la poésie, et mon esprit bouillonnait, attisé par je ne sais quel souffle mystérieux. Des vers bien tournés étaient, selon moi, le comble de la gloire. Quelque sujet donc qui se présentât, je le mettais tout de suite en vers, comme aussi tout ce que je disais était vers. Et, parce que j'avais remarqué que la poésie classique était entremêlée, assaisonnée de fables de l'antiquité, j'avais résolu de les si bien apprendre, qu'il ne fût pas aisé de trouver parmi mes condisciples quelqu'un qui les sût mieux que moi. Ce goût pour la poésie eût peut-être produit de bons fruits, s'il n'eût été gâté par les sottes recommandations du précepteur que j'avais alors. Cet homme, au lieu de me proposer pour uniques modèles Virgile, Horace, Ovide et les autres poëtes, nos maîtres et nos guides les plus sûrs dans les sentiers du Parnasse, les avait arrachés de mes mains pour leur substituer

---

1. *Confess.*, lib. I, cap. XIII.

je ne sais quels obscurs versificateurs de ce siècle, italiens et belges. C'était au moyen de pointes et de sentences bien aiguisées que ces poëtes, sans doute spirituels et piquants, recherchaient la louange, depuis que ce siècle dégénéré, quittant le ton majestueux, simple et chaste, des grands poëtes de l'antiquité, laissait périr les vraies beautés qui n'appartiennent qu'à la bonne, à la saine poésie. Leur faux brillant ne manqua pas de séduire mon esprit enfantin, comme l'eussent fait des joujoux, et de le détourner de la bonne voie. Je ne reconnus mon erreur que dans un âge plus mûr, lorsque je sus faire la différence entre un vers bigarré et fardé et un vers où brillaient des grâces naturelles.

J'avais huit ans, lorsque je reçus le sacrement de confirmation des mains de Jean-Pierre Camus, évêque de Belley, prélat vénérable aussi bien par la sainteté de sa vie que par son esprit, son éloquence et le grand nombre de ses écrits[1]. Je lui succédai, bien longtemps après, comme abbé d'Aulnay. Dans le cours de ma neuvième année, je fus attaqué de

---

1. Camus (Jean-Pierre), né à Paris en 1582, mort en 1652, fut successivement évêque de Belley, abbé d'Aulnay et évêque d'Arras, siége que la mort l'empêcha d'occuper. C'était un saint homme, et même un homme d'esprit, et toutefois il n'aimait ni les nouveaux saints ni surtout les moines. Il disait un jour en chaire : « Je donnerais cent de nos saints nouveaux pour un ancien. Il n'est chasse que de vieux chiens ; il n'est châsse que de vieux saints. » Il se plaisait fort à faire des allusions. Faisant un jour le panégyrique de saint Marcel, son texte fut le nom latin de ce saint, *Marcellus*, qu'il coupa en trois pour les trois parties de son discours. Il dit qu'il trouvait trois choses cachées dans le nom de ce grand saint : 1° que *Mar* voulait dire qu'il avait été une *mer* de charité et d'amour envers son prochain ; 2° que *cel* montrait qu'il avait eu au souverain degré le *sel* de la sagesse des enfants de Dieu ; 3° que *lus* prouvait assez qu'il avait porté la lumière de l'Évangile à tout un grand peuple. On voit qu'il n'était pas du goût le plus fin. Il comparait les moines avec leurs courbettes, à des cruches qui se baissent pour mieux se remplir. « Jésus-Christ, disait-il, avec cinq pains et cinq poissons, ne nourrit que trois mille personnes, et une seule fois en sa vie ; saint François, avec quelques aunes de bure, nourrit tous les jours, par un miracle perpétuel, quarante mille fainéants. » Ces bouffonneries étaient indignes d'un évêque.

deux maladies particulières aux enfants, qu'on appelle communément petite vérole et rougeole. Je dis maladies d'enfants, quoiqu'il y ait longtemps qu'on sache par expérience (et cela s'est vu surtout dans ces dernières années) qu'elles sont de tous les âges. L'histoire nous apprend aussi que ceux-là se trompent beaucoup qui croient que ce sont des maladies tout à fait inconnues à l'antiquité. Il faut avouer pourtant que les auteurs grecs et romains et les plus anciens, n'en ont fait que peu ou point de mention, et qu'il n'est parlé nulle part des marques que les pustules de la première laissent sur le visage. Les plus anciens médecins surtout n'en disent rien; car ce que les Latins nomment *vari*, d'où est venu le mot *variola*, étaient des taches qu'on avait à la face, naturelles et non produites par aucune maladie. C'est ce que prouve manifestement le jeu de mots de Cicéron sur Servilius Isauricus, lequel avait de ces taches et un caractère inconstant : « Je m'étonne, dit Cicéron, que votre père qui était l'homme du monde le plus égal, ait laissé un fils aussi inégal. » Il tenait donc ses taches de son père, c'est-à-dire de naissance et non de maladie. Ce mot de Cicéron, rapporté par Quintilien[1], a été mal entendu des savants, dans le sens de marques de petite vérole. De là sont venus les noms et surnoms de quelques familles romaines, Varus, Varius et Varenus. Mais on ne peut point en conclure qu'il n'y avait point alors de petite vérole. Il peut se faire que cette maladie fut rare parmi les Latins et les Grecs, comme on assure encore aujourd'hui qu'elle n'existe pas chez certains peuples, entre autres les Circassiens[2], soit à cause de l'air du pays, soit à cause de la manière dont ils élèvent leurs enfants, et l'emploi qu'ils font de certains remèdes connus d'eux comme bons pour prévenir le mal. Peut-être aussi que cette maladie a paru plus tard parmi ces nations-là,

---

1. Livre VI, chap. II.
2. *Mémoires des missions du Levant*, in-12, part. II, pag. 120.

comme quelques autres maladies dont parle Pline[1], inconnues de son temps à Rome, mais connues dans l'antiquité, et comme le mal vénérien dans ces derniers temps. Elle se manifesta quelques années après Jésus-Christ. Vettius Valens, astrologue d'Antioche, qui a vécu du temps d'Adrien, et un auteur que j'avais traduit autrefois avec l'intention de le publier, Aëtius d'Amida[2], médecin qui florissait peu de temps après Constantin, en ont parlé. Ils appellent la petite vérole ἐξέσματα, *ébullitions*, et la rougeole ἐξανθήματα, *fleurs jetées au dehors*. Il déclarent que ce sont des maladies de l'enfance. La Chronique de Marius nous apprend que ces maladies affligèrent la France et l'Italie au commencement du vie siècle. J'ajouterai (si le lecteur a la bonté de me permettre d'oser m'étendre un peu hors des limites de mon sujet) ce que j'ai lu dans Grégoire de Tours[3]. Selon cet historien, cette maladie fit beaucoup de ravages en France, sous le règne de Childebert, roi des Francs, vers l'an 520[4] : *Magna*, dit Grégoire, *eo anno lues in populo fuit, valetudines variæ, milinæ cum pusulis et vesicis*. Il appelle le mal *valetudines variæ et milinæ*, parce que ceux qui en étaient attaqués avaient des taches nommées *vari*, semblables à un grain de mil, telles que sont les pustules qui, selon Actuarius[5], viennent dans la maladie qu'on appelle *Herpès*; d'où il m'est démontré que c'est une conjecture vaine de substituer le mot *malignæ*, au mot *milinæ* qu'on n'a pas compris[6]. L'histoire de France nous apprend aussi[7] que Baudouin, comte de Flandre, en mourut l'an 1362. On peut comprendre combien cette maladie était commune parmi les Sarrasins, en ce que El-

---

1. Livre XXVI, chap. I.
2. Livre III, chap. III.
3. Livre VI, chap. XIV.
4. Date donnée par l'*Huetiana*, pag. 133.
5. Περὶ διαγνώσεως παθῶν, livre II, chap. XXXI.
6. Il y a dans le texte de l'édition de dom Ruinart, *malignæ* au lieu de *milinæ*.
7. Fauchet, *Antiq. franç.*, livre XII, chap. XV.

macin[1] et Abulfarage[2] rapportent que la plupart des califes en étaient marqués, et que quelques-uns en étaient morts. Enfin, elle est très-fréquente et mortelle en Égypte, dans l'Orient[3] et entre les tropiques. Elle semble être venue en Occident d'Égypte et des Indes, à la suite des conquêtes des Sarrasins. Mais en voilà assez sur ce sujet; je reviens à mon propos.

Dans le temps que j'étais chez les jésuites de Caen, j'avais pour condisciple Bernardin Gigault de Bellefonds, qui fut depuis maréchal de France. Il avait alors pour précepteur particulier, Brébeuf, cet esprit sublime, qui devint depuis si fameux par sa traduction de Lucain. Quoique je ne fusse encore qu'un enfant, j'aimais déjà passionnément la poésie dont je voyais bien que Brébeuf ne goûtait nullement le terre à terre, élevant à cet égard son esprit bien au delà de la portée des simples mortels. Aussi, je l'interrogeais souvent sur le mérite des anciens poëtes, et je cherchais à pénétrer son sentiment là-dessus pour y conformer le mien. Mais il m'était insupportable dès que je l'entendais parler avec mépris de Virgile, et lui préférer, ainsi qu'à tous les autres poëtes de l'antiquité, l'auteur de *la Pharsale*. On vit plus tard P. Corneille, le premier des poëtes dramatiques français, affligé de la même chimère, et j'ai ouï dire que Malherbe, qui n'a pas son maître dans la poésie lyrique, aimait les coups de trompette et le claquet de Stace, jusqu'à en perdre le sens; tant il est vrai, comme je l'ai souvent expérimenté, qu'on trouve plus rarement de bons juges de la poésie que de bons poëtes.

J'eus aussi le bonheur de voir à cette époque, un poëte remarquable par les agréments et les charmes de son esprit, et par la suavité de ses poésies : je veux dire Jean-François

---

1. *Histor. Sarrazin.*, liv. I, chap. VIII et XIII, et liv. II, chap. XVI.
2. *Hist. orient.*, Dyn. IX.
3. *Chronic. orient.*, pag. 71.

Sarrasin. Il était venu à Caen pour assister aux obsèques de son père, membre du corps des trésoriers de France. Je regardais avec une extrême curiosité cet homme déjà célèbre, bien que sa réputation ne fût que commencée.

Mes deux sœurs, Marie et Suzanne, avaient été retirées des mains de nos tantes les dominicaines, où elles étaient en pension, et ramenées à Caen chez la tante Gilles. Peu d'années après, elles firent des mariages très-avantageux. Marie eut plusieurs enfants qui se multiplièrent eux-mêmes à l'infini. Suzanne n'eut qu'un fils qui ne vécut pas longtemps.

Ayant achevé mes humanités, et déjà mûr pour la philosophie, quoique je n'eusse pas encore quatorze ans, débarrassé enfin de la dangereuse compagnie de mes cousins, je devins, à mon grand avantage, pensionnaire et élève d'Antoine Hallé, professeur royal à Caen[1]. C'était un homme très-savant; il avait acquis en outre dans la poésie un nom célèbre, qu'il rendit plus célèbre encore en publiant ses vers, sur la fin de sa vie. Il s'était également distingué par sa grande habileté dans la géographie, qu'il avait professée publiquement à l'université de Caen. Mais j'ignorais tout à fait cette science; je n'en savais pas même le premier mot. Hallé ne put souffrir en moi plus longtemps cette honteuse ignorance, et comme il voyait d'ailleurs que j'étais consumé du désir d'apprendre et de savoir, il résolut, soit dans ses

---

1. Né à Bazanville, vers 1592, mort en 1675. Il a laissé quelques *Poésies* qui n'ont pas eu, depuis sa mort, autant de réputation que, au témoignage de Huet, elles en eurent durant sa vie, et un *Traité* sur la grammaire. — Hallé (Henri), son frère, professa le droit avec un grand succès à Caen, et mourut en 1688. — Hallé (Pierre), qui n'était pas, à ce qu'il paraît, de la même famille, né à Bayeux en 1611, mort à Paris en 1689, fut professeur de droit canon à l'université de Paris, et régent du collége d'Harcourt. Il a publié des *Harangues* latines, quelques écrits de jurisprudence peu remarquables, des *Poésies* et deux *Tragédies* tirées de l'Écriture sainte. Il sera parlé de Henri et de Pierre dans la suite de ces Mémoires.

leçons publiques, soit par des leçons particulières, de m'initier aux études géographiques. De ces rapports intimes et fréquents, non-seulement je recueillis des fruits qui témoignaient de mes progrès dans la géographie, mais je m'en aidai pour corriger plusieurs erreurs dont j'étais imbu depuis mon enfance. Il avait une bienveillance ou plutôt une tendresse pour moi singulière, et il me la conserva si constamment jusqu'à la fin de sa vie, qu'étant près de mourir, la mort étant dans ses yeux et le dernier souffle sur ses lèvres, il fit approcher de lui Guillaume Pyron, docte commentateur de Claudien, et lui dit : « Vous savez très-bien, mon cher Pyron, quelle a été, tant que j'ai vécu, mon affection pour Huet ; veuillez donc lui faire savoir que si près que je sois de la mort, je n'oublie pas notre ancienne amitié, et que je le conjure de persévérer religieusement, ainsi qu'il a fait jusqu'ici, dans l'observation et le souvenir de cette amitié. » A ces mots, il expira. Oui, âme pure, jusqu'à présent, j'ai obéi à ta dernière volonté, et certes j'y obéirai tant que je vivrai. Et si mes vœux, si mes prières ont quelque pouvoir près de Dieu, je le conjure de toutes mes forces de t'admettre au partage de sa gloire et de son éternelle félicité.

Dans le temps que j'étudiais sous Hallé, il était recteur du collége Dubois, à Caen, et Antoine Gosselin, d'Amiens[1], professeur royal et prêtre de la paroisse de la Sainte-Vierge, y enseignait la rhétorique en présence d'un grand concours d'auditeurs. Nourri de l'étude des lettres grecques et latines, Gosselin se livrait depuis longtemps et avec fruit à la recherche des antiquités romaines. Il eût fait sagement de s'en tenir à ce genre de recherche. Car, ayant voulu les étendre aux antiquités gauloises, et ayant même écrit un livre sur ce sujet, il parut bien à quelques ignorants qu'il

---

1. Né vers 1580, mort en 1645 à Caen. On a de lui peu d'écrits. Le principal est *Historia veterum Gallorum*, Caen, 1636, in-8.

avait atteint son but, mais il prêta le flanc à la critique des habiles gens, entre autres du savant le plus consommé dans les littératures abstruses, c'est-à-dire Bochart. Celui-ci, dans une lettre remplie d'érudition et adressée à Moisant de Brieux[1], marqua Gosselin d'un stigmate indélébile.

C'est alors que je commençai mes études philosophiques sous Pierre Mambrun, jésuite[2], lequel, après avoir enseigné la rhétorique à Paris, durant quatre ans, aux applaudissements de tous, vint professer à Caen la philosophie, comme pour se reposer de ses fatigues dans le sein de cette noble discipline. Devenu son élève, je fus apprécié et aimé de lui de telle sorte qu'il résolut de prendre un soin tout particulier de mon instruction. Il me faisait venir chez lui, même pendant les vacances, prétendant qu'il en agissait ainsi envers moi, comme autrefois Platon avec ses disciples, auxquels, en vertu d'une loi qu'il avait faite et qui

---

1. Né à Caen, fondateur de l'Académie de cette ville et conseiller au parlement de Metz, il mourut en 1674. On a de lui des *Lettres* et des *Poésies* latines, Caen, 1669, in-12, qui ne sont guère au-dessus du médiocre, à l'exception du poëme sur le *Coq* qui fut, dit Baillet, fort estimé des connaisseurs; un essai sur l'*Origine de quelques coutumes anciennes et de plusieurs façons de parler triviales*, Caen, 1672, in-12, livre très-curieux et fort rare qui mériterait l'honneur d'une seconde édition.

2. Né à Clermont-Ferrand en 1600, il mourut professeur de théologie à la Flèche, en 1661. « C'était, dit Baillet (t. V, p. 245), un des plus parfaits et des plus accomplis d'entre les imitateurs de Virgile autant qu'il paraît par la forme extérieure de ses vers, par le nombre de ses livres, et par les trois genres de poésie auxquels il s'est appliqué. Nous avons de lui des *Églogues*, des *Géorgiques* ou quatre livres de la *Culture de l'âme et de l'esprit*, in-12, 1661, à la Flèche, et un poëme héroïque en douze livres, appelé *Constantin ou l'idolâtrie terrassée*, in-12, à Amsterdam, 1659. Il serait à souhaiter qu'il eût aussi bien imité l'esprit ou l'âme de son modèle qu'il a bien pris son économie et suivi sa route. Peu de gens étaient plus capables de le faire que lui. Il possédait le fonds de son Virgile et il savait parfaitement les règles de l'art poétique, comme il l'a fait voir dans la *Dissertation péripatétique* qu'il a faite sur le poëme épique, in-f°, 1661, à la Flèche, à la suite de ses poésies, et in-4°, 1652, à Paris; de sorte que ce n'est pas sans fondement que M. Ménage l'appell grand poëte et grand critique tout ensemble. »

était affichée aux portes de la classe, il interdisait l'entrée de son cours, s'ils n'avaient au moins quelque teinture de géométrie.

Je me mis donc à la géométrie, sous la direction de Mambrun. J'en étais à la sixième proposition d'Euclide, lorsque je fus forcé de quitter mon maître et de partir pour la campagne. Je n'avais fait qu'effleurer la géométrie, mais il m'en était resté une passion si vive de connaître cette belle science, que je passais les jours et les nuits à l'apprendre, et sentais presque du dégoût pour les autres études qui m'avaient jusqu'alors si agréablement occupé. Je refusai même à la philosophie tous les soins que réclamaient la dignité et la grandeur de cette science. Tout enfin, à l'exception de la géométrie, me donnait des nausées. Mambrun, le premier auteur du mal, me blâmait fort ; il tâchait, par des admonitions fréquentes, de me corriger, de me rappeler au devoir. Il me disait qu'il n'y avait rien de plus contradictoire que de mépriser la philosophie et de lui préférer la géométrie, quand il ne fallait apprendre la géométrie que pour le besoin de la philosophie. Mais il n'obtint rien de moi, sinon que j'en usai envers lui avec plus de circonspection, que je dissimulai la passion dont j'étais dévoré, et que j'accordai un peu plus à la philosophie, jusqu'à ce que les deux ans marqués pour l'achèvement du cours fussent écoulés.

Environ le même temps, arriva une compagnie de dominicains, de l'observance la plus rigide. Ils venaient rétablir, dans un couvent de notre ville, la sévérité de l'ancienne discipline qui en avait complétement disparu. La nouveauté de cette règle, qui consistait en pratiques extérieures de piété, me charma au point que j'eus le plus grand désir d'être admis dans cette congrégation, et je le demandai aussitôt avec instance au père supérieur, qui était un personnage d'une sainteté de mœurs primitive. Il fut loin de s'y opposer ; mais la ville tout entière le vit d'un mauvais œil, s'imaginant que j'avais été séduit par les moines. Il y eut même des gens qui vinrent trouver le supérieur, et qui lui firent les plus horribles menaces, s'il persistait, disaient-ils, et ainsi qu'ils se l'étaient faussement persuadé, à influencer un jeune imprudent par ses paroles artificieuses. Pour mes parents, ils me tinrent longtemps prisonnier chez eux, malgré ma résistance, mais sans me priver toutefois de leur affection. C'est ainsi que fut rompu un projet que j'avais cru d'abord formé sous l'inspiration de Dieu. Et encore qu'au sentiment de beaucoup de gens il ait été conçu avec une légèreté de jeune homme (ce dont j'avais fini par convenir moi-même), cependant, lorsque, docile aux remontrances unanimes de mes amis, je l'abandonnai, je ne laissai pas d'y reconnaître la voix de Dieu, qui déjà daignait m'appeler à lui pour me sauver des vanités et des souillures de ce monde. J'avais fait hautement le vœu, dès ma plus tendre enfance, de m'enrôler un jour sous la bannière du Christ; je sentais souvent s'échapper du plus profond de mon cœur les élans enflammés de cette pieuse pensée; mais mon caractère turbulent, esclave des vains désirs et des futilités mondaines, les comprimait aussitôt. Un jour enfin la grâce victorieuse mit un frein au pécheur qui luttait et regimbait, et je lui rendis les armes. En attendant, je fus reçu membre de la pieuse confrérie, instituée pour célébrer les louanges de la sainte Vierge, dans le collége des jésuites de Caen et dans toutes leurs autres maisons. Mambrun en était le chef, et je crus devoir faire de lui mon guide dans la voie du ciel, comme il l'avait été dans celle de la science.

Devenu plus circonspect avec l'âge et plus juste appréciateur des choses, quoique je ne me repentisse pas de m'être appliqué à la géométrie, je commençai à m'apercevoir combien j'avais nui à mes connaissances littéraires, en négligeant la philosophie, de laquelle les anciens ont dit qu'aucun bien plus désirable n'avait été donné et ne serait donné de Dieu à l'homme. En réfléchissant souvent, et non sans inquiétude, à tout cela, je pensai que je réparerais le dommage que je m'étais causé, si, remontant la carrière que j'avais parcourue, je revenais sur mes études philosophiques. Je me disais, après tout, que je n'avais pas encore dix-sept ans, tandis que la plupart des anciens philosophes, en si haute estime aujourd'hui parmi nous, avaient abordé la philosophie dans l'âge mûr seulement, et presque dans la vieillesse. Je comptais aussi sur l'autorité de Mambrun, dont l'amitié pour moi croissait de jour en jour. M'étant ouvert à lui à ce sujet, il m'embrassa avec effusion, disant qu'il n'approuvait pas seulement mon dessein, mais que lui-même avait déjà pensé à me le suggérer, à en favoriser l'exécution, « à condition, ajoutait-il, que vous mettrez de côté tous les livres de géométrie. » La condition me parut dure ; je l'acceptai néanmoins, et laissai là tout mon attirail géométrique et astronomique. Je me remis donc bravement à la philosophie ; mes premières études, toutes superficielles qu'elles avaient été, ne m'y servirent pas médiocrement ; et l'excellente méthode d'investigation, en usage chez les géomètres, m'y aida bien davantage.

Tandis que je suis tout entier à cette étude, celui-là même qui m'y avait rappelé, Mambrun, m'ordonne tout à coup de l'interrompre et de reprendre les mathématiques. Il disait qu'il était juste que je recueillisse quelques fruits de la peine extrême que je m'étais donnée pour les apprendre, qu'il avait jugé à propos d'ouvrir une conférence solennelle où je répondrais publiquement sur toutes les parties de cette science, qu'il connaissait ce dont j'étais capable à cet égard, et qu'il répondait du succès. Je suivis les conseils de ce sage maître, pensant qu'il me connaissait mieux que je ne me connaissais moi-même. La dispute eut lieu devant une assemblée nombreuse de personnes de la ville, auxquelles la nouveauté du spectacle parut agréer singulièrement. On ne se rappelait pas avoir vu rien de pareil à Caen, où il ne manquait pas d'ailleurs d'érudits.

Dans cette vaste carrière des mathématiques, où j'étais

entré de moi-même, Mambrun me donna pour modérateur et pour guide Érard Bille[1], jésuite lorrain, qui professait alors la théologie morale à Caen. C'était un très-habile homme dans les sciences abstraites; mais sa vertu ardente et sa modestie singulière n'en laissaient rien apercevoir. Il mit un soin particulier à m'instruire, et les leçons de cet excellent maître m'eussent profité à bien d'autres égards, s'il n'eût péri bientôt après dans un naufrage, comme il allait, entraîné par son zèle, convertir les peuples de l'Amérique.

Je connus aussi, à la même époque, Georges Fournier[2], autre jésuite qui, dans un ouvrage remarquable d'hydrographie publié en français, et dans d'autres écrits, avait déjà fait voir ce dont il était capable dans les travaux de ce genre. Cette connaissance, j'en fais hautement l'aveu, me fut extrêmement utile. Une autre ne me le fut pas moins : ce fut celle de Pierre Gautruche[3], collégue de Fournier, dont les différents ouvrages, principalement ceux qui regardent l'étude de la littérature, ont enrichi la république des lettres.

Descartes publia dans ce temps-là les principes de sa secte, et, comme durant les trois années précédentes, j'avais fort

---

1. Le P. Bille fut l'objet d'attaques sérieuses pour certaines propositions casuistiques qu'il avait énoncées concernant la simonie et la juridiction des papes. Pascal, dans ses *Lettres au Provincial* (lettre XII), y fait allusion.

2. Né à Caen, en 1595, mort à la Flèche en 1652. Il professa d'abord les humanités et les mathématiques au collège de Tournai, fut ensuite aumônier de la marine royale, visita en cette qualité les côtes d'Asie, et acquit des connaissances assez étendues en hydrographie. On a de lui : *Commentaires géographiques*, Paris, 1643, in-12; *l'hydrographie contenant la théorie et la pratique de toutes les parties de la navigation*, Paris, 1667, in-f°; *Asiæ nova descriptio...*, Paris, 1656, in-f°, etc.

3. Né à Orléans, en 1602. Il professa successivement les humanités, la philosophie, la théologie et les mathémathiques, dans les collèges de son institut. Il mourut à Caen, en 1681, laissant une *Histoire sainte avec l'explication des points controversés de la religion chrétienne*, 1696, 4 vol. in-12; *Mathematicæ totius institutio*, Caen, 1633, 1659, in-8; *Institutio totius philosophiæ...*, 1653, 4 vol. in-12, etc.

cultivé la philosophie et m'étais pénétré de ses préceptes et de ses dogmes, j'eus un violent désir de connaître ceux de Descartes, et je n'eus pas de cesse que je ne me procurasse son livre et ne le parcourusse en diligence. Il me serait difficile de dire quel enthousiasme excitèrent en moi, jeune encore et ne sachant rien des anciennes sectes philosophiques, la nouveauté de cette méthode et ces merveilles éblouissantes issues des principes les plus simples et les plus clairs, et la masse compa... mondes, et la nature des choses naissant pour ainsi dire d'elles-mêmes à la vie. Durant plusieurs années, j'appartins corps et âme au cartésianisme, d'autant que je le voyais exercer sur les personnages les plus graves et les plus doctes de l'Allemagne et de la Hollande une sorte de fascination.

Après avoir enseigné la philosophie à Caen, Mambrun vint à Paris, où il l'enseigna de nouveau pendant quatre ans; puis, il fut envoyé à la Flèche, où il passa le reste de sa vie, c'est-à-dire environ neuf ans à professer la théologie; il était digne assurément d'un auditoire plus illustre. En même temps, il occupait ses loisirs à cultiver la poésie; il publia même d'excellentes productions qui lui firent un éternel honneur parmi les vrais amants des Muses. L'éloignement et l'absence, que nous adoucîmes par un commerce de lettres fréquent, ne diminuèrent en aucune façon notre amitié. Je ne pus m'empêcher, toutefois, poussé par le désir d'embrasser mon ancien maître, de faire de temps en temps des courses à la Flèche, comme si j'eusse prévu que j'aurais bientôt la douleur de le perdre. Mais le souvenir de notre délicieuse intimité est demeuré dans mon cœur pour n'en sortir jamais. « Que la terre vous soit légère! Que vos urnes recèlent un éternel printemps, ô vous qui voulûtes que vos enfants respectassent dans un maître la sainte autorité du père[1], ou regardassent un maître comme un père

---

[1]. Juvénal, sat. VII.

dont ils tiennent non la vie du corps, mais celle de l'esprit[1]. »

Pour me conformer à l'usage, j'étudiai le droit. Je m'instruisis avec un grand plaisir dans toute cette partie de la sagesse romaine que renferment les décisions des savants et la rédaction des lois. D'autre part, je rentrai dans la carrière pleine de charmes de la littérature et de l'antiquité, en lisant la *Géographie sacrée* de Boch■■■ qu'il com■■■■ait alors à publier à Caen. Par cette b■■■■■■■■■■■■ littérature grecque et hébraïque, je compris no■■ combien j'ignorais de choses, mais j'eus honte de les ignorer. Je résolus donc de laisser de côté toutes mes autres études, jusqu'à ce que je me sois fait connaître comme n'étant pas trop inhabile en celle-là. Je me souvenais d'avoir lu dans la fameuse lettre de Joseph Scaliger à Douza[2], que Scaliger, ne sachant rien de ces langues, les avait apprises à dix-neuf ans, sans autre maître que soi-même. Je puis dire de moi la même chose, et que je me suis fait une grammaire hébraïque d'après les analogies que j'avais aperçues dans les livres de Moïse. Je me suis servi dans la suite de cette grammaire pour chercher les déclinaisons des mots et en extraire les racines. Et comme, me fiant à la véracité de Scaliger, j'espérais prendre, pour ainsi dire, d'assaut la langue grecque, lire tout *Homère* en vingt et un jours, et dévorer les autres poëtes grecs en quatre mois, je reconnus par ma propre expérience que ce n'était là qu'une de ces grosses vanteries telles que cet homme, d'un génie et d'une science d'ailleurs incomparables, mais admirateur et louangeur outré de soi-même, en avait semé dans tous ses ouvrages. Pour moi, ayant commencé par Homère, je

---

1. Quintilien, livre II.
2. Cette lettre de Joseph Scaliger à Douza est la première de son recueil. Elle a été aussi imprimée à part, et Scioppius l'a reproduite dans son *Scaliger hypobolimæus*. Voir aussi le *Triumvirat littéraire au* xvie *siècle*, par le traducteur de ces Mémoires, pag. 158.

parcourus ensuite avec soin les autres poëtes grecs, en consultant les anciennes scolies qui sont la vraie source de toute l'histoire mythologique. De là, je passai aux historiens, parmi lesquels ayant trouvé Thucydide trop difficile, je le quittai pour un temps, jusqu'à ce que je fusse en état, avec l'aide et les conseils de Pétau, de surmonter ses difficultés.

Lorsqu'il me parut que j'avais acquis une connaissance a*** étendue de *** langue grecque, je résolus de me ha*** mesure à ce sujet, en traduisant en *** eur grec dont je ne possédasse aucune traduction. De ce genre était la *Pastorale* de Longus. Je la rendis en latin, ne sachant guère jusqu'à quel point la licence et l'impureté de cet auteur, que je n'avais point encore lu, pouvait corrompre les mœurs de la jeunesse. Bochart ne le savait pas davantage, lequel j'avais consulté sur mon projet et qui ne l'avait pas désapprouvé.

Je n'étais pas tellement absorbé par ma passion pour les lettres grecques, que je négligeasse l'hébreu et que je n'y consacrasse tous les jours quelques heures. A la fin, je me dégoûtai de ma méthode, trop lente et trop molle pour une étude si importante que celle de l'Écriture. Je m'y remis avec plus d'ardeur quelques années après (en 1681); et durant trente ans, à dater de cette époque, il ne se passa pas un jour, sans que j'employasse deux ou trois heures, soit à lire la Bible, soit à lire les rabbins, quelque empêchement qu'y apportassent et les affaires et les voyages. Je lus ainsi toute la sainte Écriture, depuis le commencement jusqu'à la fin, vingt-quatre fois.

Puisque j'ai commencé de donner l'histoire de mes études, j'ajouterai ceci, que je suis plein de reconnaissance pour la grâce singulière que j'ai reçue de Dieu, ayant été formé par lui de telle sorte, que, non-seulement pendant que j'étais jeune et vigoureux, mais encore depuis que je suis affaibli par l'âge, je n'ai jamais senti la moindre fatigue de mes lectures continuelles, de mon existence sédentaire, et du prolongement de mes veilles. Jamais je ne succombai à l'ennui; jamais la pâleur de l'oisiveté ne flétrit mon visage; je quittais mes livres toujours frais et dispos, même après six ou sept heures de contention d'esprit. Souvent même alors j'étais gai et chantais à moi et aux Muses, contrairement à la plupart qui quittent le travail, tristes et épuisés. Il me paraît donc que la race des médecins ne fait pas preuve d'un grand jugement, lorsqu'elle pose en principe général que les forces du corps s'amollissent dans l'inaction, se nourrissent et se fortifient par le mouvement. Combien ai-je connu d'hommes de lettres qui arrivèrent avec une santé ferme jusqu'à la dernière vieillesse? Je voyais souvent, étant jeune, le docte Jacques Sirmond, alors presque centenaire, mais dont le corps était sain, quoiqu'il ne lui donnât point d'exercice. Je le trouvais pour ainsi dire couché parmi ses livres, rarement sorti, et ne prenant de relâche (si on peut employer ce mot dans le cas dont il s'agit) que ce qu'en exigeaient ses entretiens avec ses amis sur des matières sérieuses et de littérature. Combien ai-je vu de vieillards décrépits, mais en bonne santé, suivre le barreau, ou passer leurs jours dans la pieuse, uniforme et constante tranquillité du cloître! Combien d'artisans dont la vie est recluse! Au contraire, que de laboureurs, de chasseurs, de voyageurs, d'hommes de cheval, de maîtres d'armes, de maîtres de danse et autres, dont les professions exigent du mouvement, qui, fatigués, usés avant le temps par un exercice continuel, livrent à la vieillesse un corps infirme et impotent!

Cependant mon attention était toute à la *Géographie sacrée* de Bochart, qui depuis longtemps déjà était sous presse. Comme, en la lisant, je comparais cette abondance inépuisable d'érudition sacrée et profane avec ma petite et chétive provision, c'était une vraie *douleur pour mes yeux*, ἀλγηδὼν ὀμμάτων, et un motif considérable pour déplorer mon indigence. Il me parut alors que si j'allais trouver l'auteur même, et que je cherchasse à me lier avec lui, je m'approprierais quelque chose de ses richesses, en m'aidant de ses avis. Cette conjecture était fondée. Bochart m'accueillit avec courtoisie et bonté, et déjà je pus prévoir et espérer que nous deviendrions bons amis. Mais comme c'était le temps des plus ardentes controverses entre les catholiques et les calvinistes, et que Bochart était ministre de cette dernière secte, il fut convenu entre lui et moi que, pour ôter au moins tout prétexte de suspecter la pureté de ma foi, nous nous verrions en secret, presque toujours la nuit et sans témoin. Eh bien! dans cette intimité de plusieurs années, je puis protester que jamais il n'y eut entre nous, je ne dirai pas une dispute, mais une simple conversation sur les points de la religion chrétienne alors les plus controversés. L'un et l'autre nous évitâmes toujours avec soin cet écueil. Une fois seulement, nous touchâmes à la question du culte des images, à l'occasion de quelques tableaux peints que nous voyions dans les temples luthériens; mais nous le fîmes avec délicatesse, amicalement et toujours en restant fort en deçà de la dispute. Bochart ne contredit pas même à une seule de mes observations sur Origène, que j'avais soumises à son examen, et dont plusieurs offraient matière à la controverse. Mais enfin, et bien longtemps après, nos esprits s'étant exaspérés pour des motifs que je dirai plus loin, nous disputâmes avec une vivacité qui alla jusqu'à l'aigreur sur le sentiment d'Origène touchant l'Eucharistie et l'invocation des anges. Comme cette dispute a été publiée, je n'en dirai ici pas davantage.

Bochart voyant que dans l'âge de l'adolescence j'étais si plein de zèle pour les lettres grecques, que tantôt je lui adressais des questions sur les auteurs grecs, tantôt je lui faisais part de ce que j'avais observé moi-même, excitait encore mon ardeur à aller en avant, et m'exhortait vivement à écrire l'histoire de la littérature grecque, ainsi qu'à former un corps des auteurs en cette langue, afin que ce que Gérard Vossius avait si heureusement fait pour les historiens grecs, je le fisse moi-même pour les autres écrivains de la même nation. C'était une œuvre immense, demandant beaucoup de temps et de travail, utile et presque indispensable; mais j'aimais mieux qu'un autre que moi l'entreprît.

Ainsi, mon intimité avec Bochart était entière, et toute la direction de mes études réglée sur ses avis. La reine Christine l'ayant appelé en Suède, je m'offris pour l'accompagner dans ce voyage. Avant de raconter cet épisode, je dois faire mention de quelques illustres personnages qui étaient mes amis, de ceux surtout dont le mérite et la science ont tant contribué à la gloire littéraire de Caen. De ce nombre était Étienne Cahaignes[1], parent d'un autre Cahaignes qui écrivit assez élégamment les éloges des hommes illustres de notre ville. Parmi les lettres de Joseph Scaliger, je voudrais qu'on lût celle qu'il écrivit à Jacques Cahaignes, médecin de Caen, après en avoir reçu, accompagnée d'une lettre extrêmement polie, une de ces jolies bourses brodées qui étaient alors un objet particulièrement célèbre de l'industrie de Caen. Jacques avait chargé Étienne, qui allait étudier en Hollande, d'offrir de sa part ce présent à Scaliger. De retour à Caen, Étienne y fut reçu médecin, et il était le mien comme aussi mon ami. Je l'ouïs raconter avec agrément beaucoup de choses relatives à Scaliger. Il disait entre autres qu'aussitôt qu'il lui eut présenté la bourse et qu'il l'eut posée sur une table où elle était vue de tous les assistants, la princesse d'Orange vint faire une visite à Scaliger, lequel

---

1. Étienne, quoique médecin, n'a laissé aucun ouvrage sur son art. Mais il cultivait la peinture, il fit, comme on le voit ici, le portrait de Joseph Scaliger. La lettre de ce dernier, à laquelle il est fait allusion, est la 255ᵉ du livre III, de l'édition de Leyde, 1627, in-8. — Jacques, parent du précédent, fut professeur de médecine à l'université de Caen. Il naquit dans cette ville en 1548, et mourut en 1612. Il a laissé la *Première centurie des hommes illustres de Caen*, en latin, 1609, in-4°; deux *Traités* en latin sur les fièvres, 1616, et sur les maladies de la tête, 1618, dans lesquels on reconnaît le bon praticien.

lui fit cadeau de la bourse. Cahaignes, ayant quelque talent en peinture, demanda la permission à Scaliger de faire son portrait en couleurs. Scaliger le lui permit volontiers, et posa à cet effet. J'ai vu ce portrait qui ne diffère pas beaucoup des autres du même personnage qu'on voit partout. L'année suivante, Scaliger étant mort, Cahaignes fut convié aux obsèques et honoré de la triste prérogative de tenir un des quatre coins du poêle. On avait choisi pour cela deux Français nobles, parce que Scaliger était Français, et deux Hollandais nobles, parce qu'il habitait la Hollande. Cahaignes, à la vente de la bibliothèque de Scaliger, acheta plusieurs livres ayant les marges pleines de notes écrites de sa main, dont il me permit l'usage, et que son fils, excellent homme, m'a donnés depuis.

Mes richesses littéraires s'accrurent encore de quelques lettres écrites à différentes époques et en français par le même Scaliger à Jacques Daléchamp, de Caen, où il exerçait alors la médecine[1]. A la mort de Daléchamp, tout ce qu'il avait laissé fut, par l'ordre de ses héritiers, transporté à Caen. C'est à leur générosité que je suis redevable de ces lettres de Scaliger, et en outre de quelques autres de Cujas en grec et en latin, parfaitement bien écrites, quoique très-facilement et comme par un homme d'humeur nonchalante et distrait. D'autres beaux livres portant les traces glorieuses de la main et de la science de Scaliger me furent aussi donnés libéralement par Étienne Lemoine, qui les avait achetés à la vente de la bibliothèque d'Heinsius. Parmi eux était le *De emendatione temporum*, de la première édition, avec quan-

---

1. Né à Caen en 1513, mort à Lyon en 1586, où il exerçait la médecine depuis 1552. Il est surtout recommandable par son édition d'*Athénée*, la meilleure jusqu'à celle de Casaubon; il l'accompagna d'une traduction latine et de notes plutôt que de commentaires proprement dits. Il traduisit également, mais en français, Paul d'Égine, Galien et Cœlius Aurelianus. On lui doit en outre une édition de Pline l'Ancien, 1587, in-fol., et une *Historia generalis plantarum*, Lyon, 1586, qui fut traduite en français par Jean Desmoulins, Lyon, 1615.

tité de corrections, de notes et d'additions sur lesquelles furent faites les éditions postérieures.

En ce temps-là florissaient à Caen dans les lettres grecques deux autres personnages, à savoir Louis Thouroude, de Rouen[1], et Jacques Le Paulmier de Grentemesnil, de Vandœuvre[2]. Ce dernier faisait bien les vers grecs; ils avaient une couleur et un parfum d'antiquité, et, quoique écrits dans un âge avancé, respiraient le feu de la jeunesse. De ce genre sont la pièce *De venatione rusticulæ* (de la chasse de la bécasse), dédiée et envoyée à Bochart avec une couple de ces oiseaux, et celle en l'honneur de la naissance du sérénissime dauphin. Le Paulmier écrivait également bien la prose grecque. Je me souviens qu'étant allé un jour le voir à Vandœuvre, il me lut une espèce d'histoire écrite par lui-même en langue grecque, assez amusante, assaisonnée de sel attique et nullement dépourvue de l'élégance de l'ancienne Grèce.

1. Thouroude était destiné d'abord à être médecin; il renonça ensuite à l'étude de la médecine pour se livrer tout entier à la littérature. Les disputes sur la grâce, alors très-vives, lui firent tellement approfondir cette matière qu'après avoir lu tout ce qu'on avait écrit là-dessus, il se retira du monde et entra à la Chartreuse de Val-Dieu, non loin de la Trappe. Il en trouva les austérités au-dessus de ses forces, quitta cette maison et revint à Caen, où il reprit ses études littéraires. C'est alors qu'il entreprit le voyage d'exploration dont parle Huet, et ses travaux sur la géographie de la Grèce. Comme spécimen, il publia quelques éclaircissements sur la campagne de César contre Pompée en Illyrie. Sa mort, arrivée à soixante-cinq ans, frustra le public du fruit de ses autres recherches.

2. Né en 1587 en Normandie, mort en 1670. Il était fils de Julien Le Paulmier, habile médecin. Il partagea son temps entre les lettres et les armes, et eut le poignet ferme à l'épée jusque dans sa vieillesse, ainsi qu'on le verra un peu plus loin. Il rendit plusieurs services aux protestants, ses coréligionnaires, et alla combattre, en 1620, dans les rangs des Hollandais contre l'Espagne. On a de lui : *Exercitationes in auctores græcos*, Leyde, 1668; *Græcæ antiquæ Descriptio*, ouvrage plein de savantes recherches, qui ne périt pas, comme dit Huet, mais qui fut publié après sa mort par Él. Morin, Leyde, 1678; enfin des poésies en grec, latin, français, espagnol et italien. Huet fait de cet homme un éloge mérité à tous égards. Quant à l'autre Jacques Le Paulmier, neveu de celui-ci, il embrassa aussi la profession des armes et mourut en 1702. On dit qu'il se trouva à quarante-huit siéges et batailles dont il écrivit la relation.

Le vieillard y racontait les amours du jeune homme. Il travaillait alors à son grand ouvrage *Veteris Græciæ Descriptio*, auquel il rapportait toutes ses études. Mais comme cet ouvrage traînait en longueur et que l'auteur était déjà vieux, je conseillai fortement à Le Paulmier de quitter un travail que l'âge, qui s'appesantissait de jour en jour, ne lui permettrait pas d'achever, de donner au public ses nombreuses et savantes observations sur les écrivains des deux langues, et par là de répondre aux vœux, aux besoins des hommes studieux et intéressés à ce que tant de corrections écrites aux marges de ses livres, tant d'interprétations de passages obscurs, ne demeurent pas sans emploi. Il ne goûta pas d'abord cet avis; mais, dans la suite, il s'y conforma. Je ne puis me tenir de raconter un fait inouï, incroyable de cet homme qui, déjà voisin de la décrépitude et vivant la plupart du temps à la campagne, dans la société de quelques jeunes gentilshommes campagnards, se mit un jour en tête qu'un d'eux, plus pétulant, plus grossier que les autres, avait dit ou fait quelque chose qui l'avait offensé. Il appela notre homme sur le pré, et le poussa si vivement qu'il le força à demander merci et à rendre son épée.

Le Paulmier avait alors un neveu nommé comme lui Jacques, et fils de son frère. Ce jeune homme était d'un esprit charmant et improvisait si naturellement des vers français, qu'il semblait que ce qui n'était possible aux autres qu'après de longues méditations coulât chez lui de source.

Thouroude, que je viens de nommer, avait formé dans le même temps le projet d'une description de l'ancienne Grèce. Ayant reconnu qu'il n'y avait plus lieu d'attendre du grand âge de Le Paulmier un ouvrage si vaste et si difficile, et persuadé qu'il ne pouvait, par la seule lecture des monuments anciens, acquérir une connaissance certaine et parfaite des choses s'il ne voyait de ses propres yeux les côtes, les fleuves, les montagnes et les débris des cités, il alla en Grèce, en parcourut plusieurs contrées, en visita les ruines, en mesura les distances, et prit note de toutes ses découvertes avec l'intention d'en faire usage lorsqu'il aurait rapporté dans sa patrie ce qu'il avait recueilli. Il avait déjà commencé son ouvrage et m'avait fait voir ses descriptions de l'Illyrie, de l'Épire, du Péloponnèse et de l'Achaïe; elles étaient en état d'être publiées, et je l'engageai à le faire sans attendre l'achèvement du reste, comme si je prévoyais ce qui allait arriver. Il mourut bientôt en effet. Ses héritiers, immédiatement après sa mort, mirent au pillage ses manuscrits, ses livres, ses papiers, et, repoussant les libraires qui offraient d'éditer sa description de la Grèce, aimèrent mieux anéantir le fruit de tant d'années, de tant de travaux, de tant de veilles, que d'assurer à la mémoire de leur parent la gloire qu'il avait si bien méritée.

C'était un très-habile helléniste, et j'ai beaucoup profité, je l'avoue, des rapports très-fréquents et presque journaliers que j'avais avec lui. Mais comme il méprisait souverainement la science des autres, si je m'amusais à écrire quelques vers grecs et que je le consultasse à ce sujet, il fronçait le sourcil pour me marquer son dédain et me défendait de prétendre à imiter les anciens jusqu'à ce que, par un exercice long et opiniâtre, je prouvasse que j'en étais capable. Ennuyé de ses mépris, comptant sur mon habileté et peut-être trop prévenu pour elle, je composai deux épigrammes grecques auxquelles je joignis deux épigrammes des anciens et deux autres du moyen âge; je les présentai à Thouroude indistinctement et sans indiquer la date de leur origine; je lui proposai de reconnaître, s'il le pouvait, celles qui m'appartenaient et de donner par là, à ses risques et périls, un témoignage de son exquise perspicacité. Il accepta le défi de mauvaise grâce et ne fut pas heureux dans sa décision, car de mes deux épigrammes il dit que l'une appartenait à l'antiquité, l'autre au moyen âge. Ainsi Thouroude fut joué par moi à peu près de la même manière que Scaliger l'avait été par Muret. Celui-ci ayant fait une épigramme et l'ayant offerte au soi-disant diclateur de la critique comme tirée d'un ancien manuscrit, Scaliger y reconnut des vers frappés à l'antique et eut de la peine à revenir de ce préjugé[1].

L'un de mes amis était encore Jacques Graindorge de Prémont[2], qui alors se faisait remarquer à Caen par ses études sur les antiquités romaines et la numismatique, par la finesse, l'élégance et l'urbanité de son esprit. J'en ai fait l'éloge dans un autre ouvrage qui est dans les mains de tout le monde et que j'ai dédié à son frère André, rival de ses

---

1. A dix-huit ans, Joseph Scaliger avait une telle opinion de soi, que, à une première lecture, il se piquait déjà de discerner les styles de tous les siècles. Qu'on juge de l'effet, même sur des esprits incompétents, de cette prétention aussi nouvelle que téméraire! A plus forte raison confondait-elle les vieux savants qui, durant toute leur vie, avaient vu leur sagacité mise en défaut là où un écolier se vantait d'avoir des yeux de lynx. Muret les vengea par un bon tour. Il fit voir un jour quelques vers latins à Scaliger; il les a, dit-il, reçus d'Allemagne; ils sont extraits d'un vieux manuscrit et ont pour auteur Trabéa, poëte comique, contemporain d'Accius; c'est le même Trabéa dont Cicéron (Tuscul., IV, 34) a cité quelques vers. Scaliger ne doute pas un moment de la véracité de Muret; les vers, selon lui, sont bien de Trabéa : même air, même tournure, même élégance. Or, Muret était l'auteur de ces vers qui sont une imitation d'un passage de Philémon, poëte comique grec cité par Plutarque au traité de la *Consolation à Apollonius*. Muret se vanta d'avoir trompé le critique qui se disait infaillible, et Scaliger, piqué de cette fourbe s'en vengea par ce distique :

Qui rigidæ flammas evaseratante Tholosæ
Rumelus, fumos vendidit ille mihi.

« Vous entendez, dit Costar à M. de Heurles (*Apologie*, deuxième lettre à M. de Heurles), ces flammes de la rigoureuse Toulouse, et n'avez pas oublié que Muret avait été accusé devant le parlement de cette ville-là d'un crime qui est puni par le feu. Vous serez bien aise que je vous avertisse que Scaliger supprima les vers de Muret dans sa seconde édition, (celle du Varron). » (*Le Triumvirat littéraire au XVIe siècle*, p. 155.)

2. Antiquaire et littérateur, né en 1614, à Caen, mort en 1659. Il est l'auteur de quelques dissertations scientifiques qui ont été insérées dans les recueils de *Mémoires* scientifiques du temps. Huet loue beaucoup ici son goût et son savoir; il l'accuse un peu plus loin d'une excessive paresse. — Son frère André, médecin, né en 1616, à Caen, et mort en 1676, exerça pendant vingt ans la médecine à Narbonne avec une grande distinction.

vertus et aussi mon ami. Celui-ci était depuis vingt ans médecin à Narbonne, lorsque, ayant appris la mort prématurée de son frère, il fut obligé de revenir dans son pays et dans sa famille. Nous fûmes très-intimement liés durant plusieurs années, car, outre qu'il était très-habile dans la philosophie dont je faisais alors mes seules délices, et surtout dans la physique, il n'était pas non plus étranger à l'étude de l'antiquité et des médailles, et il en avait rapporté une quantité considérable recueillie dans la province narbonnaise. Jacques ne savait pas le grec, et souvent, Thouroude et moi, nous l'avertissions qu'il perdait à cela bien des jouissances. Mais, nous avions beau l'exhorter sans cesse à l'apprendre, faisant même valoir outre mesure les avantages qu'il en pourrait tirer et qu'il comprenait d'ailleurs très-bien, qu'il aimait mieux, tant il appréhendait le travail, être privé de ces mêmes avantages que de s'imposer de nouveaux soucis. Nous obtînmes pourtant, à force de prières et de reproches, qu'il souffrît que nous combattissions sa paresse, et qu'il se repentît enfin de son ignorance. Il se mit avec tant d'ardeur à réparer le temps perdu, qu'il acquit enfin ce qui avait jusqu'alors manqué à son érudition. Je me souviens d'avoir décidé par cet exemple deux illustres personnages à étudier le grec, Louis de Bourbon, prince de Condé, le plus grand capitaine de notre âge, très-savant en tout, mais principalement dans les antiquités romaines, et M. le duc de Montausier, qui passait un temps considérable à lire les auteurs latins; mais, réclamés tous deux par des soins plus graves, il eût été difficile qu'ils appliquassent leur esprit à l'étude des règles de la grammaire.

Pour Prémont, il revint à son ancienne paresse, lorsque l'Académie de Caen l'eut pressé jusqu'à l'importunité de faire des recherches sur les origines de notre patrie, et de les transmettre à nos descendants. Je n'acceptai moi-même cette tâche qu'après qu'il l'eut nettement déclinée, et donné pour motif de son refus que toutes les anciennes archives de Caen avaient été ou pillées pendant les guerres avec les Anglais, ou brûlées, et que le souvenir même de ses anti quités était anéanti. Je prétendais, au contraire, que cet anéantissement des monuments, que cette destruction des archives, étaient du ressort des investigations historiques, et que celui qui constaterait ce fait pour la science, prouverait du moins qu'il ne peut rien savoir davantage, et que toutes ses recherches à ce sujet sont inutiles. Prémont voyait très-bien cela et le sentait aussi bien que moi, mais il colorait sa paresse d'un vain prétexte, et répétait aussi en plaisantant cet adage italien : *Ne rien faire est le plaisir des dieux.*

Jusqu'ici l'amour des lettres m'avait tellement subjugué, qu'encore que l'amour de Dieu, dont le germe était en moi, y eût, par les soins de mes maîtres, jeté de profondes racines, il ne laissa pas d'être opprimé par l'autre ; et, privé de cette céleste rosée qui est l'effet de la fréquente communion, il s'en fallut peu qu'il ne se flétrit tout à fait. Ajoutez à cela l'exemple de mes jeunes compagnons qui ne respiraient que plaisirs, dissipations, vanités du monde, et n'avaient pas beaucoup de peine à me faire partager leurs goûts et leurs folies. Je courais donc les cercles, ceux de femmes principalement, n'y ayant pas, selon moi, de témoignage plus éclatant de notre politesse, que de plaire au sexe. C'est pourquoi je ne négligeais rien de ce qui pouvait m'attirer ses bonnes grâces, ni le soin minutieux de ma personne, ni l'élégance de ma toilette, ni les visites assidues, ni les vers galants, ni les mots tendres soufflés dans l'oreille, et qui alimentent la passion. J'ai exposé tout cela avec trop peu de réserve dans une lettre écrite en vers à Ménage, qui est dans les mains de tout le monde.

D'un autre côté, mon tuteur voyant se refroidir en moi peu à peu la fougue de l'adolescence, et qu'il était temps de me fortifier le corps par les exercices de la jeunesse, me donna des maîtres d'armes, de danse et d'équitation, pour laquelle il avait lui-même beaucoup de goût. Je dansais gauchement, mais à l'escrime et à l'équitation, je l'emportais sur tous, et de manière à exciter l'envie de mes compagnons et des maitres eux-mêmes. J'étais si leste qu'il suffisait que je touchasse un but avec la main pour que je le touchasse aussi de mes pieds en sautant; si bon coureur, que je laissais derrière moi tous les autres; si vigoureux, qu'un jour deux forts gaillards étant assis par terre, et tenant un bâton, eux d'un bout et moi de l'autre, ils ne purent ni me l'ôter des mains, ni seulement me faire bouger de place.

Il y avait longtemps déjà, et cela remontait à mon enfance, que j'avais appris à nager sans maitre, sans liége, et comme par hasard. L'été, sous prétexte de me rafraichir, j'allais me jeter dans les étangs, dans les rivières, et plusieurs fois le même jour, comme font ordinairement les enfants. Je me baignais un jour dans une rivière que je ne connaissais pas, et dont je n'avais pas sondé la profondeur; je perdis pied tout à coup et me crus perdu. Mais la grandeur du péril me donna de l'énergie; je fis tant des pieds et des mains que je revins à la surface et pus enfin respirer. Cet accident m'apprit que je savais nager; ce dont je ne m'étais pas douté jusque-là. Je devins bientôt habile nageur; je plongeais au plus profond des rivières, d'où je rapportais des coquillages, et pas un de mes compagnons n'était, à cet égard, en état de me le disputer.

Ayant atteint ma vingt et unième année, je devins mon maître, selon la coutume de Normandie, et secouai le joug de mon tuteur. Cet homme m'avait traité durement et chichement, à ce point que pour faire face à mes dépenses de jeune homme, j'étais obligé de recourir à la bourse de mes amis. Je ne saurais nullement approuver cette parcimonie, encore qu'elle semble avoir pour objet d'augmenter le patrimoine des pupilles; elle avilit les âmes des jeunes gens, qu'elle porte à des actes de bassesse et à des industries malhonnêtes pour soulager leurs besoins. Aussi, dorénavant plus à l'aise, je commençai à former d'autres projets, je sentis surtout un désir irrésistible d'aller à Paris, tant pour voir cette ville célèbre elle-même, que les princes de la république des lettres, déjà connus de moi par leur réputation et par leurs écrits. Néanmoins, mon but principal était d'acheter des livres, faute desquels il fallait que mes études languissent ou restassent à peu près suspendues. J'accourus donc bien vite à Paris et plus vite encore chez les libraires. Mais l'argent que j'avais destiné à m'approvisionner dans leurs boutiques fut bientôt épuisé. La même chose m'arriva cent fois dans la suite. Tout l'argent que j'avais pu ramasser, en le dérobant à mes autres plaisirs, les libraires de la rue Saint-Jacques me l'enlevaient jusqu'au dernier sou. D'où il advint que durant toute cette époque de ma jeunesse, mon escarcelle presque toujours vide ne logeait que des araignées. Au contraire, ma bibliothèque était si bien remplie, qu'elle n'avait pas son égale dans tout le pays, ni pour le choix, ni pour le nombre des livres. Ce choix consistait dans les écrivains de l'antiquité, qu'avant tout, j'avais voulu posséder. D'ailleurs, je n'attachais pas la moindre importance à la reliure, qu'elle fût en parchemin ou en maroquin ; je laissais ce luxe aux publicains et aux banquiers. Plus tard, quand je pus me rendre la justice de n'avoir point amassé tant de livres par une vaine ostentation, mais uniquement pour en faire usage, je me souciai peu de les entretenir propres. Si je trouvais, en les lisant, quelque chose qui valût la peine d'être noté, soit pour la correction du texte, soit pour l'éclaircissement des passages, je le notais à la marge. Une pensée toutefois m'obsédait : ce travail de tant d'années, me disais-je, cette masse de volumes rassemblés à si grands frais pour le plaisir et l'aliment de mon esprit, seront dispersés un jour, ou retourneront dans les boutiques des libraires, ou tomberont dans les mains des sots. Cette idée m'épouvantait, et pour empêcher qu'elle ne se réalisât, je pris une mesure dont il sera parlé dans la suite.

Ces allées et venues perpétuelles et ces longs séjours à Paris ne furent pas seulement employés à me procurer des livres ; le soin de rechercher et de voir ces hommes non moins illustres qu'excellents et dont la grande renommée était le prix de leur merveilleuse érudition, les Sirmond d'abord, les Petau[1], les Labbe[2], les Vavasseur[3], les Rapin, les Cossart et les Commire[4] m'avait aussi préoccupé dès les

---

1. Jésuite, né à Orléans en 1583, mort à Paris en 1652. Il fut l'un des plus savants personnages de l'Europe. Il professa la philosophie à Bourges, puis la rhétorique et la théologie à Paris, avec une capacité extraordinaire. Demandé par plusieurs princes, et particulièrement par Urbain VIII, il refusa cet honneur, dit la *Gazette de Paris* du 14 décembre 1652, tant par modestie que pour obéir à Louis XIII, « qui crut être du bien et de la gloire de son royaume d'y retenir un si grand homme. » Il eut avec Saumaise, à l'occasion du commentaire de ce dernier sur le traité *de Pallio*, de Tertullien, des démêlés violents qui donnèrent lieu de part et d'autre à plusieurs écrits. Sa grande réputation lui vient surtout de ses vastes connaissances en chronologie et des progrès qu'il fit faire à cette science. Il a laissé, entre autres grands ouvrages : *De doctrina temporum*, 1627 ; *Uranologia*, 1630 et 1703-5, 3 vol. in-fol. ; *Rationarium temporum*, Paris, 1633-34, 2 vol. in-12 ; *Theologica dogmata*, Paris, 1644-50, 5 vol. in-fol.

2. Jésuite, né à Bourges en 1607, mort à Paris en 1667. Il a l'honneur d'avoir commencé la célèbre collection des auteurs byzantins. Après avoir professé la rhétorique, la philosophie et la théologie, il quitta l'enseignement pour se livrer à des travaux historiques. Il a laissé soixante-quinze ouvrages, entre autres : *le Chronologiste français...*, 1666, 5 vol. in-12 ; *Concordia chronologica, technica et historica*, 1670, 5 vol. in-fol. ; *la Bibliothèque des bibliothèques*, 1664, et une *Collection des conciles*, 18 vol. in-fol., 1671.

3. Jésuite, né en 1605 à Paray, dans le Charolais, mort à Paris en 1681. Il était, au témoignage de l'abbé d'Olivet, le meilleur humaniste de son temps. On voit que Huet n'en fait pas l'éloge comme poëte, et Huet est bon juge en fait de poésie. Celles de Vavasseur furent publiées par le père Lucas, son confrère, en 1682, Paris, in-8. Qui n'a pas lu son agréable traité *de Ludicra dictione*, où il attaque le style et les poëtes burlesques, et l'autre qui a pour titre *de Epigrammata?* Ce sont, sans contredit, les plus remarquables de ses ouvrages, lesquels ont été recueillis et publiés à Amsterdam, 1709, in-fol.

4. Jésuite, né à Amboise en 1625, mort en 1702. Il professa la théologie ne laissa pas que d'être un poëte latin distingué. Ses poésies se compo-

premiers jours de mon arrivée. Sirmond, quoique plus que nonagénaire, n'en était pas moins ardent à l'étude et passait les derniers moments de sa vie à commenter et à écrire. Il avait une politesse et une distinction singulières; on reconnaissait aisément l'homme qui avait hanté longtemps les cours de Paris et de Rome. Pour moi que sa réputation de bonté avait prévenu en sa faveur, je fus de sa part l'objet d'une réception qui dépassa encore mon attente; car, presque aussitôt après notre première entrevue, il m'ouvrit son cœur et son cabinet et me donna les meilleurs conseils pour me diriger dans mes études et régler mes mœurs. Il m'écrivait, en outre, pendant mes absences, les plus charmantes lettres. J'aurais recueilli de cette liaison un plaisir et des avantages infinis, si une mort inattendue, presque subite et qui dans un jeune homme même eût semblé prématurée, ne m'eût ravi ce vieillard. Denis Petau avait des apparences plus froides, quelque chose de grave et de sévère qui disparaissait néanmoins dans un commerce suivi. Je l'avais tellement apprivoisé, à force d'attentions et de zèle, que, quoiqu'il fût absorbé par ses *Dogmes théologiques*, immense ouvrage où il transporte la théologie du labyrinthe de l'école sur le terrain de l'ancienne Église, ouvert et aplani par les Pères, il ne dédaignait pas de s'abaisser avec moi à des exercices de moindre conséquence, et par là il lui semblait revenir à ses premières années. Comme alors je lisais Thucydide, et que çà et là, principalement dans ses harangues, cet historien est rempli de sentences si obscures qu'au témoignage de Cicéron il est à peine intelligible, toutes les fois que je tombais sur quelque difficulté de ce genre, je m'adressais incontinent à Petau, comme au trépied de la pythie. Il pa-

---

sent d'odes, de fables, d'épigrammes, d'imitations des psaumes et des prophéties. Le recueil le plus complet a été publié en 1715, et reproduit par Barbou en 1753, in-12. Le père Commire travailla au *Journal de Trévoux*; parmi les morceaux qu'il y inséra, il faut lire ses *Remarques sur les poésies de S. Orientius* (1701).

raissait charmé de ma hardiesse et de mes importunités et souffrait courtoisement que je lui dérobasse ainsi de bonnes heures.

Mon intimité ne fut pas moins grande avec les autres, et particulièrement avec Commire et Rapin, deux poëtes célèbres. On sait assez quelles obligations les lettres leur doivent à tous, pour l'énorme quantité de leurs travaux, et à chacun pour le genre qui lui est propre. A qui est étranger Philippe Labbe, cet océan d'érudition? Quelle contrée de la littérature n'a-t-il pas explorée? Un homme eût pu l'égaler, le surpasser peut-être : c'est Gabriel Cossart. Mais cet heureux génie ne pouvait souffrir le travail; il n'était pas assez avare du temps et frustrait sa gloire de tout ce qu'il dérobait à l'étude. Il est célèbre surtout par un discours improvisé dans une dispute académique, alors que, répondant *ex abrupto* à la déclamation pleine d'injures d'un professeur fameux, il le réfuta avec esprit et éloquence, aux applaudissements unanimes des principaux membres de l'université de Paris. François Vavasseur se cantonna dans la poésie. Vrai puriste et, pour ainsi dire, à l'affût des élégances de la langue latine, il les observe avec tant de soin que tandis qu'il ambitionne la gloire d'un grammairien habile, il acquiert le triste renom de poëte mou et éreinté. Je l'aimais pourtant et j'en fus aimé à ce point, qu'il voulait me faire part, de préférence à tout autre, de ses poésies et m'en constituer l'arbitre. Commire et Rapin ne s'aventurèrent pas beaucoup au delà des bornes de la poésie. Ce que Rapin a écrit en français est une bagatelle, et quand il l'écrivit il manquait quelque chose à sa provision de science. Mais ses vers sont pleins d'agrément, de douceur et de cette facilité qui annonce l'enfant gâté des muses. Aussi sont-ils dépourvus du *vis poetica* et de cet enthousiasme sans lequel, suivant Démocrite, il n'y a pas de grands poëtes. Je me souviens avec un plaisir extrême de ce bonhomme; j'en ai reçu des preuves d'amitié singulières, et tant qu'il a vécu, je l'ai honoré des marques du plus profond respect. Jean Commire avait autant de facilité et plus de nerf; il improvisait rapidement. Plus d'une fois je l'ai vu réciter, en se jouant et debout sur un pied, des vers qui semblaient couler de source.

J'eus aussi le plaisir de rencontrer à Paris Étienne Agard de Champs[1], jésuite, né à Bourges, et qui avait eu l'honneur de passer par toutes les dignités de son ordre. Je le connus dans mon enfance; il enseignait alors la rhétorique à Caen. C'était, sous une enveloppe imposante et digne, une belle intelligence et un esprit très-cultivé. Sa mémoire était d'une étendue et d'une fidélité incroyables. Il l'avait tellement nourrie par l'étude et fortifiée par l'art, qu'ayant entendu réciter une seule fois devant lui un grand nombre de mots, il les répétait dans le même ordre, faculté merveilleuse dont chacun était ébahi. Il avait été l'objet d'une haute considération de la part de la société, pendant ses disputes avec les jansénistes, ayant alors publié, sous le nom d'Antoine Ricard, un livre où il entreprenait de prouver que Jansénius avait emprunté sa doctrine de Calvin.

Dans cette compagnie de savants hommes que je fréquentais alors, Jean Garnier tenait très-bien sa place[2]. Il était déjà connu par quelques ouvrages; mais il le devint bien autrement par son édition de Marius Mercator, lequel vivait au siècle de saint Augustin et qui attaqua vigoureusement

---

1. Né en 1613, mort à la Flèche en 1701. Il professa la théologie à Reims et à Paris, et fut trois fois provincial de son ordre. Il avait acquis quelque réputation par ses écrits contre le jansénisme, et, député à Rome pour les intérêts de sa société, il avait reçu du pape et des cardinaux de grands compliments. On a de lui, sous le nom d'Antoine Ricard, *Disputatio theologica de libero arbitrio*, Paris, 1642, in-12; *de Hæresi janseniana...*, Paris, 1654, in-fol., etc.

2. Né à Paris en 1612, mort à Bologne en 1681. Il professa les humanités, la rhétorique, la philosophie et la théologie dans les établissements de son ordre. Outre le *Marii Mercatoris.... et S. Augustini opera...*, Paris, 1673, in-fol., il a laissé *Organi philos. rudimenta*, Paris, 1651, 1677, in-4°; *Regulæ fidei catholicæ...*, Bourges, 1655, in-4°; *Thèses de philosophie morale*, Paris, 1657, etc.

les hérésies de Pélage et de Nestorius. Ce serait une omission coupable que de passer sous silence le concours diligent et fécond que me prêta cet excellent homme, lorsque je dressais l'histoire d'Origène, et qu'il fallait que je plaçasse chaque chose à son rang et suivant l'ordre chronologique.

Je ne dois pas oublier de citer, en dehors de la société des jésuites, les autres savants illustres de cette époque avec qui j'avais contracté amitié. Les principaux sont les frères du Puy, Pierre et Jacques[1], dont le nom, ennobli par les vertus de leurs ancêtres et plus encore par les leurs propres, est de soi-même un éloge. Ils étaient d'une grande douceur de mœurs et de plus doués d'un savoir exquis, Pierre surtout, l'intrépide champion de l'indépendance de la couronne de France et des libertés de l'Église gallicane. Le riche trésor de la bibliothèque royale étant confié à leur garde, la plupart des savants alors en renom venaient chaque jour chez eux, et j'assistais avec un plaisir infini à leurs doctes entretiens, depuis le moment surtout où ce noble couple de frères avait eu la bonté de dire du bien de moi à l'illustre assemblée. C'est ainsi que, sans efforts de ma part et non-

---

1. Du Puy (Pierre), né à Agen en 1582, mort à Paris en 1651, conseiller du roi et garde de sa bibliothèque, fut, ainsi que son frère Jacques, l'ami du président de Thou. Il donna ses soins aux éditions de l'*Histoire* de ce magistral, qui parurent de 1620 à 1626. Chargé ensuite de travailler à la recherche des droits du roi et à l'investigation du trésor des chartes, il publia un très-grand nombre d'ouvrages dont la nature de son emploi lui facilitait la composition. Les ouvrages sur lesquels est fondée l'épithète de *vindex acerrimus immunitatum Ecclesiæ gallicanæ*, etc., que lui donne Huet, sont le *Traité des droits et des libertés de l'Église gallicane, avec les preuves*, Paris, 1639, 3 v. in-fol., et le *Traité de la majorité de nos rois et des régences du royaume, avec les preuves*, ibid., 1655, in-4°. — Jacques, son frère, aussi garde de la bibliothèque du roi, né en 1586, mort à Paris en 1656, aida Pierre à donner plusieurs éditions de l'*Histoire* de de Thou. On lui doit en particulier l'*Index de tous les noms propres qui s'y trouvent latinisés*, Genève, 1614, in-4°, réimprimé à Ratisbonne en 1696, in-4°, sous le titre de : *Resolutio omnium difficultatum*; *Instructions et missions des rois de France et de leurs ambassadeurs au concile de Trente*, Paris, 1654, in-4°.

obstant mon petit mérite, je me trouvai admis dans l'intimité de tant de grands hommes et que je vis mon nom inscrit sur leurs listes. Parmi eux, François Guyet[1] était hautement estimé pour son talent poétique. Amant zélé de la saine antiquité, émule des anciens poëtes, il ne leur était pas inférieur à beaucoup d'égards, tant ses vers, encore qu'on y souhaiterait un peu de la rouille vénérable de l'ancienne Rome, enchantaient par la rondeur de la phrase et par l'harmonie du nombre. Il fit aussi le métier de critique; mais il y prit trop de licence; car, en examinant les écrits des anciens, il prononce et décide avec tant d'autorité, qu'on dirait plutôt qu'il monte à l'assaut contre eux. J'ai vu des notes de sa main aux marges du Virgile dont il se servait habituellement; il corrige ce poëte avec une liberté sans mesure, il le met en pièces, tellement que s'il l'eût publié dans cet état, on eût cherché Virgile dans Virgile même. Je fus très-lié aussi avec Ismaël Bouillaud[2], qui vivait alors en commun avec les du Puy. L'absence n'interrompit point cette amitié, soit que nous étudiassions, lui à Paris et moi à Caen. Nous nous écrivions sans cesse; je l'informais de toutes mes études, et lui ne me laissait rien ignorer de ce qui se passait chez les savants. Dans ce commerce réciproque nos conditions n'étaient pas égales. Que pouvait dire d'agréable un provincial à un homme qui avait élu domicile dans le sanctuaire même de l'érudition et qui n'en manquait lui-même d'aucune sorte? On n'a qu'à lire son *Astronomia philolaica* où il rajeunit si bien l'astronomie surannée des anciens pythago-

---

1. Né à Angers en 1575, mort à Paris en 1655. On a de lui, outre des *Notes* sur quelques poëtes latins, des *poésies* latines de différents genres, entre autres un poëme intitulé : *Superstitio furens, sive de morte Henrici Magni carmen*, 1610, in-4°.

2. Né en 1614, mort en 1694. Outre les éloges qu'il mérite pour les écrits dont il est ici parlé, il en mérite aussi pour le soin qu'il prit de réduire en diverses classes, selon les sciences et les arts, le catalogue de la célèbre bibliothèque du président de Thou, catalogue que les frères du Puy avaient mis d'abord dans un ordre alphabétique.

riciens, qu'il pourrait passer pour être l'inventeur de cette science, et on n'aura pas de peine à comprendre qu'il se soit élevé si haut parmi les astronomes distingués de ce siècle. D'ailleurs, il a fait voir surabondamment ce dont il était capable en géométrie par son commentaire *De lineis spiralibus*; en philosophie, par son édition du livre de Ptolémée Περὶ κριτηρίου καὶ ἡγεμονικοῦ, avec la traduction et des notes; dans les belles-lettres, par ses conversations et par sa correspondance avec tous ceux qui l'ont connu.

A mon arrivée à Paris, je ne me liai avec personne plus étroitement qu'avec Gabriel Naudé, que le bruit de son nom et plus encore de ses écrits m'avait depuis longtemps fait connaitre. Il était alors garde de la bibliothèque Mazarine. Il l'avait pourvue de livres recueillis dans tous ses voyages en Europe et avec des peines infinies, et il l'avait tellement augmentée, qu'excepté la bibliothèque royale, aucune en France ne pouvait lui être comparée. Elle fut vendue et dispersée bientôt après pendant la guerre civile. Comme alors je dépensais en achats de livres au delà de ce que me permettaient mes ressources, Naudé me fit rentrer dans de sages limites, m'aida de son argent et de ses conseils, et m'avertit en ami que j'aie à me défier de la friponnerie des libraires.

Peu de temps auparavant était venu à Paris Pierre Lambeccius, de Hambourg[1], fils de la sœur de Lucas Holstenius. Il administra, dans ces dernières années, avec beaucoup d'honneur, la bibliothèque impériale de Vienne, dont il fit un excellent catalogue. A peine à Paris, il publia ses travaux de critique sur Aulu-Gelle, et s'introduisit chez Naudé. Comme nous nous y rencontrions souvent l'un et l'autre,

---

1. Bibliographe allemand, né en 1628 à Hambourg, mort à Vienne en 1680. Il fut d'abord professeur d'histoire et recteur de l'*École illustre* à Hambourg; puis, ayant abjuré le luthéranisme, il quitta sa patrie et alla se fixer à Vienne où il fut nommé historiographe et bibliothécaire de l'empire. Ses *Origines hamburgenses* sont de Hambourg, 1652.

je fis connaissance avec lui. Cette connaissance devint ensuite une amitié durable, sous les auspices de Naudé, lequel avait tant de goût pour notre jeunesse toute dévouée aux bonnes lettres, qu'il nous invitait souvent à sa campagne, et semblait rajeunir avec nous. Étant venu à Hambourg quelques années après, je me gardai bien de passer dans ces quartiers sans saluer mon ami Lambeccius. Dieu sait quelle chère il me fit! sans compter qu'il me donna son excellent ouvrage: *De originibus hamburgensibus.*

Pendant que je travaillais à grossir ma bibliothèque à Paris, je fis un soir la revue des richesses que j'avais acquises. Je fus attiré particulièrement par les *Dogmata theologica* de Petau, récemment publiés et déjà en grande réputation parmi les érudits. Moi qui connaissais l'auteur, qui l'aimais, qui l'estimais singulièrement, je passai des nuits entières penché sur son livre et captivé par la grandeur de la matière, la beauté du style et une immense érudition. Mais tandis que je pesais la valeur des arguments dont il se sert pour prouver les dogmes, si par hasard un d'eux me semblait faible, ma foi dans le dogme auquel il servait d'appui chancelait aussitôt, parce que je croyais qu'il n'était pas possible de trouver, pour la défense de ce dogme, des raisons plus certaines que celles qui avaient été pesées et apportées par un si grand logicien. Cette opinion téméraire, que j'embrassai avec une légèreté de jeune homme, altéra mes anciennes convictions relativement à certains dogmes de notre sainte religion, et au respect avec lequel je les avais considérés jusque-là. Mes préjugés subsistèrent jusqu'au jour où mon esprit, débarrassé des ténèbres qui l'obscurcissaient, et frappé tout à coup du plus pur éclat de la lumière céleste, me permit enfin d'asseoir ma croyance sur des bases plus profondes et plus inébranlables.

# LIVRE II.

Je revins à Caen avec un renfort considérable pour ma bibliothèque. Pendant que je jouissais à loisir de mes nouvelles richesses et poursuivais doucement mes études, Christine de Suède faisait fort parler d'elle dans le monde entier. On lui faisait honneur, entre autres qualités, de son goût pour les lettres et de la grande faveur et des libéralités dont elle comblait les gens de lettres. Elle les mandait de toutes parts à sa cour, et, disait-on, à des conditions dignes de la munificence d'Attale. Il y avait Descartes et Saumaise; il y avait Isaac Vossius, son maître de grec comme aussi son guide pour l'intelligence des auteurs de l'une et l'autre langue. La reine n'eût pas souffert de passer un seul jour sans en consacrer les meilleures heures à étudier en tête à tête avec lui; elle poussait le zèle à cet égard jusqu'à prendre sur son sommeil. Il résulta de là que ses forces s'affaiblirent peu à peu, et que la fièvre vint, suivie de prostration et d'amaigrissement. Les médecins avaient beau réclamer, le plus souvent, elle se moquait d'eux. Comme elle avait entendu Vossius parler avec de grands éloges de la science de Bochart, elle devint si désireuse de voir cet homme et de converser avec lui, qu'elle l'invita dans les termes les plus honorables à venir près d'elle, et qu'elle ordonna à Vossius de l'en presser lui-même, et de lui écrire lettres sur lettres. Bochart s'y laissa prendre, et encore qu'il fût retenu par les devoirs de son ministère, par les douces habitudes de la vie de famille, par les charmes de l'étude et de loisirs sans troubles, il oublia tout cela pour obéir à la reine, et ne s'effraya même ni de la longueur du voyage, ni de la perte du temps, ni d'une foule d'autres difficultés. Depuis longtemps j'avais une envie démesurée de voir l'Italie; j'étais sur le point de la satisfaire, lorsque Bochart s'ouvrit à moi de son voyage en Suède, et m'invita sans détour à l'y accompagner. Je balançai d'abord; je comparai les beautés de l'Italie, son printemps presque perpétuel, ses monuments antiques et vénérables, aux rochers pelés de la Suède et à son ciel barbare. Bochart me parla des merveilles de la Hollande, chantées en vers élégants par Scaliger, les hommes illustres dans les lettres, dont elle abondait alors, ses cités splendides et les restes nombreux d'antiquités gothiques qu'on trouvait dans les rochers du Danemark. Que vous dirai-je enfin? vaincu non pas tant par les raisons que par l'amitié de Bochart, j'obtempérai à sa prière et promis de le suivre. Mais pendant que nous faisions nos préparatifs de départ, je tombai malade tout à coup. Cependant le jour du départ était fixé, et Bochart ne pouvait différer plus longtemps. Un navire hollandais, prêt à mettre à la voile pour la Hollande, nous attendait au Havre, à l'embouchure de la Seine. A ma grande douleur, Bochart se mit en route; mais ma douleur eût été bien plus grande, si je n'avais eu la confiance que notre séparation serait de courte durée. Il alla au Havre par la voie de terre et s'embarqua. Heureusement que les vents du nord empêchèrent le navire de prendre le large; car, comme je me sentais un peu mieux, je commençai de croire que je rejoindrais à temps mon ami. A peine convalescent, je partis de chez moi le 14 avril 1652 et gagnai le Havre en litière couverte. J'arrivai vers midi. Hélas! Bochart avait mis à la voile au lever du soleil! Je m'en consolai toutefois, en voyant que deux autres navires hollandais en rade attendaient la première brise du midi pour partir à leur tour. Les capitaines l'affirmaient du moins, tandis qu'ils attendaient en réalité quelques bâtiments marchands arrivant de Rouen, qu'ils devaient proléger pendant la traversée. Pour moi qui m'en reposais sur leur parole, je passai onze jours à sécher sur pied dans un mortel ennui. Dieu enfin eut pitié de moi; on s'embarqua et on gagna la haute mer. Comme alors la guerre entre les Anglais et les Hollandais était imminente et qu'elle ne tarda pas longtemps à sévir[1], nous évitâmes avec assez de peine quelques navires anglais, en vigie dans les eaux de Douvres pour surveiller les navires hollandais. Arrivé en Zélande, je visitai Middelbourg, capitale de la province, d'où je m'embarquai de suite sur un bateau qui me transporta en Hollande. Je partis incontinent pour Leyde. Je saluai Saumaise à mon arrivée, et, prévoyant que je ne pourrais rester que quelques jours en cette ville, je m'arrangeai pour être tout à lui durant cet intervalle. Il n'est pas de bons offices et de respects que je ne lui rendisse du moment que je m'aperçus que ces hommages lui étaient agréables. Informé par lui que Bochart n'avait point encore quitté Amsterdam, j'écrivis à ce dernier pour lui annoncer mon arrivée. Il en fut si ravi qu'il m'envoya sur-le-champ un jeune homme qu'il avait emmené de Caen avec lui, pour me faire ses compliments et m'amener sans retard. Cette marque de bonté et d'amitié de la part d'un homme que j'aimais moi-même de tout mon cœur, me remplit de joie. Je piquai ma monture et galopai vers Amsterdam, où enfin j'embrassai Bochart. Vossius vint me voir aussitôt; il me dit honnêtement qu'il

---

1. Cette guerre commença sur la difficulté du *salut*; mais elle avait une cause plus ancienne. Les Anglais accusaient les Hollandais d'infidélité dans le commerce qu'ils avaient fait ensemble, et de leur avoir enlevé une des îles Moluques dès 1623. Les amiraux Black et Tromp commandaient les flottes anglaise et hollandaise qui eurent divers avantages l'une contre l'autre. Le 15 avril 1654, Cromwel signa un traité avec la Hollande contenant, entre autres, ces trois articles : que les Hollandais reconnaîtraient la souveraineté du pavillon anglais dans la Manche ; que jamais la république n'élirait aucun prince de la maison d'Orange pour stathouder ni pour amiral; que les Hollandais abandonneraient absolument les intérêts de Charles Stuart.

espérait que le long voyage que nous allions entreprendre nous serait à tous deux non-seulement une occasion de faire connaissance, mais encore de contracter une amitié solide; qu'il avait préparé pour lui et Bochart une voiture commode, et qu'il m'y avait ménagé une place, si je voulais bien l'accepter. « Sans doute, lui dis-je, et je vous suis très-reconnaissant d'un pareil service. » Quatre jours après, nous partîmes d'Amsterdam. Quand nous fûmes à Utrecht, la même maladie qui m'avait retenu à Caen me visita de nouveau. Elle nous força de rester quelques jours à Utrecht et de consulter Henri Duroy[1], médecin distingué et philosophe plus distingué encore. Je savais qu'il avait donné d'abord dans le cartésianisme, et été lui-même un des séides de Descartes, mais qu'il s'était dégoûté de cette doctrine, non sans offenser Descartes par ce revirement. Aussi, après quelques mots échangés sur ma maladie et sur les remèdes à y appliquer, nous parlâmes longuement du cartésianisme. Il ne le méprisait pas tout à fait; il avouait au contraire qu'il devait beaucoup à son chef, et il s'exprimait sur Descartes en termes magnifiques.

Nous arrivâmes à Hardenberg, dans l'Overyssel. Il sera, je pense, agréable au lecteur de connaître les cérémonies usitées dans cette ville pour l'élection du consul, telles que nous les avons apprises des habitants. Je les ai déjà racontées dans une pièce de vers sur mon voyage en Suède, adressés à Chapelain, et qui font partie du recueil de mes poésies; je ne laisserai pas de les rapporter ici de nouveau[2].

Dans Hardenberg nous entrons à nuit close.
Certains vieux us y sont plaisante chose :

---

1. Médecin et professeur à Utrecht, né dans cette ville en 1598, mort en 1679. On a de lui un grand nombre d'ouvrages de médecine, de physique et d'histoire naturelle.
2. Le lecteur me pardonnera de m'être amusé à les traduire en vers. C'est la seule fois du reste que j'aie pris cette licence.

Quand le consul se retire, et qu'il faut
Pour cet emploi faire un choix convenable,
Des gens à barbe, et longue, et vénérable,
De toutes parts, à la voix d'un hérault,
Sont convoqués à l'entour d'une table.
La table est ronde et si haute, dit-on,
Qu'elle est un point d'appui pour le menton.
Sur un signal ouverte est la séance,
Chacun étant à table jusqu'au cou.
Quand au milieu, bravant la bienséance,
On pose... quoi? Vous le dirai-je? un pou!
Or, le barbu vers qui cette vermine
Avec effort se guinde et s'achemine,
Par l'assistance est consul proclamé
Et par la ville ensuite est acclamé.

Lorsque nous eûmes passé l'illustre ville de Brême, nous arrivâmes à Closterseven, gros bourg ainsi appelé de ses sept cloîtres. Nous y vîmes un couvent de religieuses, très-florissant autrefois, mais qui depuis avait reçu des luthériens une destination nouvelle. Un très-petit nombre de religieuses, restées fidèles au culte catholique, habitaient encore quelques cellules dévastées qu'on leur avait assignées pour demeures. Naguère très-nombreuses, elles n'étaient plus alors que cinq. Nous en rencontrâmes une logée dans les murs ruinés de ce vaste édifice. Elle gagnait à peine de quoi vivre à filer, était par conséquent très-pauvre et ne laissait pas d'être propre. Je fus heureux, je l'avoue, de retrouver au milieu de ces décombres du catholicisme des restes vivants et intacts de ma religion; je le dis à la sœur, qui à son tour m'exprima toute sa joie de voir un catholique parmi tant de mes compagnons qui étaient étrangers à ce culte. M'offrant alors sa main à baiser, suivant la coutume des Allemandes, et levant les yeux au ciel, elle pria Dieu mentalement d'étendre sa protection sur moi, et marqua pieusement de sa main le signe de la croix sur mon front. Certes, ce fut pour moi un triste et bien douloureux spectacle que la dévastation de ces splendides monuments de la piété antique, que ces nouveautés profanes substituées au vrai culte de Dieu, que cet asile préparé à l'erreur et à l'impiété, là où la vérité avait été honorée et sanctifiée.

Après une longue traite, nous arrivâmes enfin à Copenhague, capitale du Danemark. Cette ville est agréablement située et d'un aspect aussi beau que le comporte un ciel boréal. L'ayant d'abord visitée, je montai ensuite dans la tour de l'observatoire, près du collége royal. Cette tour fut élevée pour observer les astres, par le roi Christian IV, après qu'il eut, à force de mauvais traitements, contraint de partir Tycho-Brahé, le père de l'astronomie. Ce prince avait pensé qu'il adoucirait par cette œuvre remarquable les regrets qu'avaient laissés aux Danois le départ de ce grand homme et le transport de ses instruments astronomiques en Allemagne. Pour construire cette tour, il avait consulté Christian Longomontanus [1], qui avait vécu quelques années avec Tycho-Brahé. Elle est ronde et très-haute. On n'y monte pas par des escaliers, mais au moyen d'une pente douce qui permet aux voitures d'arriver jusqu'à la plate-forme. Elle touche à un temple dont une partie tombait de vétusté et qu'on réparait alors. Nous découvrîmes, au milieu des débris, quelques grosses pierres avec des inscriptions runiques, comme il y en a beaucoup en Danemark, en Suède, dans les contrées et dans les îles voisines. Nous en avons souvent fait la remarque. Ces caractères sont, dit-on, l'ancienne écriture des Goths, et l'opinion commune des

---

1. Astronome, né en 1562 à Laengsberg (Jutland), d'où il prit ce nom de *Longomontanus*. Il fut disciple de Tycho-Brahé. Il eut le rectorat du gymnase de Viborg, enseigna les mathématiques à Copenhague, et mourut dans cette ville en 1647. On a de lui *Astronomia danica*, Amsterdam, 1622. Il cherche à concilier Tycho-Brahé avec Copernic, et admet pour cela le mouvement diurne de la terre, tout en rejetant le mouvement annuel. Il croyait avoir trouvé la quadrature du cercle.

peuples de ce pays est que leurs ancêtres ont transmis à la postérité dans ces monuments grossiers le souvenir de leurs hauts faits et la gloire de leurs grands hommes. Devenus toutefois à peu près illisibles par l'action corrosive du temps, ils eussent entièrement péri, si le sagace et infatigable Olaüs Wormius n'eût arraché aux outrages des siècles futurs les derniers vestiges de cette langue[1]. Il avait rassemblé avec les soins les plus intelligents tous les produits de la nature ou de l'art, remarquables par leur rareté ou leur singularité, que le hasard lui avait offerts dans ces âpres climats. Aussi, la première chose que se proposait un ami du vrai mérite et de la science, en arrivant à Copenhague, était de tâcher d'obtenir, à force de politesses et de respects, l'amitié de Wormius, et de voir ses trésors littéraires. C'est à quoi mes compagnons ne manquèrent pas. Bochart parle[2], et La Peyrère[3] en avait parlé avant lui, d'une dent de baleine du Groënland qu'on voyait dans son cabinet, et que le vulgaire ignorant croit être une corne de licorne.

---

1. Wormius (Olaüs), médecin et antiquaire, né en 1588, dans le Jutland, fut reçu docteur à Bâle, et occupa successivement à Copenhague les chaires de langue grecque, de physique et de médecine. Il y mourut en 1654, recteur de l'Académie, laissant entre autres ouvrages *specimen lexici runici*, Copenhague, 1650, in-fol., fruit de ses études sur la littérature runique, ainsi que *Talshoë, seu monumentum stroense in Scanid*, ibid, 1628, in-4°; *Muzæum Wormianum*, Leyde, 1655, in-fol., figures, et des ouvrages de philologie et d'histoire.

2. *De animalibus sanct. script.* Part. I, lib. III.

3. *Relat Groenl.* pag. 66. Peyrère (Isaac de La), fameux par son système des *Préadamites*, naquit à Bordeaux en 1594, d'une famille calviniste. Il fit partie en 1644 de l'ambassade française à Copenhague. Un jour qu'il tomba sur le ch. v de l'Épître de saint Paul aux Romains, il crut y apercevoir la preuve qu'il y avait eu des hommes avant Adam, et bientôt il publia ses *Præadamitæ*, 1655, in-4°, 1656, in-12. Jeté en prison, il en fut tiré par le crédit du prince de Condé et obligé de rétracter son livre. Il fut ensuite bibliothécaire à Rome du pape Alexandre III. Il revint à Paris et mourut en 1676 au séminaire de N. D. des Vertus, près Paris. On lui doit en outre une *Relation d'Islande*, Paris, 1663, in-8°, figures.

Nous allâmes de là au collége pour y voir le globe céleste d'airain, œuvre de Tycho. Je le connaissais dès longtemps de réputation. L'ayant alors examiné attentivement, je fus frappé de la beauté, de la délicatesse de l'œuvre, et de la dextérité de l'ouvrier. Mais ce serait perdre son temps que de décrire les merveilles de cette machine, comme aussi des autres instruments de Tycho, puisqu'il les a dessinés tous dans ses *Mécaniques* où le lecteur les a sous les yeux. Toutefois, pour qu'on puisse se former une idée juste de la fabrication et de la magnificence de ce globe, il faut savoir que l'auteur y a travaillé vingt-cinq ans, et qu'il y a dépensé cinq mille thalers, environ dix-huit mille livres tournois. En quittant le Danemark, Tycho alla à Prague, emportant avec soi tous ses appareils astronomiques. Mais en 1619, au sac de cette ville par les troupes palatines, ils furent tous détruits, à l'exception du globe qui fut transporté sain et sauf à Neiss, en Silésie, dans le collége des jésuites. Ulric, fils de Christian IV, s'étant emparé de cette place en 1632, s'empara aussi du globe, comme d'un héritage de son père, et l'envoya en Danemark. Toutes ces circonstances m'inspirèrent un violent désir de visiter l'île de Huen, siége des études de Tycho pendant vingt et un ans, et qu'il illustra par ses observations astronomiques et ses admirables écrits.

Il était né en Scanie, de la noble famille des Brahé, plutôt suédoise que danoise ; car, pendant que j'étais en Suède, parmi les cinq ministres de ce royaume, la première place, qui était aussi la plus près de la personne de la reine, était occupée par Pierre Brahé, descendant de cette famille. Mais ce n'est pas ici le lieu, et je n'ai pas non plus l'intention de raconter la vie de Tycho. D'autres l'ont fait assez exactement[1]. Il rentre seulement dans le plan de ce livre de rapporter par quelles libéralités, quelles prévoyances, Frédé-

1. Entre autres Gassendi.

ric II, roi de Danemark, retint dans ce pays Tycho, au moment où il se disposait à le quitter pour aller se fixer à Bâle.

Il y a dans le détroit qu'on appelle le Sund, une petite île du nom d'Huen, aux rivages en pente douce, et qui s'élève de telle sorte au-dessus des flots, que la vue en est accessible de tous les côtés. Ce séjour parut au roi singulièrement propre aux études et aux observations de Tycho. Il le manda aussitôt, lui offrit l'île en usufruit (car elle est du domaine royal), et lui permit de l'habiter. Il lui alloua, de plus, d'amples revenus, et lui promit que son aide ne lui manquerait jamais, soit qu'il fallût bâtir dans l'île, soit qu'il fallût le pourvoir d'instruments astronomiques. Tycho accepta avec joie et reconnaissance, et se hâta de jeter les fondements du château d'Urianenbourg. La première pierre en fut posée le 8 août 1576, par Charles Dauzée, ambassadeur de France en Danemark; circonstance que Tycho rechercha comme un honneur et considéra comme tel. Quand j'étais enfant, j'avais souvent regardé l'estampe de ce bâtiment dans les œuvres de Tycho, qui étaient chez Gilles Macé, mon parent; j'avais entendu Macé lui-même raconter une foule d'anecdotes sur Tycho; toutes ces choses s'étaient imprimées si fortement dans mon esprit, que, ne me souciant plus de quoi que ce soit, ni même de Copenhague, je sentis un violent désir de voir de mes propres yeux les objets qui n'avaient de corps que dans ma mémoire. Mais j'eus beau presser mes compagnons d'entreprendre ce pèlerinage, mes exhortations et mes prières ne les attendrirent nullement; ils s'intéressaient fort peu à la science astronomique. Un d'eux pourtant consentit à m'accompagner. Je louai un bateau, et à la faveur d'une bonne brise du sud, nous touchâmes à Huen le 24 mai 1652. Les uns appellent cette île *Venusia;* les autres *Scarlet.* Je suppose que l'origine de ce dernier nom remonte à un événement qui m'a été rapporté par des personnes bien informées, et qui eut lieu sous le règne de Frédéric II. Quelques Anglais s'étaient vantés à Copenhague que si le roi voulait leur vendre l'île, ils lui donneraient en payement autant de drap anglais de la couleur qu'on nomme écarlate, qu'il en faudrait pour entourer les rivages de l'île, avec une pièce d'or par chaque pli de l'étoffe. Le roi fort inconsidérément accepta l'offre, n'ayant pas réfléchi que si les Anglais fortifiaient l'île, ils pourraient fermer le Sund avec leurs flottes, et supprimer les droits de péage qu'y lève la couronne de Danemark. Mieux avisé, le roi résolut de garder son île. Mais il était inquiet, parce que, ayant donné sa parole, il ne voulait pas paraître la violer. Un fou, de l'espèce de ceux qu'on voit dans les cours, lui suggéra cet expédient : « Pourquoi t'inquiéter, mon cher roi? Que ne dis-tu que tu tiendras ta parole, et que tu vendras Huen, à condition que les acheteurs transporteront aussitôt leur marchandise dans la mer anglaise; qu'ils ont perdu la tête s'ils ont espéré que tu souffrirais qu'ils s'établissent à ta porte? » On loua fort le sage conseil de ce fou, et les vues des Anglais furent déjouées. De là vint, je pense, que le nom de Scarlet est resté à l'île.

A peine débarqués, nous gagnâmes un petit village, le seul qui fût dans l'île. Nous fûmes reçus par le ministre luthérien, suivant la coutume générale en Danemark et en Suède où le clergé est très-hospitalier, et où les maisons des ministres sont ouvertes aux voyageurs qui n'y sont point rançonnés; on ne leur demande que le remboursement pur et simple des avances qui ont été faites pour eux. Cet usage me paraît conforme à la piété chrétienne, et digne d'être pris pour exemple par tous les peuples qui professent la religion de Jésus-Christ. On en a reporté le mérite aux rois, lesquels permirent, dit-on, au clergé de la campagne, de tenir des espèces d'hôtelleries, à la condition d'y recevoir les étrangers. Il est sûr, du moins que chez ces peuples septentrionaux, on tient particulièrement à honneur de remplir les devoirs de l'hospitalité. Celle dont nous fûmes l'objet fut affectueuse. Après quelques moments de repos, je fis une foule de questions à notre hôte, ainsi qu'à d'autres insulaires, sur Tycho et sur le château d'Urianenbourg, qui était l'objet de ma visite. Eh bien, à ma grande surprise, ces noms leur étaient inconnus; personne même n'en avait seulement ouï parler. Cependant, ayant appris qu'il y avait dans l'île un vieillard qu'on disait très-âgé, je l'envoyai quérir et lui demandai s'il n'avait pas eu connaissance autrefois d'un certain Tycho-Brahé, et du château d'Urianenbourg, bâti et habité par lui pendant vingt et un ans. Il me répondit que non-seulement il avait connu Tycho et Urianenbourg, mais qu'il avait été pendant quelque temps un des domestiques de Tycho, et mis la main à l'œuvre lors de la construction du château. Tycho, selon lui, était irritable, colère et violent, maltraitait fort ses domestiques et ses vassaux, s'enivrait et courait les femmes. Il en avait épousé une de la plus basse extraction; elle était de Knudstrup, village où il était né. Il en eut plusieurs enfants. On tenait cette alliance pour déshonorante; l'illustre famille Brahé en avait été très-offensée. Ce bonhomme ajouta que si j'étais venu dans l'île pour voir Urianenbourg, j'avais pris une peine inutile, vu que le château avait été rasé, et qu'il en restait à peine des parties de mur. Je lui demandai pourquoi, ainsi que je l'avais déjà demandé à quelques savants de Copenhague; sa réponse ni les leurs ne s'accordaient entre elles. Selon les uns, Tycho, avant de quitter le Danemark, avait détruit de ses mains son ouvrage, tandis qu'il est constant que tout ce qu'il possédait à Urianenbourg demeura confié à la garde d'un fermier et de quelques serviteurs; car l'usufruit de la terre lui avait été donné sa vie durant par le roi Frédéric. Selon d'autres, ce sont les troupes suédoises qui, ayant fait une invasion dans l'île, commirent tous ces ravages : circonstances que n'eût point ignorées le vieillard. Pour lui, il en accusait les tempêtes et les ouragans qui règnent sur le détroit du Sund. Bâti en matériaux légers, l'édifice avait cédé d'autant plus facilement, que les courtisans qui avaient obtenu du roi, après Tycho, la concession de l'île, s'étaient fort peu souciés d'entretenir un édifice uniquement propre à des travaux astronomiques.

Par là, il est aisé de comprendre combien est peu de chose cette gloire que nous poursuivons, en y dépensant toutes nos forces. Qu'a recherché Tycho, par ses longues et ardentes études, sinon la gloire? L'aspect d'une mort prochaine n'éteignit même pas en lui la passion qu'il avait pour elle; car étant près d'expirer, il se berçait de l'espoir consolant que la postérité n'oublierait pas ses services, et il ferma les yeux en murmurant plusieurs fois ces paroles : « Plaise à Dieu que je n'aie pas vécu en vain ! » A-t-il recueilli, je le demande, le prix de ses œuvres, celui qui a été en butte à la haine d'un roi et des grands; qui a vu ses labeurs méprisés et soi-même empêché par un arrêt de continuer ses observations astronomiques; qui, exproprié de sa maison, chassé de sa patrie, réfugié sur un sol étranger et vivant du pain d'autrui, a fini sa vie entouré de quelques amis, laissant les instruments qu'il avait inventés et exécutés à si grands frais, à la merci d'étrangers rapaces et ignorants? Ces instruments devinrent en effet, peu d'années après, la proie des troupes palatines, lesquelles, en les détruisant, condamnèrent les enfants de Tycho à vivre dans l'obscurité, et presque dans l'indigence. Telle est la fin des espérances humaines! Voilà où aboutit cet amour insensé de la gloire, auquel se laissent conduire les âmes les plus généreuses, alléchées par les vains discours du vulgaire et les bruits de la renommée! Mais la renommée, fille des opinions des hommes, souvent fausses et presque toujours incertaines et légères, va s'affaiblissant à mesure que les années s'écoulent, et la plupart du temps s'évanouit dans l'oubli de la postérité.

Gassendi a donné en détail les motifs pour lesquels Tycho

fut contraint de s'expatrier[1]. J'ai recueilli à Copenhague, d'hommes qui professent un grand respect pour le nom de Tycho, des faits qui se rattachent à cette circonstance, dignes d'être rapportés, et dont Gassendi n'a point parlé. Quoique Tycho n'ait jamais rien dit des mauvais traitements qu'il essuya en Danemark, que même, loin de se plaindre du roi Christian, il ait cherché à l'excuser, il est hors de doute qu'il encourut la disgrâce de ce prince et perdit, avec la faveur de la cour, tous les bienfaits qu'il en avait reçus jadis. Il savait seulement que les rois ont le bras long, et il eut la prudence de dissimuler son ressentiment. Voici quelle fut, dit-on, l'origine de sa disgrâce.

L'ambassadeur d'Angleterre en Danemark avait amené avec lui un mâtin d'une grosseur extraordinaire. Tycho n'eut pas plutôt vu cet animal, qu'il demanda à l'ambassadeur de le lui donner pour en faire le chien de garde du château d'Urianenbourg; mais Christophe Walchandorp, maître de la cour, avait aussi envie du mâtin. L'ambassadeur, craignant d'offenser ces deux personnages, dit qu'il ne le donnerait ni à l'un, ni à l'autre; mais il promit, dès qu'il retournerait en Angleterre, de leur en envoyer un à chacun, ce qu'il exécuta. L'un des deux chiens ayant paru plus gros que l'autre, Walchandorp voulut l'avoir et le roi le lui adjugea, nonobstant les réclamations de Tycho. Irrité de cette décision, et ne sachant pas d'ailleurs contenir sa colère, Tycho tint sur le roi quelques propos imprudents qui furent rapportés incontinent à Sa Majesté par le maître de la cour. De là le courroux du roi et la disgrâce de l'astronome.

Nous voulûmes, avant tout, voir le roi. L'heure étant venue où il va au temple avec toutes les personnes de sa suite, nous nous fîmes conduire dans une galerie supérieure de l'édifice d'où nous pouvions voir facilement le cortége.

---

1. *Vita Tychon*, lib. IV.

Comme j'ai la vue faible, étant de ceux que les Grecs appellent myopes, et que je me servais de lunettes depuis mon enfance pour voir de loin, je les mis sur mon nez, tant pour regarder l'assistance que le roi, principalement, et la reine assise à côté de lui. Je fis cela avec si peu de précaution et de tact, que, occupé à regarder les autres, je ne vis pas que j'étais moi-même regardé et que mon attitude inconvenante était l'objet de la curiosité générale. Le roi surtout me vit, qui, ainsi que l'ai su plus tard, se plaignit hautement à dîner de la tenue irrespectueuse en sa présence des étrangers admis dans le temple, où, par moquerie, sans doute, ils l'avaient regardé à travers de petits ronds de verre. Quoique le temps pressât et que nous ne pussions rester davantage, nous ne voulions pourtant pas quitter Copenhague sans offrir nos hommages au roi. Mais, craignant de l'avoir offusqué, nous jugeâmes prudent de partir au plus tôt, moi pour Huen, avec mon compagnon, les autres pour Elseneur, ville située à l'entrée même du Sund.

J'arrivai moi-même en cette ville après ma visite aux ruines de Tycho. Nous allâmes faire une promenade sur le détroit pour y voir les navires qui y stationnaient, les uns pour acquitter le péage, les autres pour le recevoir, le tout au grand profit de Sa Majesté danoise. On nous dit là qu'un riche marchand de Hollande, originaire du palatinat rhénan, nommé Louis Geer, ayant obtenu en Suède une concession de mines de cuivre, faisait un commerce si considérable de ce métal, que, des seuls droits prélevés au passage du Sund, le roi de Danemark augmentait énormément ses revenus. Comme l'appétit vient en mangeant, les receveurs royaux élevèrent les droits, usant de force à l'égard de ceux qui se refusaient à les payer. Mais Geer opposa la force à la force. Un beau matin, vingt de ses vaisseaux armés en guerre arrivent dans le détroit et tirent une vengeance éclatante de ces vexations.

En traversant les campagnes du Danemark, nous vîmes souvent des cadavres de voleurs et de loups pendus à des potences, et des petits couteaux plantés dans ces potences au bas de la poutre ou arbre qui en est la pièce principale. Nous demandâmes aux habitants l'explication de ce dernier fait; ils nous répondirent que ces petits couteaux avaient été plantés par des gens qui avaient depuis longtemps la fièvre ou toute autre maladie; qu'on croyait communément qu'en faisant sauter le couteau d'un autre avec son propre couteau, et celui-ci prenant la place de celui-là, on transmettait sa maladie au propriétaire du couteau déplacé. J'ai autrefois mis ce conte en vers :

> Là, vous voyez des carcasses de loups,
> Pendus, mêlés à des corps de filous, etc.

Après avoir passé la frontière danoise, nous arrivâmes à Helmstadt, la première ville suédoise[1] qu'on rencontrait alors. Là nous trouvâmes, le 28 mai, un messager de la reine qui enjoignit à Vossius de reprendre le chemin de la Hollande et de ne pas revenir en Suède qu'il n'ait donné satisfaction à Saumaise de l'outrage que ce dernier disait savoir reçu de lui. Il était vrai que Vossius, pour une cane futile, avait osé appeler Saumaise le dernier des professeurs devant le recteur de l'université de Leyde. Vossius donc nous fit ses adieux et retourna en Hollande. Le même personnage qui lui avait apporté l'ordre de la reine devait nous accompagner et nous servir de guide dans notre route. En avançant dans l'Ostrogothie, sur les bords du lac Wetter, nous traversâmes des prairies bigarrées de cette sorte de fleurs qu'on nomme *lys des vallées*, et qui exhalaient un parfum que nous croyions inconnu aux odorats septentrionaux. Nous cueillîmes des fraises dans les bois, et nous vîmes dans les environs de Stockholm les bois eux-mêmes

---

1. La Scanie appartenait alors au Danemark.

rouges de cerises. Dans les jardins de la reine, des pommiers en caisse et des melons sous cloches étaient cultivés avec autant d'art et de soin que chez nous.

Pendant que nous côtoyions le lac et que nous jouissions de ses aspects délicieux, le bon Suédois, notre guide, nous montrait au loin une île située au milieu du lac et où, disait-il sérieusement, il y avait une caverne d'une profondeur extraordinaire; là était enfermé depuis plusieurs siècles un magicien, nommé Gilbert, enchaîné par un autre magicien, son maître, avec lequel il avait osé disputer de pouvoir. Plusieurs personnes, soit pour délivrer Gilbert, soit au moins pour le voir, ayant pénétré dans la caverne, avaient payé cette audace en y demeurant elles-mêmes enchaînées par une force mystérieuse. De sorte que le peuple se garde bien d'y entrer. On peut voir, dans l'histoire d'Olaüs Magnus[1], que cette fable est répandue dans le pays depuis un très-grand nombre d'années et tenue pour vraie par les gens crédules et superstitieux. C'est assez ordinairement le défaut des peuples qui, nés sous un ciel froid et ne se ressentant pas aussi bien que nous de la bénigne influence du soleil, sont plus lents dans les opérations de l'esprit, et moins propres à distinguer la vérité de l'erreur. Tels sont, au rapport d'écrivains dignes de foi, les Lapons, qui confinent à la Suède, les Islandais et les Groënlandais. Le bas peuple de Stockholm parle d'un immense dragon nommé *Necker*, qui erre autour des lacs situés dans le voisinage de la ville, et dévore les enfants qui vont s'y baigner. C'est pourquoi, ayant manifesté le désir de m'y baigner moi-même, il n'est pas de moyens qu'on ne mît en œuvre pour m'en empêcher; et comme, en dépit de ces sottes terreurs, je ne laissais pas

---

[1]. Lib. III, cap. xx. Magnus (Olaüs), frère de Jean Magnus, archevêque d'Upsal, fut également revêtu de cette dignité sans pouvoir en prendre possession, et mourut au monastère de Sainte-Brigitte, à Rome, en 1568. On lui doit *Historia de gentibus septentrionalibus*, etc., Rome, 1555, in-fol., et *Tabula terrarum septentrionalium*, 1639.

de me jeter à l'eau, on ne revenait pas de la surprise de me voir reparaître sain et sauf. Pour moi, j'avertis en ami ces bonnes gens de ne permettre à leurs enfants de se baigner dans les lacs que lorsqu'ils sauraient nager; qu'autrement ce ne serait pas le dragon qui les dévorerait, mais les gouffres du fond desquels s'élancent jusqu'à fleur d'eau des rocs irréguliers dont les imprudents n'aperçoivent pas le péril.

Et qu'on ne s'étonne pas si, dans des pays si froids, les chaleurs sont telles qu'il faille les combattre par le bain. Cela tient à ce que pendant l'été le soleil demeure presque constamment sur l'horizon et à la réverbération de sa lumière par les rochers nus. Aussi je ne me souviens pas d'avoir senti nulle part d'aussi grandes chaleurs qu'en Suède. De ce long séjour du soleil, il résulte que, vers le solstice d'été, je pouvais écrire une lettre à minuit sans lumière.

En hiver, ici et principalement dans les régions plus rapprochées du nord, les hirondelles ont des mœurs singulières. Environ l'équinoxe d'automne et aux premiers froids d'hiver, au lieu d'émigrer au delà des mers et d'aller, suivant leur coutume et celle de la plupart des oiseaux voyageurs, habiter des climats plus doux, elles se plongent dans les lacs, et y demeurent endormies et ensevelies sous la glace jusqu'au retour du printemps. Elles sortent alors, dès que les glaces se fondent, de leur long et froid sommeil, montent à la surface de l'eau et reprennent leur vol ordinaire. Les observations qu'on a faites à ce sujet dans le pays de Caen ne sont pas moins surprenantes. Sous les rochers en voûtes qui règnent le long du rivage de l'Orne, entre Caen et la mer, on voit des pelotons d'hirondelles agglomérées et serrées les unes contre les autres en forme de grappes, rester en cet état suspendues aux voûtes durant tout l'hiver. Aristote n'ignorait pas ces phénomènes[1], non plus

---

1. *De Animal.*, lib. VIII, cap. XVI.

que Pedo Albinovanus, qui, dans sa charmante élégie sur la mort de Mécène, s'exprime ainsi :

Conglaciantur aquæ; scopulis se condit hirundo.

On voit à Stockholm, dans le temple principal de cette ville, un monument remarquable de la superstition des Suédois : c'est un tableau qui représente l'aspect du ciel tel qu'il était le jour où Gustave-Adolphe partit pour son expédition d'Allemagne. On vit ce jour-là trois soleils entourés chacun d'un certain nombre de cercles lumineux. Le peuple crut qu'ils étaient le présage des succès qu'obtint son vaillant roi; il ne se rappelait pas qu'Olaüs Magnus, un Suédois, a remarqué la fréquence des parhélies dans les régions septentrionales. La cause en est, je crois, dans l'humidité plus condensée des nuages, lesquels alors font l'effet des miroirs et reçoivent et renvoient facilement l'image des objets.

La construction des maisons suédoises me parut digne d'être remarquée. Des troncs de pin ou de sapin de mêmes longueur et épaisseur, écorcés avec soin, aplanis et rabotés à chaque extrémité et ayant à ces extrémités des entailles, sont équarris et reçoivent d'autres troncs de la même forme et ayant aussi des entailles; on les emboîte les uns dans les autres et on en ajuste ainsi autant qu'il en faut pour la hauteur du bâtiment. Si l'opération de l'emboîtage est facile, l'opération contraire l'est également; de sorte qu'on voit souvent mener vendre au marché des maisons ainsi démontées, et les acheteurs en emporter les matériaux pour les assembler sur un terrain choisi à cet effet. Les fenêtres sont enchâssées dans le toit, qui lui-même est fait de planches et d'écorces d'une espèce de bouleau qui ne pourrit point, et est recouvert de gazon; ce dernier mode de couverture était, au témoignage de Virgile[1],

---

1. *Eclog.*, I, v. 69.

appliqué en Italie aux chaumières des paysans. On sème alors sur ce gazon de l'avoine ou d'autres graines dont les racines le font adhérer fortement au toit. Ainsi, les faites des maisons sont des champs de verdure et de fleurs, et j'y ai vu paître des moutons et des porcs. Les toits, dit-on, sont faits de cette manière, tant pour que les maisons, qui sont formées de matières résineuses, ne s'embrasent pas au contact de la foudre, que pour avoir, en temps de guerre et au cas où on serait assiégé et bloqué par l'ennemi, des pâturages pour nourrir les troupeaux. Les maisons des Moscovites sont pareilles à celles-là, et Arngrim Jonas l'affirme de celles des Islandais[1]. Mais les maisons des seigneurs suédois, principalement le palais du roi et les temples, sont couverts de lames de cuivre, comme le fut à Rome, au rapport d'Ovide[2], le temple de Vesta. Ces lames contribuent autant à l'ornement qu'à la durée, à cause de la légèreté et de la solidité de la matière dont elles se composent et dont la Suède abonde. Elle a tant de cuivre, en effet, que ses pièces de monnaie, qui sont de cuivre, sont aussi grosses que des tuiles, et que les richards qui thésaurisent les gardent dans des greniers appropriés à cet usage.

Comme la construction de nos cheminées, si différente de ce qu'elle était autrefois, est d'invention moderne, de même les Suédois, instruits par la nécessité, mère des arts, et ayant à lutter contre des froids plus rigoureux, ont changé la forme ordinaire de leurs cheminées en une autre plus commode. Elles ne sont pas, comme chez nous, au

---

1. *Reipub. Island.*, cap. vi. Jonas (Arngrim), savant islandais, né en 1568 à Widesal (d'où il est parfois appelé Jonas Widalin), fut pasteur dans plusieurs villages de l'Islande, et mourut en 1648. C'est lui qui le premier répandit le goût de la littérature islandaise. Ses principaux ouvrages en ce genre sont : *Crymogea, sive rerum islandicarum*, lib. III, Hambourg, 1609-20, in-4, avec une suite sous le titre de *Specimen Islandiæ historicum*, etc., Amsterdam, 1643, in-4.

2. *Fast.*, lib. VI, v. 261.

milieu d'un des côtés de la chambre, mais à l'un des angles de la pièce, d'où la chaleur se répand mieux partout. Le foyer n'en est ni carré, ni large, non plus que le conduit par où s'échappe la fumée; l'une et l'autre sont de forme ronde, afin que la chaleur du feu soit augmentée par la répercussion, et que la fumée chassée par la forte impulsion de la flamme ne puisse pas refluer. En outre, les Suédois ne couchent pas le bois sur le feu, comme on fait en France, ils le posent verticalement, qui est la position qu'il a en croissant, et lorsqu'il reçoit les sucs de la terre. Ces sucs, absorbés par les fibres, sont séchés par la chaleur du soleil, et, comme presque tout le bois est résineux, il est facilement dévoré par la flamme, qui suit spontanément et sans interruption la direction des fibres. Quand le bois se réduit en charbons, on ferme le tube avec une plaque tournante en cuivre, qui est à l'intérieur et qui comprime la chaleur au centre du foyer. Ce genre de cheminée est, dit-on, en usage en Perse. On rapporte qu'Arnold Spirinx, Hollandais et ambassadeur de la reine de Suède en Hollande, ayant reconnu la commodité de ces cheminées, et ayant vainement tenté d'en faire faire une chez lui par des ouvriers de son pays, en expédia une toute faite de Suède en Hollande, bien emballée entre des planches épaisses, reliées entre elles par des bandes de fer.

Arrivés à Stockholm, notre premier soin fut de saluer la reine. Son favori était alors Bourdelot, médecin français, né en Bourgogne, de la sœur de ce Bourdelot qui se fit quelque réputation parmi les gens de lettres, par des commentaires estimables sur quelques écrivains anciens[1]; celui-là, pour se recommander davantage, avait pris le nom de

---

1. Bourdelot (Jean), maître des requêtes de Marie de Médicis, était savant dans les langues et dans la jurisprudence. Il a laissé des *notes* sur Lucien et une édition estimée d'Héliodore, 1619, in-8. On trouve aussi de ses notes dans l'édition de Pétrone, Paris, 1677, in-12, publiée par Adrien de Valois. Il mourut en 1638. — Bourdelot (Pierre), le médecin, son neveu,

son oncle, le sien propre étant Michon. La reine, à la recommandation de Saumaise, aussi Bourguignon, lui avait confié le soin de sa santé délicate et chancelante, et Michon, quoiqu'il ne manquait pas de connaissance en son art, en avait plus encore dans l'art du courtisan, qu'il avait pratiqué longtemps avec la médecine auprès des femmes de qualité. Il était dépourvu d'ailleurs de toute espèce d'érudition. Les excès de l'étude ayant fait tomber la reine dans un état de langueur accompagné d'une fièvre intermittente, Bourdelot commença par lui ôter tous ses livres; en quoi il montrait bien le souci qu'il avait de sa place et de sa réputation; il lui déclara ensuite qu'il y allait de sa vie, si elle persistait à étudier. Dans les conversations qu'il avait avec elle, il affectait de lui rappeler le ridicule dont les belles dames de la cour de France frappaient les personnes du sexe qui se piquaient de science; il l'égayait de plus par des plaisanteries et des bons mots. Par là, il prit peu à peu un tel ascendant sur l'esprit de la jeune reine, qu'il la dégoûta presque de ses doctes études. Christine était d'un caractère faible et inconstant. Elle adoptait sans examen les jugements d'autrui, de ceux surtout qui avaient su gagner son estime par la seule apparence du mérite. Pendant que, emportée par sa passion pour les lettres, elle étudiait avec Saumaise ou Vossius, elle acceptait si docilement leurs

---

étant fils de sa sœur, naquit à Sens en 1610. Il s'appelait Michon, et prit en effet le nom de son oncle, comme dit Huet, lorsqu'il devint son héritier. Il suivit d'abord le comte de Noailles, ambassadeur à Rome, fut ensuite attaché comme médecin au prince de Condé, puis obtint le titre de médecin du roi. Appelé à Stockholm, en 1651, près de la reine Christine, alors dangereusement malade, il gagna la bienveillance de cette princesse, autant par ses soins et par son talent comme médecin que par ses bouffonneries et les agréments de sa conversation. De retour en France, il fut pourvu de l'abbaye de Macé, obtint des dispenses pour posséder ce bénéfice sans entrer dans les ordres, et mourut en 1685. On a de lui quelques ouvrages, entre autres : *Recherches et observations sur la vipère*, Paris, 1670, in-12; *Conversations académiques, tirées de l'Académie de M. Bourdelot*, recueillies par Pierre Le Gallois, bibliographe, ibid., 1674, 2 vol. in-12.

opinions, qu'elle invitait à venir à sa cour tous ceux dont ils lui avaient dit du bien. C'est ce qui eut lieu pour Bochart, le très-ancien ami de Vossius. Ayant donc, sur l'avis de Bourdelot, secoué le joug de l'étude, et cherché le repos et la distraction, elle commença de se mieux porter, et dit à tout le monde qu'elle devait à son médecin, non-seulement la santé, mais la vie. Depuis lors, elle eut une foi si aveugle en ce bouffon, qu'elle se repentait presque d'être savante. Tout cela troubla un peu l'agrément de notre voyage, et fut cause que Bochart, appelé d'abord avec autant d'insistance que s'il eût été un homme de l'autre monde, ne fut pas reçu avec les égards qu'il méritait. Nous ne doutions pas qu'il ne fallût en imputer la honte à Bourdelot, auquel il importait, selon lui, d'éloigner les savants, de peur que l'ignorance dont il se savait atteint ne devînt plus sensible par la comparaison. Ce fut là probablement le seul motif du renvoi sauvage de Vossius.

La reine avait le mariage en horreur et cherchait à me faire partager son sentiment. Comme elle était plaisante et libre dans ses propos, elle racontait qu'elle avait lu en Pausanias[1], qu'un homme d'Argos, du même nom que moi, avait surpris sa femme en adultère; que cela ne me présageait rien de bon, et que je prisse garde qu'il ne m'en advînt autant. Je répondis que cet exemple n'avait rien qui m'inquiétât, puisque le mari dont il est question se vengea amplement, en tuant sa femme et le complice; que d'ailleurs nos noms ne s'accordaient nullement, l'Argien s'appelant Ὕττον, nom que je repoussais avec mépris, et moi Ὕτιον, qui est un des surnoms de Jupiter (*Pluvius*, de pluie).

Nonobstant ce désolant abandon des lettres, de la part de la reine, sa bibliothèque ne laissait pas de s'augmenter d'un nombre considérable d'excellents livres qui y affluaient

---

1. *Beotic.*

de toutes parts. Car, à ceux que Gustave Adolphe avait apportés en Suède, parmi les dépouilles enlevées à l'Allemagne, étaient venus se joindre ceux achetés à la vente de la bibliothèque Mazarine, ainsi que la bibliothèque même de Jean-Gérard Vossius, payée fort cher à son fils Isaac. Il y avait de plus la bibliothèque de Petau[1], formée tout entière de manuscrits grecs et latins; celle de Gaulmin[2], toute composée de livres hébreux, arabes et d'autres langues de ce genre, laquelle fut pourtant renvoyée depuis à Gaulmin, qui en voulait un prix fou. Isaac Vossius y avait apporté aussi plusieurs bons manuscrits qu'il avait recueillis dans différents pays de l'Europe avec le plus grand soin. Il en était un surtout en langue grecque, assez considérable et ancien, qui contenait quelques tomes des commentaires d'Origène sur saint Mathieu, et de plus son traité de la Prière. Ayant appris que ce volume venait de Vossius, et ayant demandé à ce dernier d'où il l'avait eu, et ce qu'il en avait fait depuis mon départ de la Suède, il me répondit qu'il provenait du pillage de la bibliothèque de Worms, et qu'il était venu en sa possession, après avoir été acheté des soldats à vil prix. Sur les instances de Bochart, je me procurai ce volume et le fis copier aussitôt avec la permission de la reine. De là vient mon édition des commentaires d'Origène, que je publiai quelques années après.

Peu de jours auparavant, Marc Meibomius était arrivé à

1. Conseiller au parlement de Paris, né en 1568 à Orléans, mort en 1614. Il était savant dans les antiquités et laissa quelques écrits sur cette matière. Les plus connus sont: *Antiquariæ suppellectilis portiuncula*, Paris, 1610, in-4, et *Veterum numismatum gnorisma*, ibid., 1620, in-4.

2. Né à Moulins en 1585, mort en 1665. Il était très-versé dans les langues orientales, et, quoique savant, d'une conversation pleine d'enjouement et de charmes. Il a laissé un assez grand nombre d'ouvrages, qui se composent d'*épigrammes*, d'*élégies*, d'*odes* et d'*hymnes* en latin, de traductions de romans anciens, de trois livres *de la vie et de la mort de Moïse*, hébreu et latin avec notes, 1629, in-8; d'une édition du livre intitulé: *De operatione dæmonum*, avec le texte grec et des notes, Paris, 1615, in-8, etc.

Stockholm[1], et avait fait un beau présent à la reine. C'étaient les sept écrivains sur la musique ancienne, traduits et enrichis de notes, et dédiés à la reine. Meibomius a rendu par cet ouvrage un service signalé à la littérature, en tirant de l'obscurité et presque de la mort, et en rendant à son ancien éclat la musique ancienne, si longtemps négligée, délaissée et ayant perdu, à travers la succession des siècles, toute espèce de saveur. Cependant, notre siècle indolent et dédaigneux du vrai savoir n'applaudit pas, comme il aurait dû le faire, au travail de l'auteur. Pour moi, si le plan de mes études ne m'eût entraîné ailleurs, j'aurais de grand cœur lu, avec Meibomius, ces admirables maîtres du plus noble des arts, et j'aurais appris de sa propre bouche ce qu'il pensait d'eux.

Tandis que nous étions à Stockholm, le poste de chancelier était occupé par Axel Oxenstiern, personnage que je ne nomme qu'avec respect et qui a si considérablement mérité de son pays. D'abord premier ministre sous Gustave-Adolphe, et chargé de grandes ambassades; ami des lettres et les ayant lui-même cultivées avec succès, il se rendit singulièrement célèbre par sa prudence, sa sagacité et sa magnanimité. En me rappelant alors les qualités et les belles actions de cet homme illustre, j'admirais en lui la modestie et la simplicité de mœurs par lesquelles il se mettait de niveau avec les plus petits particuliers, et la courtoisie avec laquelle il nous accueillit, nous autres étrangers.

La mémoire de Descartes, mort à Stockholm deux ans après y avoir été appelé par la reine, était encore fraîche

---

1. Né vers 1630 dans le Schleswig, mort en 1710 à Utrecht. Il se fit connaître de bonne heure par d'intéressantes recherches sur la musique des anciens. Il séjourna quelque temps à la cour de Christian, puis en Danemark, où il fut bibliothécaire de Frédéric III, et enfin à Amsterdam, où il professa les belles-lettres. On a de lui : *Antiquæ musicæ auctores*, grec-latin, Amsterdam, 1652; une édition de *Diogène Laërce*, ibid., 1692, et des *Recherches sur la poésie des Hébreux*, etc.

parmi les Suédois. Au delà du faubourg nord de la ville est un cimetière destiné à recevoir les restes de ceux qui sont morts hors de la communion luthérienne. Ayant appris que Descartes y était enterré, et qu'il y avait un tombeau remarquable, j'y allai aussitôt et trouvai une espèce de construction assez grande, faite de planches de sapin, ornée d'inscriptions magnifiques et chargée des louanges de ce philosophe. Tout cela était l'œuvre de Pierre Chanut, ambassadeur de France en Suède[1], chez qui mourut Descartes. Comme cette masse de bois avait reçu la forme et la couleur d'une pierre tumulaire, et que l'inscription portait que le corps de Descartes reposait *sub hoc lapide*, un plaisant qui ne s'est pas fait connaître avait substitué *ligno* à *lapide*.

Il n'est pas hors de propos, et il ne sera pas désagréable au lecteur de rapporter ici une épouvantable aventure, à laquelle on ne voudrait pas croire, si le fait n'était affirmé par une foule de témoins oculaires qui nous l'ont raconté, et s'il n'eût été commis dans ces lieux mêmes peu de temps avant notre arrivée. Un Suédois ayant tout son bon sens, de l'honneur, de la conduite, estimé enfin des gens de son pays, prit en plein jour, dans la rue, un enfant de quatre ans qui jouait devant la porte de son père, et lui plongea un couteau dans la gorge. On l'arrête aussitôt et on le mène devant les juges. Il convint du fait, ne s'en excusa point et n'en témoigna pas le moindre repentir. Il fit plus : « Je sais, dit-il, que j'ai mérité la mort et j'ai employé ce moyen pour l'obtenir, étant persuadé que rien ne nous procure plus sûrement la vie éternelle que de mourir le corps sain et l'âme

---

1. Né vers 1600 à Riom, mort à Paris en 1662. Il fut d'abord trésorier de France à Riom, puis résident, et enfin ambassadeur en Suède de 1650 à 1653. Après différentes autres légations, Louis XIV lui donna une place dans ses conseils. C'est à sa recommandation que Christine avait fait venir Descartes à Stockholm, et c'est chez lui que le philosophe mourut. Chanut a laissé des *Mémoires et négociations de 1645 à 1655*, publiés à Paris en 1676 (Cologne, 1677), 3 vol. in-12, par le père Linage, qui en a, dit-on, gravement altéré plusieurs passages.

en possession de toutes ses facultés, de s'élever ainsi en quelque sorte vers Dieu sur les ailes de la prière des hommes et soutenu par leurs exhortations et leurs conseils. N'espérant pas que vous me fassiez mourir en cet état, si je ne le méritais par un crime capital, j'ai choisi celui que j'ai cru le moindre, en tuant un enfant pur encore des corruptions de cette vie, né de parents pauvres et chargés de famille [1]. » Cela dit, il reçut sa sentence avec toutes les marques de la joie, et subit sa peine en chantant des hymnes.

Le bruit se répandit un jour que Gabriel Naudé et Raphaël Trichet du Fresne [2] avaient été appelés de France par la reine, celui-ci pour être gardien de son cabinet de curiosités rares et précieuses, celui-là pour être son bibliothécaire. On les disait déjà partis de Paris et qu'ils seraient bientôt à Stockholm. Cette nouvelle, qui réjouissait fort les Français, opéra sur les Suédois un effet tout contraire. Ils se plaignaient qu'on épuisât le trésor par des dépenses énormes et qu'on prodiguât les richesses du royaume à des étrangers, surtout à des Français; ils regardaient ceux-ci d'un fort mauvais œil, comme étant venus des extrémités du monde pour les piller; ils ne pouvaient souffrir que la reine aimât mieux donner les plus grosses récompenses et les plus beaux emplois à une nation toujours affamée du bien d'autrui qu'à ses propres sujets. En réfléchissant à tout cela, je regrettais mon fâcheux voyage et me préparais à fuir cette contrée ennemie. Plusieurs raisons, outre celles-ci, m'y détermi-

---

1. Dans l'*Huetiana*, cet homme tient un discours un peu différent dans la forme, quoique semblable au fond. Voy. p. 124 de ce recueil.

2. Numismate et bibliophile, né à Bordeaux, en 1611, mort à Paris, en 1661. Il entreprit, sous les auspices de Gaston d'Orléans, plusieurs voyages pour recueillir des antiquités et des objets d'art. Il devint ensuite correcteur de l'imprimerie royale, lors de sa fondation, en 1640, puis bibliothécaire de la reine Christine. Il accompagna cette princesse en Italie, où il acheta, pour son propre compte et à vil prix, une foule de livres rares et curieux. On cite de lui une *Vie de Léonard de Vinci* et une *Vie de L. B. Alberti*, insérées dans le *Trattato della Pittura*, dont il donna la 1re édition en 1651.

naient : l'automne assez avancée déjà et la nécessité de pourvoir à ce que les tempêtes du commencement de l'hiver ne rendissent pas impossible mon retour en France; mes affaires domestiques, que je n'avais pas perdues de vue (ce qui m'eût causé le plus grave préjudice), mais que j'avais ajournées à un autre temps. Mais quand je demandai à la reine la permission de partir, elle eut la bonté d'imaginer mille raisons pour m'en empêcher. Elle m'offrit d'abord un traitement aussi honorable qu'avantageux; elle me représenta surtout que cette édition des œuvres d'Origène, à laquelle je lui avais dit que je songeais déjà, je pourrais l'achever à loisir, chez elle, et avec le secours de sa riche bibliothèque. Moi, au contraire, de tenir ferme dans ma résolution, d'opposer la grandeur de l'entreprise, le temps et le travail considérable qu'elle exigeait, mes affaires domestiques qui réclamaient ma présence et qui ne pouvaient l'attendre plus longtemps. Tous ces arguments ayant été exposés et combattus pendant quelques jours, une transaction eut lieu aux conditions suivantes : qu'il me serait permis de retourner en France l'hiver prochain, mais que je reviendrais en Suède au printemps suivant. Et je les eusse remplies, si certaines rumeurs, vagues d'abord, ensuite plus précises, touchant l'abdication prochaine de la reine Christine, ne s'y fussent opposées. J'avais déjà prévu cet événement, éclairé par le caractère de la reine et par quelques paroles imprudentes qui lui étaient échappées sur les douceurs de la vie privée et les embarras de la royauté. C'est pourquoi, bien que j'eusse donné ma parole à la reine, toutefois, en quittant Stockholm, je ne me fis pas scrupule, lorsque j'invoquai la protection de Mercure pour mon retour, de protester que je ne reviendrais jamais en Suède, par quelques vers écrits dans la manière de Catulle. J'avais fait aussi en vers français une satire assez aigre et assez piquante des mœurs suédoises. L'ayant lue à Bochart, il la copia, la porta à la reine et la lui lut comme étant une chose qui pouvait l'amuser. Les vers lui plurent en effet, elle en fit l'aveu, mais en ajoutant que ses peuples ne goûteraient nullement une plaisanterie qui avait pour but de les tourner en ridicule; qu'il fallait donc remettre ces vers en portefeuille et se garder bien de les montrer.

Je pris pour m'accompagner à mon retour Pierre Cahaignes de Fierville, de Caen, neveu d'Étienne Cahaignes dont j'ai parlé ci-devant. Ses parents l'avaient donné pour compagnon de voyage à Bochart, avec la recommandation de se laisser gouverner par celui-ci en tout et absolument. Mais Pierre, ennuyé de demeurer si longtemps chez des barbares et dans un pays affreux, s'effrayant beaucoup d'ailleurs à la pensée de ces nuits sans fin, de ces jours sans soleil dont l'approche de l'hiver le menaçait, résolut de quitter la Suède avec moi, et nonobstant les réclamations et la défense formelle de Bochart, d'être mon compagnon et mon Achate.

Un autre motif me faisait songer à regagner Caen au plus tôt. Depuis plusieurs années, j'avais remarqué qu'on approuvait peu dans le public ma longue liaison, mon intimité avec Bochart, et cette communauté d'études avec un homme qui n'était point catholique, et à l'autorité, à la réputation duquel je ne laissais pas de déférer considérablement. On ne croyait pas que je pusse en agir ainsi sans préjudice pour ma religion. Ces soupçons s'étaient accrus lorsqu'on m'avait vu partir, en si dangereuse compagnie, pour un pays tout luthérien, rester si longtemps à une cour qui ne faisait pas mystère de son mépris pour le catholicisme, auprès d'une reine qui voulait bien tout ce qu'elle voulait, et voulait surtout, disait-on, propager ses opinions religieuses, qui enfin avait donné à entendre que mes services pourraient lui être utiles dans quelque ambassade en Allemagne. Je savais toute la vanité de ces propos; néanmoins je pensai que l'opinion publique, quelque sotte qu'elle soit, mérite qu'on la considère, et qu'il fallait, par mon retour, faire taire ces bruits ridicules. Je pensai, de plus, qu'il y allait de la gloire de

Dieu et de mon propre salut, que non-seulement je gardasse mes sentiments sur la religion, purs et sans tache, tels enfin que je les avais reçus de ma très-sainte mère l'Église catholique, mais encore que je fisse la plus grande attention à ne donner lieu à personne, par ma négligence, de me juger autre que je n'étais en effet.

# LIVRE III.

En allant en Suède, j'avais remarqué à Gottorp, dans la bibliothèque de cette ville, quelques anciens livres grecs, et conjecturé qu'ils pouvaient servir à mes études. En revenant sur mes pas, je ne voulus pas traverser la Chersonèse cimbrique, qui est une province danoise, sans examiner ces livres à loisir, et si j'y trouvais quelque chose à mon gré, sans en prendre des extraits ou le transcrire tout entier. Aussitôt donc que j'arrivai à Gottorp, j'allai voir Adam Olearius[1], garde de la bibliothèque, personnage distingué par son savoir et par son jugement. Il en avait donné des preuves remarquables dans sa description d'un voyage en Moscovie et en Perse, ouvrage entrepris par ordre de Frédéric, duc de Holstein. Il s'occupait alors, autant que le lui permettaient de graves accès de fièvre dont il souffrait beaucoup, de dresser un index et un vocabulaire explicatif de tous les mots de la langue perse. Je lui demandai d'abord de m'obtenir une audience du prince auquel il était de mon devoir d'offrir mes respects, ensuite de me donner accès dans sa bibliothèque, afin d'y recueillir ce que j'estimais devoir m'être bon à quelque chose. Le lendemain, il me manda que le prince me recevrait, quand Son Altesse aurait ex-

---

1. Olearius (Adam), dont le vrai nom est OElschlæger, né en 1600, dans le pays d'Anhalt, mort en 1671, fut secrétaire de l'ambassade que le duc de Holstein-Gottorp envoya, en 1633, au czar de Russie et au shah de Perse. Après six ans passés dans cette mission, il fut nommé conseiller et bibliothécaire du duc de Holstein. Ses *Voyages en Moscovie, Tartarie et Perse*, Sleswig, 1647, ont été traduits en français par Wicquefort, Paris, 1656-66.

pédié certaines affaires avec des envoyés de cours étrangères accrédités dans ce but, mais qu'en attendant, sa bibliothèque serait entièrement à ma disposition. J'usai largement de la permission, dès que j'eus salué le prince. Parmi les manuscrits que je copiai de ma main, il y en avait un de l'*Anthologie* de Vettius Valens; ce Valens est un ancien astrologue d'Antioche qui écrivit les règles de l'art apotélesmatique (influence des astres) vers les temps d'Adrien et d'Antonin. Il ne faut pas le confondre avec un autre astrologue du même nom, connu par les histoires de Georges Cédrénus, de Michel Glycas et de Jean Zonaras, lequel, lors de la fondation de la nouvelle Rome (Constantinople), donna un plan du ciel et prédit une foule de faussetés ridicules. Je savais qu'il n'existait que deux copies de cet ouvrage, outre celle de Gottorp, l'une à Leyde, de la main de Joseph Scaliger, l'autre à Oxford, faite moyennant vingt guinées par les soins de Christophe Lougueil, et possédée depuis par Jean Selden. Cependant Gesner, dans sa Bibliothèque, parle d'un autre manuscrit de ce livre qu'on voyait à Rome, dans la bibliothèque de Luc Gaurie. Est-ce de celui-ci ou de celui de Gottorp que se servit Joachim Camerarius, lorsqu'il en inséra un fragment dans ses *Astrologiques*, c'est ce que je ne saurais dire, non plus que d'où Scaliger a tiré sa [copie. Pendant que j'étais tout entier à mon travail, notre généreux prince entra par une porte dérobée et se trouva tout à coup près de moi sans que je m'attendisse le moins du monde à sa visite. Il s'assit, me fit avec bonté plusieurs questions, tant sur la Suède que sur la France, sur mes études et enfin sur sa bibliothèque ; il voulait que je la visitasse avec soin, et que je lui donnasse mes avis sur les augmentations à y faire. Comme il ne savait pas le français, et que je ne savais pas moi-même le danois ni l'allemand, notre conversation avait lieu en latin. Il le parlait si bien que, je le dis à ma honte, je le balbutiais auprès de lui.

Étant parti de Gottorp, je vins à Hambourg, où, sans souffrir que nous réclamassions ses bons offices, Lambecius vint nous les offrir avec non moins d'empressement que de politesse. C'est lui qui me fit ouvrir la bibliothèque publique laissée par testament à la république de Hambourg par Frédéric Lindenbrog[1], et augmentée depuis considérablement.

Devant partir de là pour la Hollande, nous ne pûmes nous résoudre à traverser de nouveau ces campagnes sablonneuses et stériles de la Westphalie, que nous avions parcourues naguère avec un mortel ennui. Nous prîmes donc sur la droite, par la Frise, pays remarquable par le grand nombre de ses villes populeuses, et sillonné de rivières sur lesquelles on voyage commodément. Nous étions arrivés aux bords du Zuyderzée, lorsque, dans le voisinage de Harlingen, on nous montra une ville qui fournissait, disait-on, à l'État, un navire par jour, ou trois cent soixante-cinq par an. Nous allâmes de là visiter l'université de Franeker.

A Worcum, je fis moi-même l'expérience d'un fait dont j'avais souvent ouï parler, mais que j'avais regardé jusqu'alors comme un conte fait à plaisir pour amuser les gens; c'est à savoir que, dans les auberges de Hollande, les aubergistes exigent que les étrangers payent non-seulement pour leurs besoins personnels, mais encore pour le bruit qu'ils font chez eux. En effet, celui chez lequel nous logions, porta sur la carte à payer les aboiements de notre chien et les éclats de rire de notre domestique. A ce trait, nous rîmes tous encore plus fort et nous moquâmes de l'impertinente requête. L'autre, d'entrer en fureur et d'appeler

---

1. Né à Hambourg en 1573, mort en 1647. Il se distingua également dans la jurisprudence et dans la critique philologique. On a de lui des éditions d'Ammien Marcellin et de Térence, des notes sur les *Catalectes* de Virgile, un *Commentarius de ludis veterum*, etc., et *Codex legum antiquarum*, Francfort, 1613, in-fol.

à son secours des hommes de son voisinage et de sa dépendance, brutaux comme des cyclopes, et armés de faux : « Voilà, dit-il en les introduisant, qui va faire payer leurs dettes à cette canaille de Français ! » Nous aimâmes mieux payer que de combattre.

Staveren, ancienne capitale du West-Friseland, sur la côte du Zuyderzée, autrefois riche et puissante, avec un port vaste et sûr, était fameuse pour les expéditions lointaines de ses navigateurs, lesquels s'ouvrirent les premiers un passage dans la mer Baltique par le détroit du Sund. Le souvenir de ce service rendu au commerce existe, dit-on, encore aujourd'hui dans l'usage où l'on est d'admettre les vaisseaux de Staveren au payement des droits de péage avant tous les autres. Cette ville était aussi comptée pour une des principales de la hanse. Maintenant elle n'a plus qu'une mauvaise rade, dangereuse pour les vaisseaux, le port étant obstrué par des montagnes de sable. Voici ce qu'on raconte des causes de cette obstruction : Un marchand de Staveren, revenant de Prusse avec un énorme chargement de blé, causa tant de dépit à sa femme de ce qu'il n'avait pas apporté d'ambre, comme elle l'avait espéré, qu'elle fit jeter tout le blé à la mer. En punition de ce crime, commis par une femme exaspérée, la ville tout entière fut privée de son port et des avantages du commerce.

Nous nous embarquâmes à Staveren, et nous descendîmes à Amsterdam. Appelé bientôt après par quelques affaires urgentes, je fus forcé de gagner Utrecht. Là, je me promis bien de ne pas manquer à une chose que je n'avais pas oubliée, mais seulement différée à mon premier voyage, c'était de présenter mes respects à cette noble fille Anne-Marie Schurmann[1],

---

1. Née à Cologne en 1607, dans la religion protestante. Elle savait le latin, le grec, l'hébreu, l'éthiopien, était bonne musicienne, peignait, sculptait, gravait avec talent. Elle quitta tout à coup le monde pour se retirer dans la solitude de Lexmund, près de Vianen (1653), tomba dans les erreurs du piétisme, suivit dans ses courses Labadie qu'elle

mariée depuis peu à Labadie [1], ministre de l'église calviniste de France, avec qui elle s'était retirée en Frise. Il serait inutile d'entreprendre l'éloge de cette femme, après celui que Saumaise a fait de son esprit, de sa science universelle et de sa modestie singulière. Pour Saumaise, le désir de le revoir lui-même, me rendait impatient de revenir à Leyde; car cette amitié commencée entre nous à notre première entrevue, nous l'avions cultivée, pendant que j'étais en Suède, par un échange de lettres actif. J'espérais qu'un long hiver passé près de lui servirait à la fortifier, surtout si, comme je m'assurais de l'obtenir, d'après les témoignages de son goût particulier pour moi, j'avais un accès dans sa maison. Mais à peine avais-je commencé de jouir de cette société tant désirée, qu'une fièvre aiguë me mit aux portes du tombeau. Heureusement que le traitement de mon médecin, l'excellent Lindanus [2] et ses soins

épousa, dit-on, et dont elle continua la mission, après la mort de ce fanatique. Elle mourut dans le dénûment en 1678. On a d'elle : *Opuscula hebræa, græca, latina, gallica prosaica et metrica*, Leyde, 1648, in-8°.

1. Sectaire, né en 1610, à Bourg en Guienne. Il entra d'abord chez les jésuites. D'une piété exaltée, il eut des visions et se crut un nouveau Jean-Baptiste, chargé d'annoncer la seconde venue du Messie. Pour accomplir sa mission, il quitta les jésuites, se mit à prêcher et eut bientôt un grand nombre de prosélytes. Après une vie fort aventureuse, il abjura le catholicisme à Montauban, et fut pendant huit ans pasteur de l'église de cette ville. Il alla ensuite à Genève, de là à Middelbourg et fut condamné pour hérésie par le synode de Dordrecht. Il mourut en 1674 à Altona. Il mêlait à ses erreurs une grande licence de mœurs, et prétendait que les actions les plus impures pouvaient être sanctifiées en les rapportant à Dieu. Il composa un grand nombre d'écrits bizarres, tels que *le Héraut du grand roi Jésus, le Véritable exorcisme*, etc.

2. Lindanus (Jean-Antoine) ou Van der Linden, médecin bien connu par ses écrits, était né à Enkhuysen dans le North-Holland. Il avait étudié et il professa la médecine à Franeker puis à Leyde où il mourut en 1664, d'une pleurésie, après avoir, dit Guy Patin, pris de l'antimoine et refusé d'être saigné. Son ouvrage *De scriptis medicis*, quoiqu'un simple catalogue ou à peu près, a été très-utile à ceux qui, depuis lui, ont fait des recherches sur les médecins auteurs. Il préparait une édition d'Hippocrate qui fut publiée après sa mort par son fils.

assidus, comme aussi les consolations, les attentions délicates, réactifs très-propres à relever de l'abattement, et qui m'étaient prodigués par Saumaise lui-même et d'autres personnes de l'université et de la ville à moi inconnues jusqu'alors, me tirèrent avant la fin du mois de cette fâcheuse maladie. Je fus surtout l'objet des bons offices de Jacques Golius[1] ce prince de la littérature arabe, mais plus estimable encore par la pureté et la douceur de ses mœurs. J'eus aussi beaucoup d'obligations à Diodati, également remarquable par sa distinction et la politesse de son esprit. Pendant cette maladie, Alexandre Morus[2] logeait dans la même auberge que moi. C'est de là que date notre grande amitié. Il était à mon chevet jour et nuit, et mangeait avec moi durant ma convalescence qu'il égayait par son enjouement et ses bons mots. Nous nous exercions l'un et l'autre à faire des vers, en nous les envoyant tour à tour par voie d'échange ou de réplique; nous nous apercevions qu'à ce jeu notre facilité s'élevait avec succès et quelquefois, contre notre attente, jusqu'à l'improvisation. Mais personne ne me rendit alors plus de services que le bon, que l'excellent Saumaise. Retenu au lit par la goutte et ne pouvant venir chez moi, il me procurait d'agréables distractions, soit en m'écrivant lettres sur lettres, soit en m'envoyant de petits

---

1. Célèbre orientaliste, né à la Haye en 1596, mort en 1667. Il fut attaché à l'ambassade que les Provinces-Unies envoyèrent au roi de Maroc en 1622. On a de lui, entre autres ouvrages : *Lexicon arabico-latinum*, Leyde, 1653, in-f°; *Ahmedis arabsiaddæ vitæ et rerum gestarum Timuri* (Tamerlan) *historia*, Leyde, 1636, in-4.

2. Ministre protestant, né à Castres, en 1616, mort à Paris, en 1670. Il fut d'abord principal du collége calviniste à Castres, et professa ensuite le grec et la théologie à Genève, où il remplit également les fonctions de ministre. Il alla en Hollande, sur l'invitation de Saumaise, et fut nommé professeur de théologie à Middelbourg, puis d'histoire à Amsterdam. Sur la fin de sa vie, il fut ministre à Charenton, près Paris, où ses sermons attirèrent la foule, moins par leur éloquence que par les allusions satiriques et les bons mots dont il les semait. Milton l'a cruellement déchiré dans ses écrits polémiques, et on cite de lui une réponse à Milton sous ce titre : *Alex. Mori fides publica*, la Haye, 1654, in-8°.

cadeaux. S'étant rappelé que j'avais été habitué dans mon
enfance à boire du cidre, selon la coutume des Normands,
et que dans ma maladie, tout, à l'exception du cidre, me
dégoûtait, il fit tant par son industrie, qu'il m'envoya quelques
bouteilles de cette suave et salutaire boisson, après les
avoir trouvées je ne sais où. Dès que je pus sortir, il me
procura toutes les commodités possibles, entre autres son
carrosse, dans lequel on me promenait par la ville, et dont
j'usai encore pour aller voir les autres chefs de la république
des lettres, dont l'érudition faisait la gloire de l'université
de Leyde. Le premier que je vis est D. Heinsius, reste
méconnaissable ou à peu près de l'illustre Heinsius d'autrefois,
si fameux par les lumières de son génie. Ce génie me
parut bien bas alors, et sa conversation languissante et
maussade. Que j'aurais voulu l'entendre raconter les scènes
de sa jeunesse, si heureusement passée dans le giron des
Muses, sous la discipline de Scaliger! Le caractère de Marc-
Zuevius Boxhornius [1] était peint sur sa figure. Elle était
dure, livide, semée de pustules rouges, comme était, dit-on,
celle de Sylla, et sa conversation avait je ne sais quoi de
brutal et de féroce. Il était ennemi déclaré de Saumaise; il
le déchirait dans ses discours et dans ses écrits, comme
Heinsius, dont il était le partisan déclaré, l'avait fait avant
lui. De jeunes Allemands, admirateurs fanatiques de Saumaise,
ayant un jour rencontré Boxhornius dans une rue
étroite, l'apostrophèrent en ces termes : « Oses-tu bien,
homme impur, écrire contre le grand Saumaise? » Et ils
essayèrent de le jeter dans le canal. Pour moi, les vertus,
la bonté et l'obligeance de Saumaise lui avaient gagné mon
cœur, et autant que notre santé nous le permettait, la mienne
encore très-faible et la sienne à peu près nulle, je me don-

---

1. Il naquit à Berg-op-Zoom, en 1612, et mourut en 1653, professeur
d'éloquence à Leyde. On a de lui : *Historia universalis; Virorum illustrium
elogia; Chronologia sacra; Poetæ satirici minores*, etc.

nais le plaisir de sa société, et il venait chercher le sien près de moi. Chaque fois que j'allais chez lui, laissant là toute autre affaire, et m'entraînant dans la pièce la plus retirée de son appartement, il m'ouvrait son âme avec tant de candeur, que je m'étonnais qu'un homme d'une prudence si consommée, si exquise, confiât à un jeune homme, voire à un adolescent une foule de choses sérieuses et secrètes, sans douter un moment de ma discrétion. Je lui ai souvent entendu dire que sa goutte me causait un grand tort, parce qu'elle l'empêchait d'aller dans sa bibliothèque, d'où il aurait tiré bien des choses qui eussent beaucoup profité à mes études. Mais l'humeur impérieuse de sa femme Anne, fille du docte Josias Mercier, ne mettait pas moins d'entraves à sa bonté, qu'elle ne troublait son repos. Son état de faiblesse lui rendant indispensable l'aide de cette femme, il était obligé d'en souffrir les inégalités et d'en adopter les goûts, non-seulement sans se plaindre, mais quelquefois même aux dépens de son honneur. Ainsi, lors de son voyage en Suède, et quand son âge, son caractère lui prescrivaient de se vêtir avec simplicité et modestie, sa femme, rejetant comme ignoble et plébéienne une pareille tenue, voulut qu'il parût à la cour de Suède en habits militaires, avec une cuirasse en peau de buffle, un justaucorps et des culottes de drap rouge, et un feutre gris sur la tête, orné de plumes blanches. Saumaise dut consentir à se montrer sous cet accoutrement. Ce tyran femelle s'inquiétait fort, ainsi que j'en ai fait l'expérience, des entretiens particuliers et secrets qu'on pouvait avoir avec son mari. Sitôt que lui et moi nous nous étions retirés pour causer sans témoins, Mme Saumaise ne manquait jamais de faire irruption dans la chambre, et avait toujours des prétextes de l'autre monde pour expliquer son intrusion.

Dans ces entretiens si agréables, Saumaise me raconta que durant toute l'année qu'il avait passée à Stockholm près de la reine Christine, il avait été retenu au lit par la goutte. La reine l'étant venue voir, un jour que, pour faire diversion à sa douleur, il lisait le *Moyen de parvenir*, livre fort sale, mais plaisant, dit-on, de Beroalde de Verville, il se hâta de glisser le livre sous ses draps, de peur que la reine ne s'en saisît et ne parût choquée de cette lecture obscène. Mais ce mouvement n'avait point échappé à l'œil furtif et curieux de Sa Majesté. Elle s'empara du livre, l'ouvrit, en lut quelques lignes en courant, et rit des plaisanteries pleines de malice qu'elle y rencontra. Appelant alors sa favorite, Mlle de Sparre, noble et belle jeune fille, elle lui indiqua quelques passages et lui commanda de les lire. Celle-ci eut beau résister, il fallut obéir. Elle en rougit jusqu'au blanc des yeux; mais l'assistance éclatait de rire. En mémoire de cette aventure, Saumaise fit chercher le livre chez les libraires de Leyde, et m'en donna un exemplaire élégamment relié.

Vers ce temps-là, une querelle grave, suivie de troubles et de scandale, s'éleva entre Saumaise et Morus, mon compagnon d'auberge. Saumaise avait pour domestique une jeune fille assez jolie, de laquelle Morus, grand admirateur de la beauté, passait pour avoir été amoureux pendant qu'il était l'hôte de Saumaise. Logeant sous le même toit, mangeant à la même table que la jeune servante, il conversait avec elle, et Mme Saumaise n'y mettait point d'obstacles. Elle voyait cet amour avec plaisir, espérant que cela finirait par un mariage, le désirant vivement, et persuadée d'ailleurs d'avoir trouvé une excellente condition pour cette fille qu'elle aimait beaucoup. Morus étant tombé malade de la fièvre, la servante était toujours près de lui, prompte à lui donner des bouillons et des tisanes préparés de ses mains. Touché de tant de sollicitude, Morus protestait à chaque instant qu'il saurait se montrer reconnaissant, et ces protestations étaient entendues de l'innocente jeune fille et de sa crédule et orgueilleuse maîtresse dans le sens d'une promesse de mariage. A peine rétabli, Morus devina leur pensée, et, comme il avait le mariage en horreur, il se déroba insensiblement au joug et quitta enfin la maison de Mme Saumaise. De là des querelles honteuses et des reproches amers. Pour moi, j'étais désolé que des hommes, qui étaient mes meilleurs amis, se déshonorassent ainsi l'un l'autre, et je pressentais que la fin de leur démêlé serait un procès. Je me proposai donc de rétablir la paix entre eux. Le bon et pacifique Golius m'y servit de son mieux, et déploya beaucoup de zèle. Déjà l'affaire semblait arrangée aux conditions que j'avais prescrites et consignées sur un papier; Morus les avait acceptées et Saumaise n'y répugnait pas. Mais, vaincu par l'opiniâtreté de sa femme, à laquelle il obéissait comme un petit garçon, il les rejeta enfin, et tout espoir de réconciliation s'évanouit. L'affaire fut portée et plaidée au tribunal de la province de Hollande, et jugée en faveur de Morus.

La vérité, à laquelle je me conforme en écrivant ces Mémoires, exige que je ne passe pas sous silence une conversation que j'eus dans ce temps-là avec Morus. Voyant tous deux que l'état d'infirmité, de caducité où Saumaise était réduit par ses attaques de goutte, et concluant de là que sa mort approchait, comme elle eut lieu, en effet, quelques mois après, je demandai à Morus à qui les États destinaient la succession du grand Scaliger : « A qui, sinon à vous-même ? » me répondit-il. Et moi de rire, comme d'une plaisanterie amicale. « Je parle sérieusement, reprit-il; telle est mon opinion sur vous et celle de tout le monde. — Mais, dis-je, je suis parfaitement convaincu de mon insuffisance, et quand même j'y suppléerais par tout le reste qui est encore fort au-dessus des moyens d'un jeune homme et de mon intelligence naturelle, comment la différence énorme de mes sentiments religieux, sentiments dont je ne me départirai jamais, dût-il m'en coûter la vie, me ferait-elle accepter d'une nation qui aurait eu pour but de m'offrir en exemple à la jeunesse? — Vous vous trompez, me répondit-il, si vous croyez que les considérations religieuses ont tant de poids à ses yeux. Il suffit que vous lui conveniez d'ailleurs; elle passera sur la différence de religion, pourvu que vous observiez la vôtre en secret, que vous acquiesciez aux préjugés reçus, et que vous vous absteniez de disputer. » En quoi il me parut avoir plutôt consulté sa bienveillance pour moi que son propre jugement.

Quoique mes affaires me rappelassent dans mon pays, je crus néanmoins pouvoir sans inconvénient prolonger mon séjour à Leyde, y passer l'hiver, voir souvent Saumaise, et devenir même son locataire, avec le bon plaisir toutefois de madame sa femme. Mais cet espoir séduisant fut détruit par des lettres venues de Caen, où l'on m'annonçait que mon patrimoine courait de grands risques, si je différais seulement mon retour de deux mois. Ajoutez à cela les importunités de mon compagnon de route, qui se réjouissait vivement de respirer enfin la fumée du foyer paternel. Il fallut donc malgré moi songer au départ. En premier lieu, je dus revenir à Amsterdam pour y prendre des fonds chez mon banquier, et faire les préparatifs de mon retour en France. D'autre part, Vossius, qui était, ainsi que je l'ai dit plus haut, revenu de Suède, m'appelait dans cette ville; Morus était encore plus pressant. Il était alors professeur à Amsterdam, et non-seulement il me témoigna la même bienveillance qu'autrefois, mais encore il renchérit sur elle. Je fus d'autant plus surpris, lorsqu'il vint à Paris quelques années après, de le trouver tout à fait changé à mon égard, et d'être, sans que j'en visse la cause, l'objet de son aversion. Telle était la légèreté de l'homme. Par cet exemple je connus la vanité des espérances et des engagements humains, des liaisons et des amitiés qu'on a cimentées avec le plus de sollicitude. Mais je parlerai de cela plus au long dans la suite.

Pendant mes excursions en Hollande et comme je me promenais souvent sur ces digues merveilleuses qui protégent la campagne contre les envahissements de la mer et la fureur impuissante de ses vagues, je chantai sur la grève même ce magnifique spectacle dans les vers suivants :

> His super edocti, longas molimine magno
> Infixere sudes pelago, immania saxa, etc.

Je profitai de mon séjour à Amsterdam pour voir Rabbi-Manassé-Ben-Israël[1], très-savant juif, que je connaissais depuis longtemps de réputation et par ses écrits. Je me proposais de connaître à fond l'homme lui-même et de l'interroger sur plusieurs points relatifs aux rites juifs et à la religion chrétienne. Il me parut qu'il me répondait avec finesse, et toutefois avec candeur, et qu'il ne s'éloignait pas beaucoup de la vérité, pour peu qu'on en usât envers lui avec modération, et non pas comme on a coutume de le faire à l'égard de sa nation, avec âpreté et insolence. Je réfléchis ensuite mûrement à l'objet de nos controverses, considérant ce qu'il y avait de contestable et de vrai. Le résultat de ces longues et profondes opérations de mon esprit fut l'ouvrage que je publiai plus tard sous le titre de *Démonstration évangélique*. Manassé ne s'était pas fait scrupule, ainsi qu'il me l'a souvent affirmé, d'écrire dans son *Conciliateur*, qu'étant parent de David par alliance, et ses fils l'étant par le sang, il était le père des petits-fils de ce roi. Il avait épousé une femme de la famille des Abrabanels, famille très-noble parmi les juifs et qui se disait issue de David.

---

1. Manassé-Ben-Joseph-Ben-Israël, rabbin, né en Espagne vers 1604, dirigea, dès l'âge de seize ans, la synagogue d'Amsterdam. Ayant perdu dans la suite sa fortune par la confiscation des biens de son père en Espagne, il s'adonna au commerce, passa quelque temps en Angleterre, où il fut bien accueilli de Cromwell, et revint à Amsterdam, où il mourut en 1659. On a de lui plusieurs ouvrages en hébreu, en espagnol et en latin, entre autres : *El conciliador del Pentateucho*, Francfort (Amsterdam), 1632, in-4°; *Conciliator, sive de convenientia locorum S. Scripturæ*, Amst., 1633, in-4°, qui est l'ouvrage précédent, traduit par D. Vossius, etc., etc.

Je trouvai aussi à Amsterdam David Blondel[1], qui était fort mon ami, et cela depuis le temps où nous étions à Paris. Nous avions alors de fréquentes conférences auxquelles assistait Claude Sarrau[2], conseiller au parlement de Paris et grand ami des lettres. Appelé ensuite en Hollande, Blondel y avait obtenu une chaire de professeur à l'école publique d'Amsterdam, où il avait Alexandre Morus pour collègue. Ses yeux étaient saillants et comme hors de leur orbite. Je l'avais vu s'en servir sans difficulté pour lire et pour d'autres exercices, la première fois que j'étais venu à Amsterdam, en allant en Suède. A mon retour, je le trouvai tout à fait aveugle; et cependant, grâce à une mémoire très-heureuse qui suppléait au défaut de ses yeux, il poursuivait l'ouvrage où il s'était proposé de dérouler la généalogie de la maison de France depuis son origine, et de défendre sa dignité et sa splendeur contre les impertinences

---

1. Ministre protestant, né à Châlons-sur-Marne en 1591. Il a passé pour un des hommes du monde qui avaient la plus grande connaissance de l'histoire ecclésiastique et de l'histoire civile. Il fut reçu ministre dans un synode de l'Ile-de-France, en 1614, et exerça son ministère à Meudon, près de Paris. Le synode national de Charenton le fit professeur honoraire, en 1645, avec une pension; ce qui ne s'était jamais pratiqué pour personne. Après la mort de Vossius, il fut appelé à lui succéder dans la chaire d'histoire, par les professeurs de l'école illustre d'Amsterdam. Il s'y transporta en 1650, et continua ses veilles et ses travaux avec son application ordinaire; ce qui, joint au changement d'air, lui attira beaucoup d'incommodités et lui fit perdre la vue. En cet état, il ne laissa pas de dicter deux volumes in-folio, en latin, sur la *Généalogie des rois de France contre Chifflet*, Amsterdam, 1654. On prétend qu'il entreprit cet ouvrage à la prière du chancelier Séguier. Il mourut en 1655, âgé de soixante-quatre ans. Il a laissé beaucoup d'autres écrits.

2. Conseiller au parlement de Paris, né en Guienne, sur la fin du XVI° siècle, mort en 1651. Il était magistrat aussi intègre que profond érudit. Il fournissait des notes à Grotius, Samuel Petit, Vossius, Saumaise, etc. Il était le correspondant à Paris de la reine Christine, et on trouve ses lettres à cette princesse dans *Sarravii epistolæ, opus posthumum*, publié par son fils Isaac, à Orange, 1654, in-8°, réimprimé par Burmann à la suite de *Marq. Gudii epistolæ*, Leyde, 1711, in-4°. On lui attribue la *préface* du recueil de *Lettres* de Grotius *ad Gallos*, 1648, in-12.

de Jean-Jacques Chifflet, de Besançon[1]. J'admirais la dextérité de cet homme à décrire, sans le secours des yeux, la série des familles par générations, noms et surnoms, parentés et alliances, en y ajoutant même les dates, années, mois, semaines et jours. Il faisait toutes ces distinctions avec tant de soin et de diligence, qualités qu'on reconnaît aisément dans ses autres écrits, que Pierre du Puy l'appelait ordinairement *le grand dataire*.

Je ne quittais pas alors la compagnie de J. Frédéric Gronovius[2], lequel, selon moi, a exercé l'art de la critique avec plus de finesse et de bonheur, plus de modération et de prudence que nul ne l'avait fait depuis que les lettres étaient en honneur. C'est un mérite rare parmi les littérateurs modernes, généralement habitués à s'arroger la puissance souveraine sur les anciens auteurs, dont ils refont souvent les écrits au gré de leurs caprices, et à en corrompre par des corrections adultères la pureté originale.

Cependant il était urgent que je retournasse dans mon pays. Mais la terre et la mer, que nous prissions l'une ou l'autre voie, ne nous offraient pas de médiocres difficultés. La guerre entre les Anglais et les Hollandais d'une part, de l'autre entre les Français et les Espagnols, couvrait la mer de flottes ennemies, ou semait de pillards les routes de Flandre par où nous devions passer. Mais, quoique la saison d'hiver (car l'année était à son déclin) augmentât les

---

1. Médecin et antiquaire, né en 1588 à Besançon, mort en 1660. Il eut le titre de premier médecin de l'infante Isabelle-Claire-Eugénie, gouvernante du comté de Bourgogne, et de Philippe IV. Il écrivit un très-grand nombre d'ouvrages desquels Nicéron donne la liste au XXV° tome de ses Mémoires. Celui qui donna lieu principalement à la réfutation de Blondel, est un *Traité contre la sainte ampoule*, en latin, imprimé dans *Opera politica et historica*, Anvers, 1652, 2 vol. in-fol., recueil de tous les ouvrages qu'il avait publiés contre la France, en faveur de l'Espagne et de la maison d'Autriche.

2. Né à Hambourg en 1611, mort en 1671. Il a laissé un nombre d'ouvrages de critique considérable; il y en a qui font partie de la collection dite *Variorum*.

inconvénients d'un voyage par terre, nous jugeâmes qu'il offrait encore moins de danger, et nous résolûmes de l'entreprendre. Étant donc arrivé à Louvain, j'allai visiter la bibliothèque des chanoines réguliers de Saint-Martin, où je savais trouver plusieurs anciens manuscrits que l'intérêt de mes études exigeait que je consultasse, et dont Vossius m'avait nettement prié de faire des extraits. J'exécutai cette besogne avec le concours bienveillant du prieur du couvent. Parmi les professeurs de Louvain, Valère André[1] s'était fait un nom par son livre sur les écrivains belges et espagnols. Je le saluai et voulus être inscrit sur la liste de ses amis.

A Bruxelles, le hasard me conduisit dans une auberge tenue par un homme de Caen. Il parut tout joyeux de voir arriver des compatriotes; il nous traita magnifiquement et nous pourvut libéralement de tout ce dont nous avions besoin. Il nous procura, en outre, des chevaux de poste pour nous mettre en état de suivre le courrier public. Non loin de Bruxelles est la ville de Halle, où une image de la sainte Vierge est l'objet d'une grande vénération[2]. Cette image fut consacrée dans l'église, en 1267, par Adélaïde, femme de Jean d'Avesnes, comte de Hainaut, et elle est fameuse par ses miracles. Juste Lipse, pieux et docte professeur de belles-lettres, en écrivit l'histoire pour l'édification des peuples. Je me rappelais cette circonstance en traversant rapidement la ville. J'aurais bien voulu rendre à la vénérable mère du Christ et des chrétiens les honneurs qui lui sont dus, et invoquer dans mes prières sa protection divine; mais le cour-

---

1. Né en Brabant en 1588. Il fut professeur de droit et bibliothécaire de l'université à Louvain, où il mourut en 1656. Sa *Bibliotheca belgica*, augmentée par Foppens, 1739, 2 vol. in-4°, passe avec fondement pour un des meilleurs ouvrages en ce genre.
2. Notre-Dame de Halle. Ses miracles ont été célébrés en effet par Juste Lipse dans le traité qui a pour titre : *Diva Virgo Hallensis*. On trouve dans le chapitre III des détails sur la fondatrice du culte rendu à cette vierge. Voy. *Le Triumvirat littéraire au XVI° siècle*, p. 107 et suiv.

rier à la marche duquel j'étais subordonné ne pouvait pas souffrir de retard. Le deuxième jour, nous arrivâmes de nuit à Louvre, bourg de la banlieue de Paris. Comme on était en carnaval, nous fûmes accostés par des masques joueurs qui nous proposèrent une partie. Mais notre aubergiste nous avait avertis de nous défier de ces fripons qui maîtrisaient le sort en jouant avec des dés pipés. Quelques-uns de notre compagnie ayant des connaissances dans cet art, éludèrent la fraude par la fraude, firent tomber les masques dans leurs propres piéges et les dépouillèrent de leur argent. Nous partîmes le lendemain de grand matin et achevâmes le reste de la route en quelques heures. Ainsi, dans le temps de l'année le plus difficile, pendant les jours les plus courts, par des chemins détrempés et fangeux, nous arrivâmes à Paris en courant, ou plutôt en volant. Nous y restâmes peu de jours; j'en profitai pour m'introduire chez Ménage, avec qui je contractai dès lors une amitié que nous avons fortifiée de part et d'autre par toutes sortes de tendresses et de bons offices, et qui a duré jusqu'à sa mort. Je confesse que notre liaison m'a été extrêmement utile, extrêmement agréable, tant à cause de la littérature variée que de la politesse et de l'urbanité singulières de ce personnage.

Après un court séjour à Paris, nous arrivâmes à Caen. La première chose que nous y apprîmes fut qu'il s'était établi, pendant notre absence, une société d'hommes d'esprit et de savants, tels que notre ville peut se glorifier d'en avoir produit de tout temps un très-grand nombre, comparativement (soit dit sans envie) aux autres villes de l'Europe. Cette assemblée, suivant l'usage, fut décorée du titre d'Académie. Elle se tenait, à des jours déterminés, dans la maison de Jacques Moisant de Brieux, autrefois conseiller au parlement de Metz, alors fervent adorateur des Muses, et possesseur d'une magnifique habitation convenablement située au milieu de la ville. Les chefs de l'Académie étaient, outre Brieux, Nicolas Moustier de Mottée, depuis maire de Caen;

Jacques Paulmier de Grentemesnil, si remarquable par la variété de ses connaissances littéraires, principalement en grec; Jacques Graindorge de Prémont, dont les vertus, la douceur de mœurs, les lumières et la vivacité d'esprit ont été signalées par moi dans un autre ouvrage; Jacques Savary, qui employa son incroyable facilité à écrire en vers les règles de la chasse[1]; Antoine Hallé, que j'ai loué plus haut et qu'on ne louera jamais assez; Philippe Sudre de Petitville, du parlement de Rouen, et Antoine Garabi de La Luzerne[2]: ces quatre derniers poëtes latins éminents; enfin Louis Thouroude, docte helléniste. Mais le plus illustre d'entre eux était Jean Regnault de Ségrais, célèbre par ses poésies françaises, surtout par ses agréables chansonnettes et ses églogues, dans lesquelles il laisse bien loin derrière lui tous ses rivaux. Je me souviens de lui avoir demandé un jour pourquoi, après les succès qu'il avait eus dans les autres genres de poésie, il avait négligé l'églogue, qui était celui qu'il n'avait point encore abordé. Avait-il du dégoût pour les *Bucoliques* de Virgile, du mépris pour les *Grâces* de Théocrite? « Pour moi, lui disais-je, je suis si ravi de Théocrite, que j'ai recours à lui chaque année, aux premiers jours du printemps; je m'étends à l'ombre d'un arbre, et là, au chant du rossignol, au murmure du ruisseau, je le

---

1. Il était né à Caen, et mourut en 1670, à l'âge de soixante-trois ans. Son poëme sur la chasse du lièvre a pour titre: *Album Dianæ leporicidæ*, Caen, 1655; il en a fait un autre sur le manége, intitulé: *Album Hipponæ, seu Hippodromi leges*, 1662, in-4°. Il y a de l'invention dans ces poëmes; mais, en mettant à la marge, en français, les termes des arts de la chasse et du manége, il semble qu'il ait voulu montrer en même temps combien il est difficile de traiter les arts en vers, et de garder la politesse et la netteté de l'expression avec la propriété des mots qui leur sont affectés. Voy. Huet, *Origines de Caen*.

2. Il naquit en 1617, à la Luzerne, près de Coutances. Il étudia à Caen sous Hallé. Dans un grand nombre de poésies latines et françaises, et dans quelques ouvrages en prose, il montra beaucoup de facilité, mais peu de profondeur. Ses œuvres latines et françaises, tant en vers qu'en prose, ont été imprimées à Caen en 1663. Il mourut en 1679.

relis tout entier. » Par hasard, on était à la veille du printemps ; j'ajoutai que je voulais faire goûter à Ségrais un semblable plaisir. Il le goûta si bien, qu'il se mit aussitôt à imiter le poëte grec, et cela avec un succès qui lui assure la palme, parmi tous ses compatriotes, dans ce genre de poésie délicat et gracieux.

Un membre de cette même Académie, Gilles-André de La Roque[1], écrivait en ce temps-là l'histoire de la maison d'Harcourt. Personne ne sut tirer des registres et des archives publics plus de renseignements que lui sur nos affaires domestiques et sur nos anciennes familles. Cette histoire des Harcourt est un vrai trésor d'antiquités normandes. Comme, à cause de l'immensité des matériaux, il ne pouvait, selon ses désirs, publier le tout ensemble et que d'ailleurs il n'était pas possible d'en faire un petit volume pareil à ceux qu'il publiait de temps en temps, il le fondit dans sa généalogie de la maison d'Harcourt.

Dans cette docte et déjà florissante assemblée, la littérature élégante avait pour organe Jacques de Callières[2], gouverneur de Cherbourg, personnage accompli, auteur de la *Vie du maréchal de Matignon*. Je passe sous silence les autres académiciens.

Peu de jours après mon arrivée, Brieux vint chez moi, et après maints propos sur la nouvelle Académie et les mérites de ses membres, il me déclara que Bochart et moi étions des leurs. Je fus touché de cet honneur, d'autant que, sans l'avoir brigué et par les suffrages spontanés de mes compa-

---

1. Héraldiste, né en 1597 à Cormeilles, près de Caen, mort en 1636, à Paris. Il s'attacha principalement à la partie généalogique de l'histoire, et publia un grand nombre d'ouvrages en ce genre qui sont encore estimés. Celui dont parle Huet a pour titre : *Histoire généalogique de la maison d'Harcourt*, avec les preuves, Paris, 1662, 4 vol. in-f°.

2. Maréchal de bataille des armées du roi. Il est auteur d'une *Histoire de Jacques de Matignon, maréchal de France*, ouvrage curieux mais inexact, et qui fut publié à Paris en 1661, in-f°. Il mourut commandant à Cherbourg, en 1697.

trioles, je me voyais admis dans une assemblée de gens les plus honnêtes et les plus savants de leur siècle [1].

Maître enfin de mon temps, après tant d'excursions, je me confinai dans ma bibliothèque et lus immodérément. J'y gagnai une grave fluxion d'yeux qu'il a plu aux anciens médecins d'appeler *épiphora*. C'est une maladie que j'avais eue bien des fois étant enfant. Le renouvellement en fut plus incommode et plus prolongé que jamais. Dès qu'elle commença de se guérir, je trouvai bon de chanter cet événement en vers dans le goût de Lucrèce, et d'en gratifier Morus, que je savais admirer et imiter le style de ce poëte. Il reçut mon présent avec de grandes protestations de reconnaissance, et me la témoigna par des vers de son crû. Il s'établit aussi entre nous un commerce suivi de lettres que le temps et la distance ralentirent sans l'interrompre néanmoins tout à fait. Mais, lorsqu'il fut appelé à Paris par les chefs du parti calviniste, nous resserrâmes les liens de notre ancienne amitié, et renouvelâmes ces improvisations en vers que nous échangions jadis à Amsterdam. Je me rappelle que, comme il m'avait un jour provoqué par une épigramme fort plaisante, je lui envoyai à l'instant par le même messager les vers suivants :

> Jam pridem resides nostro sub pectore flammas
> Divina Phœbi munera, etc.

Je m'étais bercé de l'espoir qu'une liaison formée entre nous sous de si heureux auspices, était à l'épreuve du temps et des accidents, et que nous vivrions à Paris dans les mêmes termes que nous avions vécu à Amsterdam. Cet espoir fut bientôt déçu. Soit que les distractions et le tu-

---

[1]. Combien de fois n'a-t-on pas dit, et combien de gens ne croient-ils pas encore que Huet est le fondateur de cette académie ? Voyez, entre autres, l'article qui le concerne dans la *Biographie universelle* de Michaud, article qui n'offre pas que cette seule inexactitude.

mulle de Paris, soit que les devoirs de sa charge de ministre en fussent la cause, il finit par s'éloigner de moi entièrement, tellement qu'il se dispensait à mon égard des obligations de pure civilité, et ne se souciait pas même des plaintes que m'arrachait son mépris de notre vieille amitié.

Pendant ce temps-là, je reçus de Bochart une lettre où il me priait, si j'avais sous la main quelque exemplaire de l'Anthologie contenant le poëme de Paul le Silenciaire[1] sur les *Thermes pythiques*, de le lui envoyer et de lui dire ce que je pensais de ce poëme et particulièrement quelle était mon opinion sur le περσίχη πιττάχη dont il y est parlé : car au lieu de ce πιττάχη qui était inintelligible, il proposait de lire παχτηχή. A première vue, il me parut qu'il y avait un grand désordre dans ce texte, et je désespérai d'en extraire aucun sens. Bochart pensa de même. Mais depuis, ayant procédé à un examen plus attentif, je l'informai que j'avais découvert que les versicules en question avaient été tirés d'un ancien manuscrit, dans lequel, pour ménager l'espace, ils avaient été écrits de telle sorte que chaque page était en deux colonnes; qu'en les lisant il fallait passer du premier vers de la première colonne au premier de la seconde, du second vers de la première colonne au second de la seconde, et ainsi de suite jusqu'à la fin; que le contraire avait été fait par un copiste étourdi et ignorant, qui, sans se préoccuper du sens, avait copié toute la première colonne, puis toute la seconde, et ainsi de suite pour toutes les autres pages. De là venait cette confusion de vers et de sens à laquelle il était facile de remédier, en rétablissant le tout dans

---

[1]. Le Silenciaire est un surnom qu'il tirait de la charge qu'il occupait sous Justinien, au vi<sup>e</sup> siècle, et qui appartenait aux personnes employées aux négociations secrètes. Il a écrit en vers grecs l'*Histoire de l'église Sainte-Sophie*, imprimée, avec la traduction et les notes de Ducange, dans l'*Histoire byzantine*, Paris, 1670, in-f°; *Carmen in Thermas Pithicas*, grec-latin, avec les notes de Huet, Paris, 1598, in-4°, et un assez grand nombre d'*Épigrammes* dans l'*Anthologie*.

l'ordre qui lui appartient. Il ne fallait donc rien changer au mot πιττάκη, qui est le nom du pays Psittacène, appelé aussi Pittace, Sittace et Psittace.

Une lettre de Le Paulmier m'arriva en cadence, par laquelle il me demandait mon avis sur les *Isopsepha* de Léonides d'Alexandrie, qui sont rapportés dans l'Anthologie[1]. Je fus bien surpris que le docte et ingénieux Le Paulmier, Jean Brodeau, le plus savant interprète de l'Anthologie, et même Henri Estienne, se soient si fort éloignés du sens de ce mot, qu'ils auraient pu trouver dans les Oneirocritiques d'Artémidore[2], sinon ailleurs. Je répondis donc à Le Paulmier que les grammairiens grecs étaient des badins, qui perdaient le temps en des observations minutieuses et ridicules, et qui se firent moquer d'eux par ceux des siècles suivants, comme on le voit dans Aulu-Gelle[3]. Au nombre de leurs vains arguments est la recherche des *isopséphes* en Homère, c'est-à-dire des vers dont les lettres prises collectivement expriment des nombres de même valeur. Ce Léonides se fit une grande réputation pour les vers de cette espèce. Il écrivait des épigrammes de quatre vers avec un tel art que les deux premiers vers étaient *isopséphes* aux deux derniers. Ces épigrammes sont dans l'Anthologie. Leur pénible, laborieux et puéril artifice sautera aux yeux de quiconque aura le loisir et voudra se donner la peine de faire ce calcul. Parmi ces épigrammes, il y en avait pourtant une de deux vers seulement, qui donnait plus de mal à Le Paulmier que toutes les autres, quoique le sens en soit très-clair. De ces deux *isopséphes*, le premier devait être opposé au second, afin de reconnaître leur *isopséphie*. Il n'en est pas ainsi dans les épigrammes de quatre vers où les deux premiers doivent être opposés aux deux seconds.

1. Lib. VI, cap. xii.
2. Lib. III, cap. xxxiv, et lib. IV, cap. xxvi.
3. Lib. XIV, cap. vi.

Le Paulmier ne pouvait souffrir cette longueur de quatre vers ; aussi était-ce dans l'*isopséphe* à deux vers seulement qu'il voulait faire l'épreuve de son industrie. L'art des juifs modernes, appelé gématrie, a pour objet des niaiseries de ce genre, qu'ils semblent avoir reçus en même temps que le mot de gématrie, c'est-à-dire géométrie, des Grecs dégénérés [1].

Comme j'étais alors à Paris, Éméric Bigot [2] vint en même temps et comme de concert avec Le Paulmier me demander mon avis sur un passage obscur de la même Anthologie, controversé entre lui et Grævius. Bigot était mon ami de vieille date ; nous étions proches parents et nos études étaient les mêmes. Nous montâmes à ma bibliothèque pour y chercher et consulter le livre. Bigot ayant remarqué à la marge plusieurs notes, comme j'ai l'habitude d'en écrire sur les livres que je lis, écrivit à Grævius, qui préparait alors une nouvelle édition de l'Anthologie, considérablement augmentée et surtout enrichie d'une excellente traduction en vers latins de Grotius, que j'avais fait beaucoup de notes dont il pourrait illustrer cette édition. Grævius voulut que je les lui communiquasse aussitôt ; il m'écrivit lettres sur lettres à ce sujet, remplies des plus pressantes prières. J'accédai à ces honnêtes instances d'un homme qui était mon ami ; je copiai mes notes marginales et les lui envoyai. Mais la guerre qui sévissait en Europe ayant mis obstacle aux entreprises des libraires et à tout autre commerce, ces notes restèrent dix ans dans le portefeuille de Grævius, jusqu'à ce qu'il

---

1. Voy. dans l'*Huetiana*, p. 254, une explication un peu plus claire de l'isopséphe.
2. Né à Rouen en 1626, mort en 1689, doyen de la cour des aides de Normandie. Il avait voyagé dans les principaux pays d'Europe, et par ce moyen s'était mis en relation avec un grand nombre de savants illustres. Mais lui-même paya son tribut aux lettres par la découverte qu'il fit, dans la bibliothèque de Florence, du texte grec de la vie de saint Chrysostôme, par Palladius, et c'est à lui qu'on en doit l'édition de 1680, in-4°, grec-latin. Son père lui avait laissé une bibliothèque de plus de six mille volumes, parmi lesquels il y avait environ cinq cents manuscrits. L'abbé de Louvois les acheta pour la Bibliothèque du roi.

eut l'idée de les annexer à mes poésies qu'il avait eu la bonté de faire réimprimer à Utrecht.

Les objets que j'avais rapportés de Suède n'ayant pu être transportés à travers les Flandres, j'avais dû les laisser à la frontière de Hollande, où ils étaient arrêtés depuis deux ans. Et comme le vif mais secret désir que j'avais dès l'enfance d'entrer dans les ordres, avait pris racine en mon cœur, et que l'entreprise déjà commencée de traduire et d'illustrer Origène, semblait cadrer à merveille avec ce goût, je souhaitais passionnément de recouvrer les matériaux que j'avais amassés pour cet ouvrage, afin de ne m'occuper plus que de travaux convenables à quiconque revêt un caractère sacré. La paix faite entre les Anglais et les Hollandais, et la mer devenue libre, mes bagages, malles, caisses et autres effets m'arrivèrent enfin. Je goûtai à loisir et avec délices les fruits que j'avais récoltés, ensuite je les mis sous clef. Mon premier soin fut de relire les commentaires d'Origènes, que j'avais transcrits, de les traduire en latin, et d'y joindre, avec mes observations, tout ce que je pouvais trouver d'écrits du même auteur et de la même nature. Bochart vint un jour chez moi et voulut que je lui montrasse ma copie des commentaires, pour relire plus attentivement le passage sur l'Eucharistie, si controversé et qui a été le sujet de tant de disputes. Ce passage remplissait presque une page entière; mais il y avait une ligne qui me paraissait offrir un sens douteux, comme s'il y eût manqué quelques mots. N'en étant bien sûr, je consultai un ancien manuscrit de la Bibliothèque royale de Paris, et reconnus que, dans ma trop grande précipitation à copier, j'avais omis quelques mots de peu ou de nulle importance en copiant deux fois la même ligne. Saint Jérôme a remarqué que pareille faute arrive souvent aux copistes. Avec l'aide de ce manuscrit, je rétablis le passage tel qu'il devait être. Mais aveuglé par l'esprit de parti et tout plein d'un zèle furieux, ne se souvenant plus ni de notre ancienne amitié, ni de l'expérience

7

qu'il avait faite de ma bonne foi, Bochart écrivit à ses coréligionnaires, dans tous les pays de l'Europe, que j'avais falsifié Origène. J'eus un chagrin profond de cette calomnie et de l'attentat inouï fait à mon honneur par la main d'un ami ; je le lui reprochai doucement, mais je n'en obtins pas la plus légère satisfaction. Ce procédé inique et barbare rompit pour jamais, à ma très-grande douleur, une amitié qui s'était affermie par un commerce de tant d'années et par tant de bons offices réciproques[1].

Depuis lors, toute mon attention, tous mes soins furent pour Origène ; que si j'en étais détourné pour une autre étude, je ne faisais sur ce nouveau terrain qu'une excursion et continuais d'habiter, pour ainsi dire, tout entier dans Origène. Mais comme j'étais souvent obligé de demander çà et là des secours, principalement à la Bibliothèque royale où je savais que plusieurs écrits d'Origène étaient enfouis, comme il me fallut pour cela faire de fréquents voyages, l'œuvre traîna en longueur et ne fut achevée qu'au bout de plus de dix ans. C'est ce que j'ai expliqué au long dans mes prolégomènes des commentaires. Mon travail s'était accru d'un autre dont j'avais pensé devoir faire précéder cette édition. Car, tandis que je m'appliquais avec ardeur à traduire mon texte en latin, à en donner une version exacte et concise, à ne pas m'en écarter de l'épaisseur d'un ongle, il me vint tout à coup un scrupule : cette méthode de traduire était-elle la juste, la vraie méthode ? plairait-elle à ce siècle qui semblait n'avoir de goût que pour les traductions libres et paraphrasées ? Cette question n'étant point alors décidée, et, qui plus est, les savants ne l'ayant pas même agitée sérieusement, je pris la résolution d'en faire l'objet d'un traité particulier, dans lequel je m'efforçai de réprimer la licence effrénée des traducteurs, et surtout de faire ren-

---

[1]. Voir la lettre de Bochart à Huet et la réponse de celui-ci dans le t. I<sup>er</sup>, p. 1 et suiv. du *Recueil de Dissertations*, de l'abbé Tilladet.

trer dans de sages limites ceux qui se mêlent de traduire les livres sacrés. Si ces limites eussent été respectées par ces bourreaux qui prennent audacieusement toutes les licences possibles dans leurs interprétations, le sens pur et primitif de ses livres fût resté intact. Ce traité fut le premier fruit de mes études, un appel au jugement des hommes de savoir, un essai de la faveur populaire. Il fut, ainsi que moi, loué magnifiquement par Antoine Hallé, autrefois mon précepteur, dans une pièce de vers pompeuse où l'on eût dit qu'il célébrait, comme venant de lui-même et comme lui étant due cette faculté d'écrire en latin qui m'était propre. Ce témoignage de l'amitié de mon excellent maître me plut alors infiniment, et je m'en fais gloire encore aujourd'hui.

Quand mon livre de l'interprétation fut publié, je vis arriver chez moi J. B. Cotélier[1], homme profondément érudit, voué entièrement au grec et au latin, et à la correction, à l'épuration des ouvrages des Pères. Il m'avertit amicalement que je m'étais trompé quelque part, mais que je pouvais réparer cette erreur sur les exemplaires qui n'étaient pas encore livrés. Je reconnus là sa bonté, et j'avouai l'erreur; toutefois, je l'avais déjà remarquée et je lui fis voir que je l'avais aussi corrigée sur mon manuscrit.

Pendant ce temps-là, je composais de petites pièces de vers, à l'exemple de mes confrères de l'Académie, lesquels s'exerçaient avec succès dans ce genre de poésie facile, m'invitaient à faire comme eux et me fatiguaient souvent de leurs prières. C'est ainsi que je me conformais aux mœurs

---

1. Né à Nimes en 1627. Il fut employé avec Ducange à la révision du catalogue des manuscrits grecs de la Bibliothèque du roi, puis nommé professeur de langue grecque au collége royal. Outre ses éditions des *Homélies de saint Chrysostôme*, 1661, in-4°, des *Lettres de saint Clément* et des *OEuvres des Pères qui ont vécu dans les temps apostoliques*, 1672, 2 vol. in-f°, il a laissé en manuscrit des *Mélanges sur les antiquités ecclésiastiques*, 9 vol. in-f°, qui sont à la Bibliothèque du roi.

de mon pays natal, et maintenais autant qu'il était en moi l'ancienne gloire de Caen. Car il y a longtemps déjà que cette ville a ravi le prix du rhythme aux autres villes de France. On dit assez plaisamment que les autres villes font des vers dans les chambres, mais qu'à Caen on les fait dans les boutiques. J'ai expliqué ce proverbe dans mes *Origines de Caen*.

Je commençai alors à être compté pour quelque chose parmi les amis des bonnes lettres. L'art de la critique était florissant, et quiconque arrivait à la gloire d'érudit s'y portait avec tant d'ardeur que toute étude n'avait plus pour objet que de corriger les auteurs anciens, de rétablir des lettres omises, combler des lacunes, redresser des sentences tronquées et discerner des fragments corrompus et intercalés. On y employait des conjectures subtiles qui faisaient impression par une fausse apparence de vérité, et qui obtenaient crédit, en dépit de leurs mensonges et de leurs artifices. On faisait des dépenses considérables pour se procurer de toutes parts d'anciens exemplaires, à l'aide desquels on corrigeait les fautes des plus récents, soit qu'elles vinssent de l'ignorance ou de l'outrecuidance des copistes, soit que le temps, le frottement ou les lacérations en fussent la cause. Il fallut chercher à cela un remède, et le seul était dans la critique dont l'invention est attribuée à Aristote. Plusieurs s'y exercèrent dans la suite chez les Grecs et chez les Romains, et la reconnaissance des savants n'a pas permis que leurs noms périssent dans la mémoire des hommes. La critique était aussi connue des Hébreux. Ceux qui l'exerçaient étaient appelés masorèthes[1]. Les livres saints ont été

---

1. Masorèthes ou massorètes (les), du mot hébreu *massora*, tradition, sont des docteurs juifs qui aidèrent à fixer, d'après les manuscrits et la tradition orale, la leçon du texte sacré, en y ajoutant les points-voyelles, pour remplacer les voyelles qu'on n'écrit point en hébreu. L'origine de ces points-voyelles est fort incertaine : elle a été attribuée aux docteurs de l'école de Tibériade, à Esdras et même à Moïse ; mais elle ne paraît pas

exposés aux mêmes désordres que les autres; on en a rassemblé et publié les variantes. Et certes, après les horribles ténèbres où furent ensevelis pendant tant d'années le monde chrétien et la littérature, il fut heureux que la critique débarrassât l'antiquité des souillures qui la dérobaient aux regards et servît en quelque sorte de sage-femme à la renaissance des lettres. Maintenant que, après tant de temps et tant de soins employés à corriger les anciens livres et à les rétablir dans leur splendeur primitive, les lettres ont recouvré tout leur éclat, passer sa vie entière à refaire la même besogne, comme Gruter, Le Févre et beaucoup d'autres, sans espoir d'en être autrement récompensé, c'est, selon moi, une occupation misérable et qui ne sied qu'à de petits esprits. Je conviens d'ailleurs qu'elle est nécessaire, mais elle n'en est pas moins basse comme le métier des sarcleurs que j'occupe à arracher les mauvaises herbes de mon jardin, tandis que je recueille et mange les fruits.

L'habileté dans les langues, qui était alors en grande faveur parmi les érudits et dont l'étude était poussée jusqu'à la folie, ne me paraissait pas mériter plus de louanges. Je sais sans doute que les langues ont leur utilité, leur nécessité, et qu'on ne peut acquérir une connaissance certaine de l'antiquité d'où nous vient ce qu'il y a de meilleur dans les lettres, sans le secours des langues de ces peuples qui ont inventé les sciences, les ont cultivées et nous les ont transmises; mais il ne faut les considérer que comme des servantes auxquelles on ne doit faire la cour que pour arriver plus sûrement aux maîtresses, c'est-à-dire aux sciences elles-mêmes. Ainsi, les langues sont les clefs au moyen desquelles on ouvre les portes du savoir, et ceux qui, satisfaits de les posséder, s'arrêtent sur le seuil et ne pénètrent pas dans le sanctuaire, ressemblent aux portiers qui, pour avoir les

---

remonter plus haut que le ix⁰ siècle. Plusieurs savants hébraïsants ont combattu cette innovation, notamment Cappel et Masclef.

clefs de plusieurs portes, n'en couchent pas moins en dehors des appartements.

Tandis que je m'efforçais d'acquérir une parfaite connaissance de l'antiquité et de pénétrer jusqu'aux sources mêmes de l'érudition, soit que je consultasse les écrivains sacrés, soit que j'interrogeasse les profanes, aucune nation ne me parut avoir plus contribué à la propagation de la science que les Égyptiens. Cependant ils n'avaient été ni connus, ni appréciés par les savants, selon leur mérite, quoique les livres sacrés témoignassent de leur sagesse consommée, et que l'ancienne, la docte Grèce les reconnût pour ses maîtres. Je m'apercevais bien que cette branche de la science qui se rapporte à eux n'avait été que légèrement effleurée ou presque négligée. Athanase Kircher[1] n'avait point encore essayé de l'approfondir et de l'expliquer dans ses immenses volumes, comme il a fait depuis; son travail, du moins, ne nous était pas encore connu. Et toutefois, quand il le fut, je remarquai que l'auteur n'avait pas mis dans la recherche et dans l'exposition de sa matière autant de science et de sel qu'il y avait mis de jactance et de pompe. Jean Marsham[2]

---

1. Jésuite, né à Geysen, près de Fulde, en 1602, mort à Rome en 1680. Il embrassa toutes les sciences, physique, histoire naturelle, philosophie, mathématiques, théologie, antiquités, musique, langues anciennes et modernes; mais, avec cette érudition immense, qui n'était pas éclairée par la critique, il commit de graves erreurs. Ne pouvant mentionner ici ses nombreux ouvrages, je renvoie au *Manuel du libraire*, de Brunet, où on trouve la liste des plus importants. Ils se divisent en trois classes : 1° sciences physiques et mathématiques; 2° langues et hiéroglyphes; 3° histoire et antiquités. On peut consulter aussi le *Mémoire* qu'il a donné lui-même sur sa vie et ses ouvrages, dans le *Fasciculus epistolarum* de Lauguenmantel, pag. 65 et suiv.

2. C'est à tort qu'il a pour prénom Thomas, dans les dictionnaires biographiques. Il naquit à Londres en 1602, et mourut en 1683. Il fut quelque temps secrétaire de la chancellerie, et perdit cette place à cause de son attachement à Charles I$^{er}$. On a de lui, sous le titre de *Canon chronicus ægyptiacus, hebraicus, græcus*, Londres, 1662, un savant ouvrage où il réduit de beaucoup l'antiquité que s'attribuaient les Égyptiens. Il suppose que les dynasties de leurs rois sont contemporaines et non succes-

traita le même sujet avec infiniment plus d'érudition, et fut presque à la hauteur de sa tâche. Mais son ouvrage parut plus tard, et j'ajoute qu'il ne me satisfit point. Moi-même je roulais depuis longtemps cette pierre et j'avais amassé une énorme quantité d'observations et de commentaires sur l'Égypte, qui n'eussent pas été inutiles au public, ni indignes de lui, si l'éboulement de ma maison de Paris n'eût entraîné avec soi la perte de mes richesses littéraires, jusque-là que je sauvai à peine des ruines quelques misérables fragments. Je reprends la suite des temps et des événements.

J'étais alors à la campagne dans les environs de Caen, avec Sarrau, dont j'ai parlé ci-dessus. Souvent, à l'ombre des arbres, il me lisait ses vers, qu'il portait partout avec soi et où il traitait tous les sujets possibles, mais principalement l'art de la chasse. Il y faisait aussi la satire des mœurs de nos concitoyens, avec tant de facilité et d'entrain, qu'il me semblait avoir surpassé tous les poëtes que je connusse au moins de nom, sinon en éloquence et en grâce, du moins en fécondité. Mais il n'avait encore rien publié de ces poésies. Je l'engageai à le faire, pour ne pas frustrer plus longtemps le public de tant de richesses, et soi-même de sa propre gloire. Il me fut reconnaissant de cet avis, à telles enseignes que, peu de jours après, il délivra sa muse de prison, et publia une assez grande quantité de vers pour que les boutiques des libraires en fussent littéralement encombrées, et pour lasser les ouvriers qui l'imprimaient et nous autres qui le lisions.

Ayant, dès mon enfance, toujours aimé avec passion les scènes délicieuses du printemps et de la campagne, mais n'ayant point eu jusqu'alors de maison des champs où je

---

sives. Il prétendait aussi que les rites judaïques sont empruntés aux Égyptiens, en quoi il fut vivement contredit par plusieurs érudits, entre autres le docteur Prideaux, le P. Noël, etc.

pusse me retirer, quelques-uns de mes amis qui en avaient d'agréables dans le voisinage, m'invitèrent galamment à en user. Celle qui me plaisait surtout était située au midi et élégamment ornée de plantations de chênes verts disposés dans tous les sens; mais elle me souriait bien plus encore à cause du propriétaire du domaine, François Petit de Vacogne, qui avait un esprit cultivé et un grand amour pour les lettres. Cette maison le cédait pourtant à une autre située près de la mer, entourée de rochers qui, battus et minés par les flots, formaient des grottes où, caché et n'ayant avec moi qu'un livre, je passais des jours entiers avec un plaisir indicible, contemplant du rivage le délicieux spectacle, tantôt de la mer calme et des navires poussés par la brise, tantôt de la mer agitée et des périls que couraient les navires. Dans cette douce retraite, je me passais fort bien en été et de la ville et de la maison que j'y possédais, et ce n'était que malgré moi qu'abandonnant ma chère solitude, je revenais à Caen affronter le tumulte de la foule. Cependant Origène, dont j'avais déjà commencé l'édition, las d'avoir trop souffert de mon absence, jetait, pour ainsi parler, la main sur moi, et m'entraînait dans ma bibliothèque.

Ce fut alors que, pour grossir mon travail sur cet auteur, je revins à Paris et y revins toujours plus souvent. Je travaillais donc à la Bibliothèque royale, soit à faire transcrire par des copistes les anciens manuscrits, soit à les consulter moi-même ou à les comparer avec les miens. J'avais également souci et de revoir mes anciens amis et d'en faire de nouveaux. Parmi ces derniers, le principal fut Chapelain. Il était fort estimé des amis des lettres, à cause de ses remarquables ouvrages, ceux en vers particulièrement, et à cause d'une sorte de culte qu'il professait pour la littérature et qui s'étendait jusqu'à la philosophie et aux mathématiques. J'en atteste Gassendi, philosophe éminent de ce siècle, qui se parait et se vantait de l'amitié de Chapelain. Quant à l'opinion de ces poétereaux envieux qui mettent toute leur gloire à médire et à bouffonner, et qui s'acharnaient contre Chapelain dont ils étaient incapables d'égaler le mérite, je n'en fais aucun cas. Ils montraient assez la sottise et la vanité de leurs jugements en ce que, tandis qu'ils exerçaient avec le plus de force leur malignité contre *la Pucelle*, la mettant, pour ainsi dire, en lambeaux, ils jugeaient manifestement d'une chose qu'ils ne connaissaient pas, puisqu'ils n'en avaient lu que la seule moitié déjà publiée. Il est donc évident qu'ils ne pouvaient connaître ni le sujet du poëme, ni l'action, ni la constitution, ni l'ordonnance des parties, en quoi consiste essentiellement la nature du poëme épique. Il faut pourtant avouer que Chapelain n'a pas fait assez attention à l'esprit de son siècle et au caractère de sa nation, l'un et l'autre énervés, capricieux, terre à terre, ennemis de toute application suivie et, à cause de cela, s'élevant difficilement à la hauteur de la majesté du poëme épique. Vous verriez à peine un seul des hommes d'aujourd'hui lire une ode entière, sans bâiller, au moins sans témoigner son ennui. Leur goût est tout aux chansons, aux épigrammes ou aux madrigaux. C'est aux femmes, toutes-puissantes chez nous, qu'il faut imputer la cause de cette frivolité qui ôte toute énergie à l'autre sexe et amollit la nation entière. Pour moi qui ai lu avec attention tout le poëme de Chapelain, je puis certifier qu'il eût obtenu l'honneur et les louanges dont il est digne s'il eût paru dans un temps meilleur et sous une génération plus mâle et plus juste. Je ne puis donc adhérer au jugement de Mantausier et de Conrart que Chapelain, par son testament, avait institués les arbitres et les juges de son poëme : car, après avoir reçu un accueil si défavorable que celui dont *la Pucelle* avait été l'objet, l'auteur ne laissa pas que d'achever la seconde partie; il voulut seulement la fortifier contre les injustes censures du vulgaire par une préface vigoureuse, qu'il chargea deux de ses amis de rendre publique ou de supprimer à leur choix. Malheureusement ces messieurs la condamnèrent à d'éternelles ténèbres et la détruisirent. Avec la permission de ces illustres personnages, je ne donnerai pas les mains à cette condamnation; car, si l'œuvre entière, et garnie de toutes ses pièces, était vue en cet état de personnes doctes et non point aveuglées par l'envie, elles en apercevraient toute la grandeur, et il deviendrait évident pour tous qu'on n'aurait jamais dû en dérober la connaissance à la postérité. Chapelain me témoignait une grande amitié; il encouragea mes travaux, et, afin que notre liaison ne se refroidît pas par l'absence, nous nous écrivions très-souvent et nous faisions réciproquement la confidence de nos pensées, de nos études et de nos écrits. Une marque de mes sentiments pour lui est la description de mon voyage en Suède, qu'il me pria de lui dédier. Il voulait, si je ne me trompe, que je laissasse, par ce moyen, un monument public de notre amitié. Mais la prière de Chapelain avait un autre motif. Déjà quelques étincelles avaient jailli de cette inimitié honteuse qui finit par rompre les liens qui l'unissaient depuis longtemps à Ménage, et comme j'avais écrit à ce dernier une lettre que le public avait assez bien reçue, où je déclarais mon attachement pour lui et l'opinion avantageuse que j'avais de ses ouvrages, Chapelain, sentant une pointe de jalousie à cette occasion, comme si je lui eusse préféré Ménage, ne se fit pas scrupule d'exiger de moi en propres termes que je lui rendisse le même office. Afin donc de faire connaître au public mes sentiments sur ses talents poétiques, je lui adressai ces vers qui sont à la tête de mon voyage:

<blockquote>Dulcia nobilibus dum dividis otia curis, etc.</blockquote>

La recommandation de Chapelain me procura de glorieuses amitiés; il voulait que toutes les siennes me fussent communes. C'est ainsi que je connus, entre autres, Henri-Louis-Habert de Montmor[1], maître des requêtes, ami des sciences,

---

1. Il était conseiller du roi, maître des requêtes et membre de l'Académie française. Gassendi vécut plusieurs années dans sa maison et y mou-

des lettres et de la philosophie. Il réunissait chez lui, un jour par semaine, un grand nombre de savants qui se communiquaient les uns les autres leurs doctes et utiles remarques sur la philosophie naturelle. J'assistais souvent à leurs discussions et de temps en temps je leur donnais à connaître et à juger mes propres écrits sur cette matière. Tel était celui que j'avais fait sur des gouttes de verre qu'on nous avait récemment envoyées d'Allemagne, et qui s'en allaient en poudre, en éclatant avec force, dès qu'on en avait brisé la pointe. La docte assemblée, à l'unanimité, voulut que je lusse ma dissertation, où je m'étais efforcé de deviner par conjectures quelle était la matière de ces gouttes jusqu'à ce jour inconnues en France, leur composition et leur fabrication. J'y réussis assez bien, comme on le vit quand la nouvelle en vint à nos verriers.

L'honneur de cette assemblée était P. Gassendi, dont j'ai déjà parlé, sans contredit un des premiers philosophes de ce siècle. Quoiqu'il demeurât avec Montmor, qui paraissait être un de ses partisans et qui louait la doctrine d'Épicure, Montmor ne laissait pas d'être en secret favorable à Descartes dont Gassendi était l'adversaire déclaré, et on croyait qu'il n'avait fondé chez lui cette réunion de philosophes que pour familiariser leur esprit avec la doctrine de Descartes et les amener peu à peu à la partager. Je voyais aussi de temps en temps Claude Hardi, conseiller au Châtelet. Il était fort estimé à cause de ses connaissances en mathématiques dont quelques échantillons ont été publiés; mais il avait en réserve plus de richesses intellectuelles que son extérieur n'en promettait. Je connus encore Honorat de Beuil de Racan, heureux disciple en poésie de mon compatriote Malherbe. C'est

---

rut. Montmor fit une édition de tous les ouvrages du philosophe qu'il publia à Lyon et à laquelle il mit une préface en latin. Il est auteur de quelques poésies françaises, imprimées dans des recueils du temps, et d'un poëme latin, *De rerum natura*, dans la manière de Lucrèce, qui ne fut jamais publié. Il mourut dans un âge avancé, en 1679.

le hasard qui me procura l'amitié de Gabriel Madelenet[1]. Étant dans une boutique de libraire à feuilleter des catalogues, et y ayant lu les noms de quelques poëtes modernes, je demandai à acheter leurs œuvres. Survint Madelenet, qui commença de feuilleter avec moi, et qui, après que j'eus acheté les poëtes qui me semblaient les meilleurs, me dit : « Je vois que vous aimez les vers, et que vous vous y connaissez ; j'en ai quelques-uns que je veux vous montrer, qui peut-être ne vous déplairont pas. » En même temps, il en tira d'un portefeuille, qui étaient d'une grâce peu commune. Je les lus, et *ex illo Corydon, Corydon est tempore nobis* ; je voulus avoir pour ami Madelenet, et j'en fis cas comme d'un poëte qui n'avait rien de bas et était comparable aux anciens. Peyrarède ne lui était pas beaucoup inférieur[2], il fréquentait les maisons des savants, et discourait souvent avec moi sur la poésie, qu'il cultivait avec succès. Une de ses œuvres les plus célèbres est l'achèvement des vers que Virgile a laissés incomplets.

J'allais assidûment à la Bibliothèque royale, tant pour y recueillir des matériaux pour mes autres études, qu'afin de poursuivre cette édition d'Origène à la perfection de laquelle

---

1. Poëte lyrique latin, né vers 1587, à Saint-Martin du Puy, en Auxerrois, mort à Auxerre en 1661. Il fut apprécié de Richelieu et de Mazarin comme littérateur et comme homme de goût, et investi de plusieurs fonctions honorables par ces deux ministres. Il fit sur la gravelle, dont il souffrait dans les dernières années de sa vie, une pièce de vers que le P. Petit regardait comme un chef-d'œuvre, mais qui est restée inédite. Il négligea de rassembler ses vers, et chargea de ce soin Henri de Loménie, comte de Brienne, qui publia : *Gabr. Madeleneti carminum libellus*, Paris, 1662, in-12, réimprimé en 1725, mais peu correctement.

2. C'était un gentilhomme gascon qui se fit quelque réputation par des poésies latines et des remarques sur Térence et Florus. Balzac et Grotius en parlent avantageusement, et il fut en correspondance avec Vossius et d'autres savants. Il paraît que l'extrême médiocrité de sa fortune l'obligea d'expliquer les auteurs classiques à des personnes de qualité. Il mourut vers 1660. Si l'achèvement des hémistiches de Virgile fut l'œuvre à laquelle il dut sa plus grande réputation, il faut convenir qu'elle reposait sur un fondement bien peu solide.

je travaillais avec ardeur. J'y voyais souvent Antoine Varillas, de Guéret, compulsant les manuscrits et puisant à cette source les éléments d'une histoire de France. Il persévéra plusieurs années dans ce travail, et je ne sache pas que personne ait jamais ramassé pour une histoire de son pays une aussi abondante provision de documents excellents. Il est étrange néanmoins qu'un homme obscur, tout couvert de la poussière des colléges, sans monde, sans usage et sans cette fine politesse qu'on a dans les cours, ait eu un style pur et nullement dépourvu de grâce ; qu'inhabile aux affaires, principalement aux publiques, et les ignorant même complétement, il en ait cependant parlé avec assurance et avec esprit. Mais la présomption immodérée de cet homme gâta toutes ces bonnes qualités. Il accordait autant à ses conjectures, à ses soupçons qu'à la vérité, il rapportait avec impudence des faits qui n'étaient appuyés d'aucune autorité, des faits même imaginaires, tout comme s'il les avait vus de ses propres yeux.

L'ichnographie de Caen avait été faite avec soin par Gombuste, artiste très-habile dans les ouvrages de ce genre; les magistrats l'avaient chargé de ce travail et payé d'avance. Mais après sa mort, cet ouvrage fut abandonné pendant quelques années. Je fis venir les héritiers qui avaient oublié les conditions de l'entreprise et je les obligeai à les remplir. De là vint ce plan de notre ville, si parfaitement exécuté, qui fut gravé par Bignon et publié en 1672 [1].

Michel Neuré vint alors à Caen; il était de la société intime de Gassendi, et il prit part à la controverse que ce philosophe et François Bernier [2] eurent avec J. B. Mo-

---

[1]. Peintre et graveur du roi, né à Paris en 1640. Il a gravé les portraits des plénipotentiaires au congrès de Munster. On a de lui divers *portraits* d'illustres Français, d'après la collection des tableaux de Vouet.

[2]. Né à Angers vers 1625. Il fut le disciple et l'ami de Gassendi. Après s'être fait recevoir docteur en médecine à Montpellier, il voyagea en Orient, et séjourna douze ans dans les États du grand mogol Aureng-Zeb,

rin ¹ le mathématicien, et dont il est parlé dans leurs livres. Il accompagnait les jeunes princes de Longueville dont il était le précepteur, et il demeura longtemps dans ces quartiers. Comme il s'adonnait principalement à l'astronomie, je le rencontrais souvent dans le château de Caen, dont la vue s'étend fort loin de tous les côtés, observant la position et les mouvements des étoiles, au moyen d'une lunette de trois ou quatre pieds seulement, et avec laquelle on n'en apercevait pas moins facilement la figure falciforme de Venus. Ce qui est ridicule et à peine croyable, c'est que ces noms de Michel et Neuré qu'il s'attribuait, n'étaient pas ses noms de famille, mais des noms empruntés. Nous savons, en effet, par les Miscellanées de Chevreau ², qui était son compatriote et fut

dont il devint le médecin. A son retour en France, en 1663, il publia ses écrits, puis alla visiter l'Angleterre et mourut à Paris en 1688. Ses principaux ouvrages sont ses *Voyages*, 1670-71, qui sont regardés comme un modèle d'exactitude ; un *Abrégé de la philosophie de Gassendi*, 1678, 8 vol. in-12, auquel il joignit ses *Doutes sur quelques chapitres de son Abrégé*. Bernier, d'un caractère enjoué et aimable, fut lié avec Molière, Chapelle et Ninon. Saint-Évremond l'appelait le *joli philosophe*.

1. Morin (Jean-Baptiste), mathématicien et astrologue, né à Villefranche, en Beaujolais, en 1583, mort à Paris en 1656, était aussi médecin. Il renonça à cette dernière profession pour prédire l'avenir, et ayant quelquefois rencontré juste, il gagna la confiance de Richelieu. Mazarin lui fit deux mille livres de pension. Copernic et Galilée trouvèrent en lui un de leurs adversaires les plus opiniâtres. La liste de ses ouvrages est dans Nicéron et dans Moréri. On ne citera que les suivants : *Astronomia jam à fundamentis integrè et exactè restituta*, 1640, in-4°; *Epistola de tribus impostoribus* (ces trois imposteurs sont Gassendi, Bernier et Neuré), 1654, in-12; *Astrologia gallica*, la Haye, 1661, in-fol.

2. Le passage de Chevreau est curieux et vaut la peine d'être reproduit :

« Quelques savants nous ont parlé de *Neuré* sans l'avoir connu, et se sont trompés quand ils ont cru que ce devait être son propre nom. Il s'appelait *Laurent Mesme*, et était fils d'un gargotier d'un faubourg de la ville de Loudun. Comme il ne pouvait subsister à Poitiers, où il avait été étudier, il fit le voyage de Bordeaux le mieux qu'il put, et s'y retira dans la Chartreuse, où il prit l'habit. Dans les trente ans qu'il y demeura, il apprit de lui-même les mathématiques ; et, s'étant lassé de l'austérité des religieux de cet ordre, il y jeta, comme on dit ordinairement, le froc aux orties. Il alla sans balancer droit à Paris, et s'y fit connaître à Mᵐᵉ de Bourson condisciple, qu'il était né à Loudun, en Poitou; que son vrai nom était Laurent Mesme, qu'il prononça ses vœux dans un ordre de carthusiens, passa trente ans à Bordeaux, qu'enfin ennuyé de ce genre de vie et de son nom, il prit un masque, changea d'habits et vint à Paris sous le nom de Michel Neuré.

Lorsqu'il eut achevé l'éducation des jeunes princes, on leur donna pour gouverneur Pierre Fortin de La Hoguette[1].

neuf, gouvernante alors des enfants de M. le duc de Longueville, qui, pour le tirer du mauvais pas où il était, fit si bien qu'à sa recommandation il fut précepteur de M. de Longueville et de M. le comte de Saint-Paul. Il est croyable qu'il s'acquitta bien de son emploi, et que la dame qui le protégeait n'oublia rien de ce qui pouvait contribuer à sa conduite. Dans ce temps-là, et toujours depuis il entretint un commerce étroit avec *Gassendi* et *Jean-Baptiste Morin*, médecin et professeur du roi en mathématiques, avec cette différence qu'il était émissaire du premier, et qu'il ne rendait visite à l'autre que pour le trahir. Morin, qui avait la réputation d'un grand astrologue, ne consulta point alors les étoiles sur la déférence aveugle que Neuré avait pour lui; et par les rapports de ce dernier, M. Gassendi et M. Morin qui ne se voulaient déjà pas trop de bien, devinrent deux ennemis irréconciliables. Neuré fit bien plus à l'égard de la princesse, dont les affaires étaient en désordre, qui fut obligée de lui arracher quelque chose de sa pension; et il en fut pénétré si vivement, qu'il composa un fameux libelle contre M*** de L.... On en fit saisir fort secrètement les exemplaires; on dédommagea celui qui l'avait imprimé ou qui le vendait, et qui rendit jusqu'au manuscrit. Par ce moyen, l'auteur de la sanglante satire fut connu. On n'en parla point, et l'affaire fut étouffée. Mais sans remuer les cendres des morts, il est aisé de conjecturer qu'un moine qui renonce au cloître par libertinage, après trente années de religion, est un moine à craindre, et qu'il doit avoir toutes les qualités d'un apostat. Ce qu'il y a de plus étonnant, c'est que l'on n'a jamais su le nom, la naissance, ni le pays de Neuré, quoiqu'il ait dit qu'il était Normand ou Provençal; et je ne l'aurais jamais déterré si nous n'avions point étudié sous un même maître, et si nous n'étions point d'une même ville. » (*Chevræana*, t. II, pag. 290.)

Il publia, entre autres ouvrages oubliés aujourd'hui, une invective contre la procession du Saint-Sacrement, sous le titre de : *Querela ad Gassendum de parùm Christianis provincialium suorum ritibus, minimùmque severis eorum moribus*, etc., 1645, in-4° et in-12.

1. Officier français, né en 1582. Il refusa de rendre au comte de Grammont, pour *Monsieur*, la place de Blaye qu'il commandait, et reçut à cause de cela une pension de Richelieu. Il avait en effet épousé une sœur d'Har-

Ce dernier s'était fait une grande réputation de prudence et de sagacité par un écrit que, dans un âge avancé, et après qu'il eut quitté la profession des armes, il avait composé dans la retraite, pour former ses enfants à la vertu, et publié sous le titre de son *Testament*. Ses enfants étaient issus de son mariage avec la sœur d'Hardouin de Péréfixe, qui, après avoir été précepteur de Louis XIV, avait été promu à l'archevêché de Paris. Le même bon sens, la même connaissance du monde, acquise par une longue expérience, que Fortin avait montrée dans ce livre, il s'en servit à élever l'âme de ces jeunes princes et à les régler sur l'exemple des vertus de leur père. Tandis qu'il consacrait généreusement toutes ses pensées, tous ses soins à cette éducation, je le voyais familièrement, et je tâchais de m'amender dans la compagnie d'un aussi excellent modèle. Quand le temps qu'il devait à sa charge fut expiré, se rappelant avec quels éloges on avait reçu son premier écrit, il se promit bien d'en mériter de plus grands encore pour un ouvrage où il se proposait d'enseigner les éléments de la science politique, et comme il avait appris dans sa retraite à mieux connaître l'antiquité, que, à force de lire les bons livres, il en avait gardé la substance, il pensa que ce nouvel écrit serait un témoignage de l'accroissement de ses progrès dans la science. Il en fut tout autrement. Son esprit naturel, qu'il avait uniquement consulté quand il composa son premier ouvrage, l'abandonna dans le second, et il parut bien inférieur à soi-même dès qu'il se fut accommodé à l'esprit d'autrui.

Le nombre de mes savants amis augmenta considérable-

---

douin de Péréfixe, né en 1605, mort en 1670, le meilleur historien qu'ait eu jusqu'ici Henri IV, précepteur de Louis XIV en 1644, évêque de Rodez en 1648, confesseur du roi, et bientôt après membre de l'Académie française, en 1654, et enfin archevêque de Paris en 1662. On a de La Hoguette un ouvrage d'éducation ayant pour titre : *Testament ou conseil d'un père à ses enfants*, Paris, 1655, in-12.

ment cette même année. Outre ceux que je viens de nommer, je citerai Pierre Méridat, conseiller au grand conseil, qui, tantôt en m'écrivant, tantôt en m'envoyant des cadeaux, m'engagea galamment à lier connaissance avec lui. Quoiqu'il n'eût jamais rien publié, cependant, à cause de ses amitiés illustres parmi les doctes, et parce qu'il avait une belle et nombreuse bibliothèque dont il leur permettait d'user à leur gré, il avait mérité qu'on écrivit son nom dans les fastes de la littérature.

J'avais un extrême désir de revoir mon ami Mambrun, qui avait été, quelques années auparavant, appelé à la chaire de théologie au collége de la Flèche, et qui paraissait devoir prolonger encore son séjour dans cet établissement. Je pensai donc qu'il était de mon devoir, puisqu'il ne pouvait quitter son poste pour venir à moi, d'aller moi-même à lui. J'avais un autre motif plus grave de faire ce voyage. Depuis longtemps déjà, je n'avais pas exploré le fond de ma conscience ni ne l'avais mise en présence de Dieu; car il arrive communément que la poursuite des objets vulgaires détourne l'esprit de l'adoration de Dieu, de la contemplation de la vie céleste et même d'une réforme sévère de nos mœurs. Une retraite à la Flèche et les utiles conseils de Mambrun me permettraient de réaliser tout cela. J'allai donc tout joyeux trouver mon ami, et, après une conversation des plus agréables sur ce qui nous concernait l'un et l'autre, je résolus, selon les institutions de saint Ignace, de consacrer une semaine entière à méditer sur toutes les fautes de ma vie passée et à régler avec plus de soin ma conduite et le temps qui me restait à vivre sur les prescriptions de la loi divine. Et plût à Dieu que j'eusse persisté dans cette résolution! Mais, emporté par le feu de la jeunesse, les séductions du monde et les charmes de l'étude, je n'étais bientôt plus que l'esclave de toutes ces vanités; elles s'étaient rendues, en effet, tellement maîtresses de mon cœur, elles en fermaient si étroitement toutes les avenues, qu'elles n'y laissaient pénétrer aucune de ces pensées délicieuses au moyen desquelles on entre en communication intime avec Dieu. Cette mollesse, cette lâcheté de l'âme au regard des choses divines, j'y fus en proie toute ma vie, et maintenant encore ces égarements fréquents et presque continuels d'une âme détournée vers d'autres objets, paralysent mes élans vers Dieu et m'en font perdre tout le fruit. Lorsque, de temps en temps, Dieu daignait m'appeler à ces pieux exercices, je me retirais pour les remplir courageusement et me purifier des souillures du monde, soit au collège des jésuites de Caen, soit à l'abbaye des Ardennes, de l'ordre des Prémontrés, à un mille de Caen, soit à celle d'Aulnay, quand elle m'appartint. Hélas! j'ai souvent senti les courants contraires de cette brise de la grâce divine, comme si par là Dieu avait voulu punir ma passion immodérée des lettres et ma lâche tiédeur pour les choses du ciel. Mais quand je portais ma pensée de ce côté, afin de savoir quelles étaient les vues et la volonté de Dieu sur l'état de mes affaires et celui de ma vie, il m'arrivait presque la même chose que jadis au pieux Beauveau, marquis de Novian, de la très-noble famille des Beauveau de Lorraine. Pendant qu'il faisait, comme moi, des retraites chez les jésuites, les exemples de sainteté qu'il avait sous les yeux le frappaient tellement qu'il prenait en dégoût le monde et ses plaisirs. Un jour enfin, préférant aux avantages de la fortune la pauvreté, l'humilité du Christ, il abandonna sa femme, sa maison, une nombreuse famille, et se fit jésuite. Il semblait que des motifs graves me portassent moi-même à prendre ce même parti, et je ne doutais pas que Mambrun ne les approuvât. Mais il n'en fut pas ainsi. Mambrun, ayant considéré d'une part mon esprit et mes habitudes, de l'autre les règles et la discipline de son ordre, m'avoua franchement que mon dessein ne lui plaisait pas. Ce genre de vie dépendant de la volonté d'autrui ne convenait pas du tout, disait-il, à la libre allure de mon esprit. Je me soumis à la décision de ce sage et je revolai vers mon nid, à Caen, également sourd à la voix, aux prières, aux lettres réitérées de mes amis qui m'appelaient à Paris, aux efforts qu'ils faisaient pour m'inspirer du mépris pour ma petite ville et à leurs tentatives pour m'attirer dans le séjour de l'urbanité et des Muses. Ce n'était pas certes que ma volonté ne m'y poussât plus que leurs arguments; mais ma fortune y était un obstacle; elle m'interdisait les dépenses qu'une sorte de respect humain, d'ailleurs conforme à mon goût et à mon état, eût exigées de moi si j'avais vécu dans une grande capitale et dans le commerce des personnes opulentes et de qualité.

Pendant que j'étais au collége de la Flèche, le père Mambrun recevait souvent la visite de Louis Meyrat, de la même société, qui était alors très-vieux. Je jouissais avec un plaisir extrême de la conversation de ce bon vieillard qui avait un esprit fin et bien exercé par un long enseignement de la théologie; il le fit bien voir dans d'excellentes dissertations qu'il publia sur la Somme de saint Thomas d'Aquin.

Revenu à Caen, j'eus le bonheur de rencontrer Pierre Patrix[1], né dans cette ville, mais attaché depuis plusieurs années à la cour. Ses affaires particulières l'avaient amené à Caen. Il me fut très-agréable de connaître un homme remarquable par les charmes de son esprit, que notre ville regardait comme un de ses ornements, et très-aimé à la

---

1. Né en 1583, mort à Paris en 1671. Il est l'auteur des *Planètes des consonnes qui n'ont pas l'honneur d'entrer au nom de Neuf-Germain*, imprimé dans les œuvres de Voiture. Peu de temps avant sa mort, il écrivit cette pièce de vers bien connue qui commence ainsi :

> Je rêvais cette nuit que, de mal consumé,
> Côte à côte d'un pauvre on m'avait inhumé.

Scarron qui l'avait rencontré aux eaux de Bourbon, dit de lui :

> Patrix,
> Quoique Normand, homme de prix.

cour de Gaston, duc d'Orléans, frère du roi. Notre amitié dura jusqu'à sa mort, et il mourut fort âgé.

Dans le même temps, Marquard Gudius[1], célèbre littérateur d'Allemagne, vint à Caen et m'honora de sa visite.

La mairie de Caen était alors occupée par Jean Blois du Quesnay, moins recommandable par ces hautes fonctions et par sa fortune que par son amour pour les lettres. Notre liaison avait commencé par celle de nos familles, et je fus ravi de la continuer et de la cultiver avec soin. Nous étudiions beaucoup ensemble, y étant portés d'ailleurs par le voisinage, lequel, selon le poëte comique, est un acheminement vers l'amitié. Nous avions alors pour camarade Nicolas Monstier Le Motheux, doué d'une aptitude merveilleuse pour les choses d'érudition. Mais cette qualité ne produisit pas les beaux fruits qu'elle promettait à cause des soins qu'il dut apporter dans l'exercice de sa magistrature (il avait succédé à du Quesnay), et à cause de la nécessité d'augmenter sa fortune, afin de pourvoir à l'éducation de ses nombreux enfants. Il avait une si forte inclination pour moi, et il y demeura si ferme jusqu'à sa mort qu'il souhaita souvent de se démettre de sa charge, pour me consacrer le reste de sa vie et la passer avec les Muses et moi dans la retraite.

Dans ce temps-là, les lettres florissaient à Caen, et les exemples de tant d'auteurs qui en étaient la gloire et que j'avais sous les yeux m'excitaient à suivre leurs traces et me servaient d'aiguillon. La plus forte impulsion me fut donnée

---

1. Né à Reusbourg en 1635, mort en 1689. Il fut précepteur d'un jeune homme fort riche qui mourut avant lui, après l'avoir nommé son exécuteur testamentaire. Gudius abusa, dit-on, de cette qualité, pour s'approprier des legs faits à Gronovius et à Heinsius. Il avait beaucoup voyagé, parcouru avec son élève, la France, la Hollande, l'Angleterre, l'Italie, et recueilli de précieux documents sur l'histoire et les antiquités. On a de lui : *De Clinicis sive Grabatariis veteris Ecclesiæ*, Iena, 1657, in-4°; *Antiquæ inscriptiones tum græcæ, tum latinæ*, etc., Leuwarden, 1731, in-fol., etc.

par Étienne Lemoine[1], Étienne Morin[2] et Jean Ballachée, qui arrivaient de Hollande enrichis des dépouilles de l'Orient et chargés des trésors de l'Attique. Les excellentes qualités de Lemoine, mon ancienne amitié pour lui, cimentée par des services réciproques, et notre communauté d'études et de pays ne me permettent pas d'en parler brièvement. Il avait un grand fonds de littérature, non-seulement de celle qu'il n'est pas rare de posséder, mais de celle qu'on acquiert en étudiant Athènes, Rome et l'Orient. Il laissait à désirer, toutefois, plus de pureté, plus d'élégance dans son latin; mais l'incorrection et les entortillements de son style étaient compensés par l'abondance exquise des choses rares qu'il débitait. Quoiqu'il fût un zélé promoteur de mes études et qu'il ne manquât jamais une occasion de me faire honneur, cependant il n'hésita pas, dans une longue et savante dissertation, de combattre mon avis sur l'origine de ces signes dont on se sert aujourd'hui pour exprimer les nombres et qu'on appelle vulgairement *chiffres*. J'ai rapporté, sans m'appuyer sans doute sur aucune autorité, mais sur des arguments certains, l'origine de ces chiffres à des lettres grecques, dans ma *Démonstration évangélique* (prop. IV, chap. XIII). Si on compare, en effet, les lettres grecques avec les marques ordinaires des nombres, elles paraîtront entièrement semblables à eux, quoiqu'un

---

[1] **Ministre protestant, né à Caen, en 1624. Il étudia, à Sedan, la théologie sous Dumoulin, et les langues orientales à Leyde, où il professa ensuite la théologie et où il mourut, en 1689. Ses principales études ont eu pour but les antiquités ecclésiastiques, et il obtint une grande réputation pour l'ouvrage qui a pour titre: *Varia sacra, seu sylloge variorum opusculorum græcorum ad rem ecclesiasticam spectantium*, 3 vol. in-4°.

2. Orientaliste, né à Caen, en 1625, de parents protestants, mort en 1700. Il se retira en Hollande, à la révocation de l'Édit de Nantes, et fut nommé professeur de langues orientales à Amsterdam. On a de lui: *Dissertationes octo in quibus multa sacræ et profanæ antiquitatis monumenta explicantur*, Genève, 1683, in-8°; *Exercitationes de lingua primæva, etc.*, Utrecht, 1694, in-4°, etc.

long usage en ait altéré la forme. J'avais fortifié cette opinion par la description de la table de Pythagore, que Grævius avait tirée des anciens manuscrits des *Géométriques* de Boëthius, et qu'il m'avait envoyée, ainsi que des caractères de Sénèque et de Tiron, où l'on voit que l'antiquité des chiffres ordinaires remonte beaucoup plus haut qu'on ne le croit généralement. En effet, ils sont attribués aux Arabes, qui les ont reçus des Grecs, et les Grecs eux-mêmes, ne sachant pas leur véritable origine, dirent qu'ils les avaient reçus des Indes. Pour Lemoine, il ne pouvait souffrir qu'on enlevât l'honneur de cette invention aux Arabes, à l'égard desquels il se montrait très-partial; il me réfuta très-vivement, mais il respecta toujours les droits d'une ancienne amitié, qui demeura intacte jusqu'à sa mort.

L'ardeur d'Étienne Morin dans ces luttes savantes n'était pas moindre que la nôtre. Il semblait même prendre plus de peine à explorer les solitudes sauvages des Hébreux et les âpres sentiers des rabbins que les prairies découvertes et fleuries de la Grèce et de Rome. Nous ne nous accordions pas non plus l'un et l'autre sur l'origine de la langue hébraïque, laquelle, à l'exemple du plus grand nombre des savants, il croyait être la langue qu'Adam avait parlée. Je prétendais au contraire que ç'avait été le chananéen, parlé dans la terre de Chanaan et dans les pays voisins, avant qu'Abraham y émigrât. Nous escarmouchâmes sur ce terrain par quelques écrits, dans lesquels nous nous lançâmes l'un l'autre force arguments, mais avec amitié et modestie, et en laissant le procès à vider au lecteur.

Mais Jean Ballachée n'ayant parcouru l'Orient qu'à la course, prit ses aises dans les jardins de la Grèce. Il nous promettait un gros commentaire sur Denys le *Périégète*, dont il avait parlé souvent à Saumaise et qu'il voulait lui dédier. Mais je ne sais comment il se fit qu'il se condamna lui-même à la retraite dans une obscure et triste campagne où il cathéchisait les habitants, et qu'il y vieillit sans réaliser aucune des espérances qu'il avait fait naître.

Henri d'Orléans, duc de Longueville, était alors gouverneur de la province de Normandie. Comme il en visitait les principales villes, il vint à Caen, capitale de la basse Normandie. Toute la ville sortit au-devant de lui pour le saluer, et j'allai comme les autres lui offrir mes hommages. Il me reçut avec politesse d'abord, puis avec bonté, et à une seconde visite, avec plaisir. Je me souviens qu'un jour, dans la cour du château de Caen où il était entouré d'une noblesse nombreuse, il me prit par la main, me tira familièrement à l'écart et m'entretint assez longtemps, comme s'il eût voulu juger de mon esprit et s'assurer par ma conversation si j'étais digne de l'honneur qu'il daignait me faire. Un autre jour, étant allé le saluer à son lever, il se pencha vers mon oreille et me dit : « Que faites-vous cette après-midi ? — Je n'ai pas de projet, répondis-je; mais je suis à vos ordres. — Retournez chez vous, reprit-il, j'irai vous voir cette après-dînée, et nous causerons à notre aise dans votre cabinet jusqu'à la nuit. » Ce qui eut lieu en effet. Il m'invitait quelquefois à jouer aux échecs et nous y passions des journées entières. Comme il n'aimait pas à perdre, je dissimulais ma force, et le laissais gagner de temps en temps, de peur que mon adresse ne compromît ma faveur. Dès ce moment, il me patrona si chaudement que sa protection ne me manqua jamais dans les conjonctures difficiles. Je garde entière et je garderai telle, tant que je vivrai, la mémoire de ce bon et généreux patron.

Pendant ce temps-là, ma sœur Gillette, religieuse de la règle de Saint-Dominique, mourut à Pont-l'Évêque. Deux pieuses filles, mes tantes, de la famille Pillon Bertoville, qui avaient pris l'habit dans un couvent des dominicaines de Rouen, préférant un genre de vie plus austère et plus étroitement conforme à la règle de Saint-Dominique, avaient fondé à Pont-l'Évêque, une maison religieuse de cet ordre, qu'elles avaient dotée de riches revenus et appelée du nom vénérable de Croix-du-Christ. Cette maison servait de retraite à une multitude de saintes filles modèles de toutes les vertus. Gillette avait été élevée là depuis son enfance, avec mes autres sœurs, et dans de tels sentiments de piété qu'elle voulut adopter la même règle, et fut enfin admise à faire profession. Supérieure à toutes ses compagnes en esprit et en intelligence, elle l'était encore plus en courage, en énergie, dès qu'il s'agissait d'endurer les souffrances du corps. Elle y perdit ses forces d'abord, sa santé ensuite, et en mourut enfin comme une bienheureuse, ayant accompli à peine sa vingt-cinquième année. Je pourrais raconter bien des choses sur la sainteté de sa vie; mais elle a été louée par d'autres, comme aussi la piété de mes deux tantes, dans un livre qui a pour titre l'*Année dominicaine*. Et moi-même, je n'ai pas manqué de rendre à mon excellente sœur, l'hommage qui lui est dû, dans mon ouvrage sur les antiquités de Caen.

En ce même temps, mourut Jacques du Puy qui, avec son frère Pierre, mort quelques années auparavant, avait été garde de la Bibliothèque royale. J'avais été informé que les trésoriers du roi avaient mis un prix à cette charge, trop considérable, eu égard à ma fortune, mais léger, eu égard à mes désirs, tant j'espérais faire tourner au profit de mes connaissances littéraires l'administration de ce riche dépôt. Mes amis s'occupaient de cette affaire, et je croyais déjà qu'elle aboutirait à mon gré, lorsque Colbert intervint, et, par la faveur dont il jouissait près du roi, fit choisir pour cette fonction son propre frère qui fut depuis évêque d'Auxerre.

Cependant les lettres continuaient d'être le charme et l'honneur de mes loisirs, lorsque tout à coup ma vie fut profondément troublée par un événement inattendu. Les faux titres de noblesse étaient alors très-communs, et il n'était pas facile de les distinguer des vrais. Comme il était expédient de couper court à un mal qui faisait chaque jour des progrès, les fermiers des impôts obtinrent du trésor, pour une grosse somme, le maniement de cette affaire sous certaines conditions. La principale et la plus malfaisante de toutes était qu'ils auraient les amendes, lesquelles étaient considérables, et grossies arbitrairement par ces vampires. Afin d'en augmenter les profits, ils abusaient si insolemment des pouvoirs qu'on leur avait donnés, qu'ils firent descendre de leur rang et réduisirent à la roture quelques familles d'une noblesse avérée, parce qu'elles avaient refusé de payer pour la confirmation de leurs titres. Au contraire, ils élevaient à la noblesse quelques familles basses et obscures. Je ne fus pas exempt de ces vexations; car, comme depuis mon enfance, j'avais été sous la direction de tuteurs qui ne m'avaient encore ni rendu leurs comptes, ni restitué les papiers et les vieux parchemins nécessaires, soit à l'apurement de leur tutelle, soit à la justification des titres et de la généalogie de ma famille, je manquais des éléments nécessaires pour établir ma défense. De plus, je ne savais pas ce qu'ils me demanderaient, et, en admettant le contraire, il m'eût été difficile, en l'absence des détenteurs de ces titres, de repousser les mauvaises chicanes et de satisfaire aux exigences des officiers du fisc. La personne qui avait été mon premier tuteur habitait alors à deux journées de Caen, et ses fils qui, après sa mort, avaient hérité de sa maison, étaient absents pour leurs affaires. Vexé de tous ces contre-temps, pressé par les agents fiscaux, je fus contraint d'avoir recours, non sans qu'il m'en coûtât beaucoup de peine et d'argent, aux archives publiques, et d'aller plusieurs fois à Rouen où les affaires de cette nature étaient jugées en dernier ressort par la cour des aides. Les juges ayant examiné la mienne avec maturité, et lu avec attention les extraits des archives que j'avais produits, rendirent par un arrêt solennel et motivé l'honneur à ma famille et réprimèrent l'avidité et l'audace des fermiers du fisc.

Cependant, ceux-ci, quelques années après, voyant que le trésor gagnait énormément à cette inquisition eurent permission de revenir à la charge une seconde et une troisième fois, tant chez moi que chez d'autres particuliers. Mais les mêmes juges équitables, vaincus de nouveau par la force de la vérité, me délivrèrent à jamais de cette fâcheuse persécution.

Le couvent des religieuses de la Sainte-Trinité à Caen avait alors pour supérieure Marie-Éléonore de Rohan[1] qui joignait à l'éclat de la naissance un grand esprit naturel, et parlait et écrivait avec une rare facilité. J'allais de temps en temps lui rendre mes devoirs. Nos entretiens roulaient souvent sur des matières de piété et sur la beauté des livres saints. Elle disait qu'elle était particulièrement édifiée par les Psaumes de David et les Proverbes de Salomon, et elle témoignait le désir de les voir traduits, pour l'usage de ses jeunes religieuses les moins instruites, en langue vulgaire, avec clarté et une paraphrase du sens. « Que ne les traduisez-vous vous-même? lui dis-je : vous possédez parfaitement l'intelligence de cette matière que vous avez étudiée dès votre enfance; vous avez la facilité de l'expression, l'abondance du style. — Je sais et je sens, répondit-elle, que ma science est fort peu de chose; néanmoins, j'entreprendrai cette tâche, si vous voulez m'y aider de vos conseils et de votre critique. » Je le lui promis; elle se mit à l'œuvre, et le fruit de ses efforts fut ce livre aussi pieux qu'élégamment écrit qui contient les préceptes moraux de Salomon.

Dans ce même couvent était Jacqueline Boette de Blémur,

---

[1]. Fille d'Hercule de Rohan-Guéménée, duc de Montbazon, morte en 1681, dans sa cinquante-troisième année. Son livre a pour titre *Morale du sage*, in-12, et est une paraphrase des *Proverbes*, de l'*Ecclésiaste* et de la *Sagesse*.

ma parente, fille d'une insigne piété et d'une rare modestie. Quoiqu'elle eût beaucoup écrit sur la règle de sa maison et l'histoire de l'ordre de Saint-Benoît, elle n'en disait rien par pudeur, et comme si elle eût eu honte d'avoir témérairement entrepris une chose au-dessus de ses forces. Son secret me fut livré par ses compagnes, tant ce sexe est jaseur! Je voulus qu'elle me fît voir ce qu'il en était, non sans me plaindre beaucoup qu'elle eût caché à moi, son ami et son parent, une chose dont elle aurait dû m'informer de préférence à tout autre. Elle me répondit que le grave reproche dont elle était l'objet lui donnait l'espérance que je souffrirais sans peine qu'elle soumît à mon jugement tout ce qu'elle avait écrit et tout ce qu'elle écrirait dans la suite. L'ayant assurée que cette confiance de sa part me serait très-agréable, elle m'envoya un gros et excellent ouvrage où elle avait décrit les vies des saints de l'ordre de Saint-Benoît. Ce livre, publié depuis sous le titre d'*Années bénédictines*, fut reçu avec de grands applaudissements. J'avais, en le lisant, prévu ce résultat, et c'est pourquoi j'avais été fort d'avis qu'on le publiât immédiatement. Il le fut par le frère de l'auteur, Eustache Boette de Blémur, chanoine régulier du couvent de Saint-Victor, à Paris, qui avait des connaissances dans les lettres, était procurateur de cette célèbre maison et gardien de la bibliothèque qu'il n'enrichit pas médiocrement par ses soins et sa diligence.

Pendant ce temps-là, je faisais de fréquentes excursions à Rouen, ville où ressortissaient, comme capitale de la Normandie, presque toutes les affaires importantes de la province. J'y étais un jour pour certains procès fâcheux, quand la princesse Anne-Marie-Louise d'Orléans [1], fille de Gaston, oncle du roi, vint aux eaux de Forges qui sont à une journée de Rouen. C'est elle que mon ami Charles du Perrier [2],

---

1. C'est la fameuse Mlle de Montpensier.
2. Mort à Paris en 1692. Il faisait partie de la *Pléiade* avec Rapin, Com-

poëte d'un génie sublime, a louée dans les vers suivants :

> Hæc est illa atavis edita regibus,
> Formæ mille opibus dives et ingeni
> Necnon et patrios haud muliebriter
> Audax stringere acinaces.

Tous ces éloges sont vrais, mais principalement ceux qui s'adressent aux qualités de l'esprit. Du nombre de ses nobles serviteurs était Ségrais, dont j'ai déjà parlé, mon compatriote et, dans ce temps-là, mon ami intime. Comme il m'avait écrit plusieurs fois pour m'engager à venir près de sa maîtresse et de lui, j'allai un jour à Forges, où je ne manquai pas de rendre à Son Altesse Sérénissime les respects qui lui étaient dus. Elle aimait passionnément les histoires, et surtout les romans, comme on les appelle. Pendant que ses femmes la coiffaient, elle voulait que je lui fisse la lecture, et, quel qu'en fût le sujet, il provoquait de sa part mille questions. En quoi je reconnus bien la finesse de son esprit, et son érudition peu commune pour une personne de son sexe. Je le reconnus encore davantage à ses deux romans, qui sont finement pensés, habilement développés et pleins d'élégance et de grâce. L'un a pour titre : *Description de l'île invisible*; elle s'y moque spirituellement d'un certain chevalier honoraire du parlement de Dombes. L'autre est l'*Histoire de la reine des Paphlagoniens*, qui est une raillerie voilée, mais fine et continuelle d'une jeune fille noble et laide. La princesse avait ordonné qu'on les imprimât ; mais on en avait tiré très-peu d'exemplaires, qu'elle garda tous, ayant pris toutes ses précautions pour qu'il n'en filtrât rien dans le public. Cependant, elle eut la bonté de m'en donner un,

---

mire, Larue, Santeuil, Ménage et Petit. Il avait la manie d'arrêter les gens et de les forcer à entendre la lecture de ses vers. C'est sans doute à lui que Boileau fait allusion dans ces vers du IVᵉ livre de l'*Art poétique :*

Gardez-vous d'imiter ce lecteur furieux, etc.

en marge duquel elle avait fait écrire les vrais noms de ses personnages, qui étaient déguisés dans le texte. De l'or m'eût été moins précieux. Deux dames de qualité, que je connaissais depuis longtemps, me prièrent de leur confier ce livre pour quelques jours. Elles me promettaient de me le rendre, et je croyais pouvoir compter sur leur parole. Il n'en fut rien; elles se jouèrent de moi, et une fois en possession du livre, elles le gardèrent.

Peu d'années après, il fut d'usage à la cour et à la ville, chez les gens d'esprit des deux sexes, de faire la description de leurs figures, de leurs personnes, de leurs habitudes et de leurs goûts, comme on l'eût fait dans un tableau. On donnait à cela le nom de *portraits*. La princesse s'y était fort exercée; elle en choisit quelques-uns faits par elle et par d'autres, et m'ordonna de les faire imprimer en secret. Dans toutes ses compositions, ou sérieuses ou plaisantes, et même dévotes, elle montrait un vrai talent d'écrivain. Mais, par modestie, elle ne les communiquait qu'à fort peu de monde.

Je m'étais proposé, à partir des premières années de ma jeunesse, la recherche des hommes fameux par leur esprit ou par leur savoir, dont j'avais entendu parler. C'est ainsi qu'ayant mis toute mon industrie à entrer en relation avec Faucon de Charleval[1], je dus au hasard le bonheur d'y réussir. Il m'avait vu un jour dans un bal, où je faisais merveille; et, comme il avait entendu prononcer mon nom par quelqu'un de la compagnie, il demanda si j'étais le fils de

---

1. Né en Normandie en 1612, mort en 1693. Il était d'une constitution délicate et faible correspondant à son esprit, qui avait plus d'élégance et de recherche que d'élévation et de force. Scarron a dit de lui « que les Muses l'avaient nourri de blanc manger et de bouillon de poulet. » Ses poésies ont été imprimées en 1759, dans un recueil in-12, par les soins de de Lefèvre de Saint-Marc. Voltaire est le premier qui ait avancé, sans en donner aucune preuve authentique, que la *Conversation du maréchal d'Hoquincourt et du P. Canaye*, dans Saint-Évremond, est de Charleval.

ce Huet qu'il avait ouï vanter comme ayant quelque érudition. Dès qu'il sut que ce Huet était moi-même, il n'eut pas de cesse qu'il ne m'adressât la parole, et que, avec sa franchise ordinaire, il ne me demandât mon amitié. Pour moi, ravi que le hasard m'eût enfin offert ce que j'avais si passionnément désiré, je fis tout au monde pour m'attacher cet homme, bien vu et aimé de toute la cour à cause de son urbanité, de l'agrément de son esprit et de la douceur de ses mœurs.

Pareille aventure m'arriva environ le même temps. Un gentilhomme, déjà vieux et assez instruit, voyageait en basse Normandie. En passant à Caen, il vint chez moi dans l'intention de me faire une visite. Je le reçus avec toute la politesse possible, attendant ce qu'il voulait de moi. « Je viens voir votre père, me dit-il, et je vous serais obligé de me présenter à lui. — J'étais encore enfant, répondis-je, quand j'ai perdu mon père, et vous ne trouverez pas d'autre Huet ici que moi. — Je n'aurais jamais pensé, reprit-il, que tout ce que j'ai ouï dire de vous fût vrai d'un si jeune homme. » Le bonhomme s'était doublement trompé ; car j'étais beaucoup moins savant qu'il ne le pensait et plus âgé que je n'en avais l'air.

Ma bibliothèque reçut bientôt après un renfort considérable. Ce parent, qui avait été mon tuteur, le fils de Gilles Macé, de ce mathématicien distingué dont j'ai fait ci-devant l'éloge, me donna libéralement tous les livres de mathématiques qui avaient appartenu à son père, et qui n'étaient ni en petit nombre ni à dédaigner. En les parcourant, je sentis les feux mal éteints de mon ancienne ardeur pour ces nobles études se raviver et faire irruption ; je ne les refoulai point, mais je les entretins avec mesure, interrogeant de temps à autre et rapidement les trésors amassés dans ces excellents volumes.

Des Anglais et des Irlandais en assez grand nombre, chassés de leurs pays par la guerre civile, arrivaient souvent en

Normandie, et fixaient leur séjour à Caen. Dans le commencement de ma jeunesse, il y en avait un nommé Stanihurst[1], dialecticien subtil, qui professa à Caen, au milieu d'un grand concours d'auditeurs. Maintes fois, je disputai contre ses disciples, vivement et en appelant à mon aide toutes les ressources de ma logique. Cela lui plaisait beaucoup. Aussi, me poussait-il sans cesse à renouveler ces combats. Il était d'ailleurs bon chimiste ; mais il paya cher ses expériences, ayant eu la gorge brûlée par je ne sais quel mauvais breuvage qu'il avala. Un autre Stanihurst, son parent, pratiquait aussi avec succès la médecine dans la même université. Il vint à Caen longtemps après un de leurs compatriotes, François, évêque d'Arde, personnage de mœurs charmantes et d'une sainteté de vie digne de tous les respects. Il était pauvre et même dans l'indigence. Touché de son état, je conseillai à l'illustre abbesse, Marie de Rohan, celle que je louais tout à l'heure comme elle mérite d'être louée, de donner dans sa maison un asile au pieux évêque, et d'avoir la bonté de pourvoir à tout ce qui l'aiderait à supporter la vie. Elle goûta cet avis, et me pria d'inviter l'évêque en son nom. Mais lui, comme heureux de sa pauvreté dont le Christ lui avait donné le précepte et l'exemple, aima mieux vivre seul dans sa mauvaise auberge. Il alla bientôt après à Rennes rejoindre des compatriotes qui étaient arrivés en foule en Bretagne.

Au risque de paraître sottement crédule à quelques lecteurs, je rapporterai ici un fait que je tiens de personnes religieuses, discrètes et point superstitieuses, et qui est tout à fait semblable à celui que nous lisons dans les *Actes des apôtres*. Un enfant était tombé d'un toit, et s'était brisé les

---

[1]. Richard Stanihurst, né à Dublin, après avoir été pendant quelques années avocat en Irlande, quitta ce pays pour cause de religion et se retira dans les Pays-Bas ; où, étant devenu veuf, il entra dans les ordres. Il laissa un fils nommé William, né à Bruxelles, qui se fit jésuite, et occupa plusieurs postes dans la société. Il écrivit quelques ouvrages de morale et

membres. Le saint évêque le prit dans ses bras et le guérit par ses ferventes prières. Postérieurement était arrivé en Normandie Patrick, évêque d'Ardfert, de la famille noble irlandaise des Plunket. Nous l'avons vu depuis évêque de Séez avec une grande réputation de piété.

de théologie, et c'est peut-être de lui qu'il est ici question. Il mourut en 1663.

# LIVRE IV.

Les nouveaux amis que je me fis vers ce même temps sont assez nombreux. Je dus le premier au hasard! c'est Jean Desmarets de Saint-Sorlin[1], esprit élevé et merveilleusement organisé pour la poésie. Je me rappelle que le jour où je fus reçu membre de l'Académie française, quand j'eus prononcé le discours d'usage, d'autres membres lurent différentes pièces de leur composition. Desmarets lut à son tour un poëme dont les pensées étaient si sublimes et la versification si heureuse, qu'il excita un enthousiasme pro-

1. L'un des premiers membres de l'Académie française, né à Paris en 1595. Il fut contrôleur général de l'extraordinaire des guerres, et secrétaire général de la marine du Levant. Il se jeta dans la dévotion la plus outrée, après avoir mené une vie assez licencieuse. Il publia, à l'usage des femmes, parmi lesquelles il chercha d'abord des prosélytes, un *Office de la Vierge* et un *Recueil de prières*. Il adressa ensuite au roi lui-même un *Avis du Saint-Esprit*, où il lui faisait part d'un projet qu'il avait formé de lever une armée de cent quarante-quatre mille hommes pour écraser les impies et les athées. Il fut l'un des chefs de la guerre contre les anciens, et il déclare quelque part qu'il a *traité Homère et Virgile en vaincus*, et qu'il *les a humiliés et foulés aux pieds*. On a, de ce rêveur extravagant dont Boileau a fait bonne justice : *Théâtre de Desmarets*, Paris, 1641, in-fol. et in-4°; les *Morales d'Épictète, de Socrate, de Plutarque, de Sénèque*, au château de Richelieu, par Ét. Mignon, 1653, in-8° rares; *Clovis*, poëme héroïque en vingt-six chants, Leyde, Elzevir, 1657, in-12, etc., etc. Huet, comme on le voit ici, place son roman d'*Ariane* immédiatement après l'*Astrée*, et le cardinal de Richelieu, chez qui on peut dire qu'il eut un emploi d'esprit, faisait grand cas de son poëme de *Circine et Régule*. Cependant il s'éloigna dans ses romans de ces idées de vertus qu'on représentait alors dans ces sortes d'écrits, et c'est de quoi Guéret le raille agréablement dans le *Parnasse réformé*, p. 148, 149. Il mourut en 1676.

digieux. On remarqua cependant qu'il y rabaissait trop les poëtes anciens, et faisait entendre assez clairement qu'Homère et Virgile, Pindare et Horace devaient lui céder la palme de la poésie. Il essaya de soutenir cette opinion dans un autre écrit, comme le fit ensuite un de mes amis, Charles Perrault. Mais tous deux eussent sans doute pensé différemment, s'ils se fussent appliqués à acquérir une plus parfaite connaissance de l'antiquité et d'eux-mêmes. Desmarets avait aussi écrit une élégante histoire, du genre des romans, intitulée *Ariane*, et qui était estimée comme une des meilleures après l'*Astrée* de d'Urfé. L'agréable et ingénieux poëme du même auteur, dans lequel sont décrits les amours de Circine et de Régule, plut encore singulièrement et fut très-applaudi du cardinal de Richelieu.

Alors aussi je vis pour la première fois Paul Pélisson Fontanier, en qui la beauté de l'esprit, comme autrefois dans Politien, compensait la laideur du visage. Je fis en outre la connaissance de Valentin Conrart, ce rare et singulier exemple d'une réputation littéraire acquise sans la moindre teinture de l'antiquité. Mais il n'en était pas de même des modernes que Conrart connaissait parfaitement. Il était d'ailleurs si prompt à obliger, que personne ne l'était davantage. Je l'ai éprouvé plus d'une fois, et c'est du fond du cœur que j'en fais l'aveu.

Les deux Valois, Henri et Adrien, jetaient alors beaucoup d'éclat dans les lettres. Je les connus fort l'un et l'autre, surtout Henri.

Dans ce temps-là, j'eus le plaisir très-vif de recevoir le *Systema saturnicum* de Christian Huygens, que ce savant, bien que je ne le connusse pas encore comme il méritait de l'être, eut la bonté de m'envoyer. J'admirai dans cet ouvrage la pénétration singulière et l'art exquis de l'auteur, et je me sentis de nouveau entraîné violemment vers l'étude de l'astronomie. La liaison commencée à cette occasion entre lui et moi fut cultivée avec soin de part et d'autre les années suivantes, pendant qu'il était à Paris, où le roi l'avait fait venir[1].

Je ne dois pas omettre dans cette énumération de mes nouveaux amis, Henri Justel, fils de Christophe[2], moins lettré sans doute que patron des lettrés, et l'hôte des Muses elles-mêmes. Tous les jours sa maison était le rendez-vous des savants qui s'y entretenaient de matières d'érudition; et lorsque, sur un motif frivole, il eut abandonné ce genre de vie et les délices de Paris, pour se retirer à Londres, il se repentit trop tard de sa faute et regretta en vain son pays.

Si, comme on le rapporte, du temps où Ptolémée Philadelphe régnait en Égypte, et comme on le vit en France, il y a cent cinquante ans, on eût alors rassemblé une pléiade de poëtes, Pierre Petit[3] le médecin, Charles Duperrier[4] et J. B. Santeuil, de la congrégation de Saint-Victor, y eussent fort bien tenu leur place. Les deux derniers étaient poëtes dans l'âme, mais rien que poëtes, et absolument ignorants dans toutes les autres parties des belles-lettres. Santeuil était

1. Huyghens recevait même une pension de Louis XIV, qui le nomma de l'Académie des sciences.
2. Conseiller et secrétaire du roi. Son fils fut bibliothécaire du roi d'Angleterre, s'étant retiré dans ce pays quelque temps avant la révocation de l'édit de Nantes.
3. Né en 1617, mort en 1687. Il fut aussi précepteur des fils du président Lamoignon. Il occupa en effet, dans la *Pléiade* des poëtes latins modernes, la place que Huet voulait qu'il occupât, et où il a pour compagnons Charles Duperrier, Santeuil, etc. Outre des *Poésies latines*, Paris, 1683, in-8°, il a laissé des *Discours*, des ouvrages de physiologie et de médecine, dont un contre l'automatisme de Descartes (*De motu animarum spontaneo*), Paris, 1660, in-8°.
4. Né à Aix, en Provence, dans le xvii° siècle, mort à Paris en 1692. Il doit sa réputation à ses vers latins, bien qu'il se soit essayé avec quelque succès dans la poésie française. Il réussit surtout dans l'ode, et Ménage l'appelle le *Prince des poëtes lyriques de son temps*. Ses vers latins, épars dans divers recueils du temps, ne paraissent pas avoir jamais été réunis. Il faisait partie de la *Pléiade française* avec Rapin, Commire, La Rue, Santeuil, Ménage et Petit.

plus fier, Duperrier plus modeste, avec un certain air d'antiquité qui frappait encore plus vivement dans les poésies de Petit. Ce dernier avait en outre une profonde littérature, à laquelle il joignait de grandes connaissances en physique. La médecine surtout lui est redevable de l'éclat et de l'impulsion qu'elle a reçus depuis. Il a laissé de remarquables témoignages de son habileté, de son talent à ces différents titres, dans des écrits d'un style clair et élégant. Mais quand par hasard je venais à rencontrer Santeuil et Duperrier, et ce hasard se présentait souvent, tout, autour de moi, retentissait de poésie. Le premier dictait en une heure mille vers, *stans pede in uno*, et se précipitait comme un torrent chargé de limon. Il ressemblait alors à ce Camille Querno, les délices de Léon X, qui obtint de ce pape le titre et les insignes d'*archipoète*, et qui fut jugé digne d'être salué de cette élégante allocution :

> Salve brassicea virens corona
> Lauroque archipoeta, pampinoque
> Dignus principis auribus Leonis.

Longtemps après, Santeuil ayant su la catastrophe qui avait eu pour effet l'ensevelissement de ma bibliothèque sous les ruines de ma maison, jugea que cet événement valait la peine d'être chanté en vers. Pour Duperrier, son rival, jaloux comme lui du laurier d'Apollon, et, plus heureux que lui, s'élevant jusqu'à ressembler parfois aux anciens, s'il venait à se rappeler la noblesse de sa naissance, il s'estimait à cause de cela supérieur à tous les poëtes, comme, à cause de sa poésie, supérieur à tous les nobles. Il méprisait donc fort Santeuil. Il y a quelques vers de moi à lui et plusieurs de lui à moi.

Vers ce temps-là, Ménage me conduisit chez Marie-Magdelaine Lavergne La Fayette, dont il a chanté dans toutes ses poésies la beauté, les grâces, l'esprit et la délicatesse qu'elle déployait soit dans ses discours, soit dans ses écrits. Et il avait raison; car, quoi de plus poli, de plus correct, de plus charmant que ce que nous la voyions écrire, ou que nous l'entendions raconter? Et pourtant, elle se souciait si peu des justes éloges dont elle était l'objet, qu'elle voulut que son agréable roman de *Zaïde* parût sous le nom de Ségrais. Ce fait ayant été rapporté par moi dans mes *Origines de Caen*, on s'en plaignit comme d'une injure faite à la réputation de Ségrais. Les gens mal avisés, auteurs de ces plaintes, ignoraient parfaitement la vérité. On me l'avait confiée, et outre que j'en étais surabondamment instruit par le témoignage irrécusable de mes yeux, je puis en fournir une foule de preuves tirées des lettres de Mlle de Lavergne, laquelle m'envoyait au fur et à mesure qu'elle les avait écrites, les différentes parties de cet ouvrage, avec ordre de les réviser.

A la même époque, deux autres femmes avaient aussi une certaine célébrité littéraire; ce sont Anne de La Vigne et Marie Dupré[1]; mais ni l'une ni l'autre n'était à comparer à Mlle de Lavergne. Il y a une épigramme de moi à Marie Dupré dans laquelle j'invite à s'égayer cette sérieuse et austère jeune fille.

  Odimus horridulas adducta fronte puellas, etc.

Le sérieux n'était pas le défaut de Mlle de La Vigne. Avec des infirmités corporelles et des douleurs qui ne lui donnaient presque pas de relâche, elle était d'une intarissable gaieté. Aussi, tous ses écrits avaient un cachet d'agrément

---

1. La Vigne (Anne de), née à Paris en 1634, morte en 1684, a laissé des vers gracieux et faciles, mais qui manquent quelquefois d'harmonie et de coloris. On en trouve dans les *Vers choisis* du père Bouhours et dans le *Parnasse des Dames*, par Sauvigny. Quant à Marie Dupré, elle avait appris le latin, le grec, la rhétorique et la philosophie. Elle embrassa même avec tant de chaleur le système de Descartes, qu'on la surnomma *la Cartésienne*. On trouve des vers de sa composition dans le recueil cité du père Bouhours. Elle fut en commerce d'amitié et de littérature avec Mlles de Scudéry et de La Vigne.

particulier, et une grande élévation d'esprit était le caractère de sa poésie.

Cette année-là (1659), j'habitais, à Paris, la maison des oratoriens de Saint-Magloire. Un logement m'y avait été offert par Louis Thomassin[1], qui jeta un grand lustre sur la société, par la description qu'il fit, dans un excellent ouvrage, et d'après l'autorité des bons auteurs et les anciens monuments, des usages de la discipline ecclésiastique. Il eût montré beaucoup plus de souci de sa renommée, s'il se fût renfermé dans les limites de cette partie de la littérature où il tenait le sceptre, et s'il n'eût point aspiré à la gloire d'enseigner des choses dont il avait à peine effleuré les éléments. Son *Glossaire hébraïque universel*, ainsi qu'il l'a intitulé, qui fut publié après sa mort, et fit bruyamment son entrée dans le monde comme étant le plus riche répertoire de toute la littérature orientale, ne paraîtra, au premier coup d'œil qu'y jetteront les savants, que le produit venu avant terme d'un sol non labouré itérativement et à fond, mais effleuré, pour ainsi dire, par le soc. Vainement Thomassin se rabattit sur l'élégance de la forme pour faire passer le fond, il ne fit que revêtir d'un style emphathique et lourd un sujet incompatible avec toute sorte d'ornements et qui demandait à être traité sans art et avec la plus grande simplicité. Il y avait dans la même communauté deux autres érudits : Jérôme Vignier[2]

---

[1]. Oratorien, né à Aix en 1619, mort en 1695. Il faillit exciter un violent orage contre son ordre, pour avoir essayé de concilier le molinisme et le jansénisme. Obligé à cette occasion de cesser toute polémique, il écrivit dans la retraite qu'on lui avait imposée divers ouvrages théologiques et dogmatiques qui lui ont fait une grande réputation : entre autres : *XXVII Dissertations sur les conciles*, et des *Mémoires sur la grâce*, qui soulevèrent une partie du clergé contre lui. Son *Glossarium universale hebraicum* est de 1697, Paris, in-fol.

[2]. Né en 1606 à Blois, d'un père protestant qu'il convertit à la religion catholique, après l'avoir embrassée lui-même. Il entra à l'Oratoire dont il gouverna plusieurs établissements, et mourut en 1661. L'ouvrage sur saint Augustin, dont parle Huet, et que Vignier publia en 1654, 2 vol. in-fol., a pour titre : *Supplementum sancti Augustini operum*. Il a laissé d'autres ouvrages.

et Charles Lecointe[1]; le premier donna au public les fragments d'Augustin recueillis dans des manuscrits anciens ; le second, les *Annales ecclésiastiques de France*.

Pendant que j'étais à Saint-Magloire, il m'arriva une plaisante aventure. Elle peut être agréable à entendre; elle l'est certainement à raconter. Un jeune Hollandais, qui depuis se fit un certain nom dans les lettres, vint chez moi, et m'apporta une lettre indiquant, suivant l'usage, après mon nom, mon adresse, *chez les pères de l'Oratoire*. Ce garçon ne sachant pas bien le français, avait mal compris le sens de cette adresse et m'avait abordé en ces termes : « Je vous salue, *père des orateurs*. » Comme je témoignais mon étonnement de la qualité qu'il me faisait l'honneur de m'attribuer : « Je reconnais là, me dit-il, cette modestie qui vous fait repousser les hommages qui vous sont dus et que le monde vous rend. » En même temps il me montra la suscription de la lettre.

Sur ces entrefaites, George-Regnauld de Madelaine, frère de Jean-Regnauld Ségrais, revint à Paris de Rome, où il avait été délégué par les religieuses carmélites, pour traiter d'affaires importantes. Il vint aussitôt chez moi, et m'apprit qu'il était chargé par la reine Christine de m'inviter à venir à Rome, auprès d'‥, m'offrant des montagnes d'or, un appartement commode dans son palais, tous les moyens enfin de reprendre avec elle plus agréablement et plus tranquillement les études que nous avions commencées tous deux à Stockholm quelques années auparavant; elle y ajoutait l'offre de ses bons offices et de son crédit auprès de la cour de Rome. Au premier abord, ces propositions me tentèrent singulièrement. J'avais un si grand désir de voir

---

[1]. Oratorien, né à Troyes en 1611. Il accompagna Servin en Allemagne, et l'aida, dit-on, efficacement dans les négociations du traité de Munster. Il revint ensuite à Paris où il mourut. Le plus important de ses ouvrages a pour titre : *Annales ecclesiastici Francorum*, Paris, 1665-79, 8 vol. in-fol., depuis l'an 417 jusqu'à 845.

Rome et toute l'Italie, que j'inclinai fortement à accepter. Mais le soin de mon *Origène*, impatient de sortir de dessous la presse, me tenait pour ainsi dire à la chaîne. Je me sentais aussi extrêmement découragé par le souvenir des promesses de Stockholm, et je connaissais de longue main les caprices de la reine. Je lui écrivis donc, et lui alléguai différents prétextes qui me mettaient hors d'état de profiter des intentions généreuses de Sa Majesté.

Cette même année, je revins à Caen, après une longue absence. J'y vis mourir Graindorge, et le spectacle de cette mort m'accabla de douleur. Il était mon ami depuis mon bas âge, le plus intime, et à qui j'étais le plus obligé. Je ne pouvais rencontrer en nul autre après lui les conseils ni la sagesse nécessaires pour me guider dans mes affaires domestiques et dans mes études, ni cette antique urbanité, ni cet enjouement qui est un produit du climat de la Normandie, et en particulier de Caen. Je le voyais très-souvent, je l'écoutais avec la plus grande attention; en un mot, je dépendais de lui tout à fait. A peine arrivé, j'avais reçu la triste nouvelle de sa maladie qui était grave, et j'étais accouru aussitôt près de lui, moi-même à demi mort de crainte. Et ce n'était pas sans fondement; je le trouvai à l'extrémité, des suites d'une hydropisie du cœur. Je me rappelai alors que, durant toute sa vie, il avait eu une sorte d'horreur instinctive de l'eau, tellement que, lorsqu'il se promenait, il évitait la rencontre des ruisseaux et osait à peine rester sur un pont, comme s'il eût prévu que la mort lui viendrait de cet élément. Mais il n'est pas à propos de renouveler la douleur que sa perte m'a causée. J'ai fait, dans un autre ouvrage, un grand éloge de ses vertus et déploré sa fin.

Vers ce même temps, Jean Bernier[1] clôt par une mort subite une vie dont il avait fait, dès son enfance, un pieux et

---

[1]. Il ne faut pas le confondre avec Bernier le voyageur, dont il a été parlé dans le livre précédent.

saint usage. Ayant résigné sa charge de trésorier de France, il s'était accommodé dans le centre de la ville une retraite solitaire, où il n'avait admis que peu de personnes disposées à suivre son plan de vie. Là, il ne s'occupait que de Dieu, du soulagement des pauvres et de tous les moyens de pourvoir au salut des hommes. On ne finissait pas de raconter combien il agrandit les limites du royaume des cieux, par l'exemple des bonnes œuvres et par la sainteté imperturbable de sa vie. Quand j'en étais le témoin (car j'habitais dans son voisinage), je me sentais enflammé du désir de l'imiter, et j'aurais sans doute alors obéi à la voix de Dieu, si la chaleur de la jeunesse et les séductions du monde ne m'en eussent encore détourné. Le chatouillement de la vaine gloire me troublait toujours l'esprit.

Bernier avait une sœur, Jordane Bernier, fille d'un grand cœur et d'un esprit excellent. Avec peu de moyens, mais beaucoup d'industrie, elle fonda un magnifique couvent d'ursulines, dans lequel elle entra. Cette maison fut à la fois un ornement et un bienfait pour la ville de Caen. Elle recevait un nombre considérable de jeunes filles qu'on y instruisait dans la religion, auxquelles on apprenait des travaux de femmes, conformément aux statuts de la communauté, et qui avaient chacune d'elles une maîtresse ou préceptrice particulière.

Plusieurs années auparavant (je touchais presque encore à l'enfance), Hyacinthe de Chalvet, de Toulouse, frère prêcheur de l'ordre de Saint-Dominique, et descendant de ce Matthieu de Chalvet[1], duquel Sainte-Marthe a donné un am-

1. Chalvet (Matthieu de), conseiller au parlement de Toulouse, né en 1528, en Auvergne, fut aussi conseiller d'État de Henri IV, et mourut à Toulouse en 1607. Il est l'auteur d'une traduction des OEuvres de Sénèque, Paris, 1604, in-fol. Voy. les Éloges de Sainte-Marthe. — Chalvet (Hyacinthe de), son petit-fils, religieux dominicain, professeur de théologie à l'université de Caen, né en 1605 à Toulouse, où il mourut en 1683, a laissé quelques ouvrages, dont le plus important est : Theologus ecclesiastes, 1659, 6 vol. in-fol.

ple éloge, vint à Caen. Comme ses prédications étaient très courues, alléché par les applaudissements dont il était l'objet, il se fixa à Caen, brigua les titres de docteur et de professeur royal dans la faculté de théologie de l'université, et l'obtint à la suite d'un concours. Depuis longtemps il recherchait mon amitié, et comme, en vrai prédicateur qu'il était, il avait formé le plan de réduire toute la théologie en sermons, et de la mettre ainsi à la portée du vulgaire, il obtint par mes soins que les libraires de Caen se chargeassent de publier une partie de ce vaste ouvrage, quelques autres parties ayant été déjà publiées en d'autres lieux.

L'hôtel Rambouillet était alors dans tout son éclat. Catherine de Vivonne, veuve du marquis de Rambouillet, en faisait le principal ornement. C'était une personne de la plus haute qualité, soit qu'on regarde la naissance, soit qu'on regarde l'esprit et les mœurs qui, chez elle, étaient romains. Malherbe, mon compatriote, l'a célébrée sous le nom d'Artenice. Elle avait avec elle ses deux filles, Julie et Angélique d'Angennes, mariées, l'une au duc de Montausier, l'autre au comte de Grignan. La distinction exquise de leurs manières, jointe aux dons de l'esprit les plus heureux, faisait que quiconque cherchait à se recommander par les mêmes qualités, souhaitait d'être admis dans ce séjour, comme dans le sanctuaire de la politesse. Tout ce qu'il y avait de plus raffiné à la cour et à la ville y affluait. Quoique je pensasse qu'il était bien hardi de ma part, provincial comme je l'étais, et n'exhalant que des manières provinciales, de me montrer sur un pareil théâtre, je souffris cependant, un jour que j'étais à Paris, que mes amis m'y lançassent. Je n'eus pas lieu de me repentir de ma témérité. Je fus reçu avec une extrême bienveillance, principalement par la divinité du lieu, Mme de Vivonne, qui eut la courtoisie de m'inviter à venir souvent causer avec elle, tant que je resterais à Paris, et à échanger des lettres quand j'en serais absent. Elle m'écrivit en effet plusieurs fois les lettres les plus gracieuses, comme pour me provoquer à la réplique. Ce ne fut point par elle que j'obtins l'amitié de son gendre, Charles de Sainte-Maure, duc de Montausier; ce fut à l'occasion de mon livre *de Interpretatione* que je venais de publier. Ayant ouï souvent dire à mes amis, principalement à Ménage et à Chapelain, que M. de Montausier n'était pas moins éminent dans la littérature qu'à la guerre, je lui envoyai ce livre comme une marque de mon respect. Il le reçut avec une faveur singulière, et témoigna constamment qu'il en faisait cas. Depuis, il m'honora de son patronage. J'ai de lui de longues lettres, où il proteste de sa bienveillance pour moi.

Au premier rang pour les grâces, la bonne plaisanterie, l'élégance, et même le savoir plus relevé, brillait Guillaume Bautru[1], dont l'agréable caractère charmait la cour et tous les beaux esprits de la ville. Jaloux de le goûter moi-même, je me fis mener chez lui par des amis à moi, qui étaient aussi les siens depuis fort longtemps. Il me parut très-supérieur encore à sa réputation, car tel était l'éclat qui s'échappait de cette âme de feu, qu'on en était ébloui.

Je reçus dans ce temps-là des témoignages non équivoques du goût particulier qu'avait pour moi Jean-Baptiste Duhamel[2]. Je ne vis jamais de plus excellent homme, d'âme plus candide, ni, après qu'il voulut bien être de mes amis, d'ami plus fidèle. Ce qu'il pensait de moi, il l'a bien fait voir dans ses écrits, qui sont nombreux et ont été fort utiles aux lettres.

---

1. Bautru (Guillaume), né à Angers en 1588, mort en 1665, se fit en effet une grande réputation par son esprit, et l'on voit, d'après Huet, qu'elle n'était pas usurpée. Il fut en faveur près de Richelieu et de Mazarin, nommé comte de Saint-Séran et ambassadeur en Flandre, en Espagne et en Angleterre. Il fut un des premiers membres de l'Académie française, quoiqu'il n'eût rien écrit.

2. Oratorien, né à Vire en 1624, mort à Paris en 1706, membre de l'Académie des sciences, aumônier honoraire du roi, etc. Il a publié de 1660 à 1701, plusieurs ouvrages de philosophie, de mathématiques et de phy-

Jean-Regnaul Ségrais m'apporta, environ ce même temps, une lettre de Pierre de Fermat[1], conseiller au parlement de Toulouse. En passant à Toulouse, Ségrais avait fait une visite à ce personnage, l'honneur des lettres. Fermat, apprenant qu'il était sur le point de retourner à Caen, et qu'il était mon ami de vieille date, l'avait prié de vouloir bien être le négociateur d'un traité entre nous deux, et l'avait chargé d'une lettre où il me suppliait, dans les termes les plus aimables, de me prêter à cette négociation. Il l'avait chargé, en outre, de me remettre quelques-uns de ses opuscules, monuments incontestables de son rare génie. Ils se composaient, non-seulement de poésies latines et françaises pleines de vivacité et de couleur, mais de commentaires sur les théorèmes les plus profonds de la géométrie; en quoi il fit bien voir ce dont il était capable dans ses controverses avec Descartes et Roberval. Son illustre fils, aussi un des ornements du parlement de Toulouse, hérita des vertus de son père et de la bienveillance que celui-ci avait pour moi.

Parmi les membres de l'Académie française était alors François Tallemant[2], qui employait beaucoup de temps

---

sique. Les plus importants sont : *Astronomica physica*, Paris, 1660, in-4°; *Theologia speculatrix et practica*, ibid., 1691, 7 vol. in-8°.

1. Né en 1601, mort en 1665, conseiller au parlement de Toulouse. Il cultiva les sciences par délassement. Il fut en correspondance avec Descartes, Pascal, Roberval, Toricelli, etc., et fit un grand nombre de découvertes dans les parties les plus élevées des mathématiques. Il partage avec Descartes la gloire d'avoir appliqué l'algèbre à la géométrie, et il imagina, pour la solution des problèmes, une méthode dite *de maximis et minimis*, qui doit le faire regarder comme le premier inventeur du calcul différentiel. Il était en même temps habile helléniste et profond jurisconsulte. On reproche à ce savant d'avoir caché ses méthodes, dont quelques-unes ont été perdues avec lui. Ses *OEuvres* ont été publiées à Paris, aux frais de l'État, en 1843.

2. Tallemant des Réaux (François), né à la Rochelle, vers 1620, mort en 1693, fut vingt-quatre ans aumônier de Louis XIV, entra à l'Académie française en 1651, donna cette traduction de *Plutarque* (8 vol., 1663-65) dont parle Huet, que Boileau accuse de sécheresse, et qu'à la cour, on

et se donnait beaucoup de peine à traduire en français les *Vies* de Plutarque. Ayant appris que j'avais quelques connaissances en grec, il voulut que je corrigeasse son ouvrage. Il vint donc à moi sans façon et sans intermédiaire m'apporter l'ouvrage, et dit qu'il le soumettait à mon jugement. J'acceptai cette besogne, et, dès ce jour et souvent encore dans la suite, nous passâmes les nuits à lire sa traduction, en la comparant et en la contrôlant avec le texte grec. Néanmoins, cette version languissante et diffuse fut médiocrement louée à la cour. En effet, dans les compositions historiques de ce genre, on tient peu de compte de la fidélité de l'interprétation, si le style ne satisfait point l'oreille. Paul Tallemant, parent du traducteur de Plutarque, traduisit une de mes poésies latines en vers français avec tant de grâce, que, lorsque je lisais ses vers, les miens me semblaient fades, et que je finis par les mépriser, ne trouvant désormais de plaisir qu'à la lecture de mon interprète.

Un nouveau genre d'écrire, très-plaisant, très-agréable, avait été introduit récemment par Paul Scarron. Tout le monde en raffolait, et il n'était bruit que de l'inventeur dans les cercles les plus distingués de l'un et de l'autre sexe. Mais, ce qui paraîtra singulier, c'est que ce charme extraordinaire et ces saillies d'un esprit plein d'enjouement partaient d'un homme en proie aux plus cruelles maladies, tout mal bâti, et hors d'état de se remuer à cause d'une paralysie des membres presque générale. Comme je m'étais toujours attaché à faire la connaissance des personnes qui avaient

---

trouvait languissante et diffuse, malgré que Huet y eût mis la main, et traduisit l'*Histoire de la république de Venise*, par Nani, 1679. — Tallemant (l'abbé Paul), son cousin, né en 1647, mort en 1712, membre aussi de l'Académie française et de celle des inscriptions, fut longtemps l'orateur de la première de ces compagnies, et le secrétaire de la dernière. Il a publié en 1698 les *Remarques et décisions de l'Académie*, et en 1702, l'*Histoire de Louis XIV par les médailles*.

une réputation d'esprit ou de savoir, je ne pus souffrir qu'un homme d'une notoriété si particulière me restât plus longtemps étranger. Je lui fus donc présenté par des amis, et fus ravi du sel et de la gaieté de ses conversations.

On me ménagea, dans le même temps, un accès auprès de Madeleine de Scudéry[1]. J'ai parlé dans mon livre de l'origine des romans, de cette dame qui joignait à des vertus admirables, à l'esprit le plus heureux une modestie singulière. Qu'il me suffise d'ajouter que je connus dans ce siècle les trois femmes les plus doctes et les plus célèbres sous ce rapport, Christine de Suède, Marie Schurmann d'Utrecht, dont j'ai déjà parlé, et enfin Madeleine de Scudéry. Que s'il fallait louer chacune d'elles par ses qualités propres, je dirais que Christine l'emporta par la vivacité, le mordant et le feu de l'esprit; Marie Schurmann par la variété, la solidité de l'érudition; Madeleine de Scudéry par l'étendue et la vigueur inépuisable de l'imagination. L'honneur de ces éloges, cette fille, la plus modeste des filles, souffrait volontiers qu'on le reportât sur Georges de Scudéry, son frère, bien que ce dernier qui n'était ni un sot, ni un paresseux, eût déjà donné par des écrits soit en vers, soit en prose, la mesure de sa capacité.

Je faisais alors de fréquents voyages de Caen à Paris, et de Paris à Caen où j'étais domicilié et qui était le centre paisible de mes études. C'est là qu'on m'envoyait en diligence tout ce qui se publiait de nouveau, en France, en Angleterre et en Hollande, principalement ce qui avait rapport aux sciences physiques et mathématiques. Ces sciences étaient alors fort en vogue à Paris et à Londres, où on en avait formé depuis peu des académies. J'étais exactement informé des travaux de la Société royale de Londres par

1. Voir la lettre de Huet à cette demoiselle, dans le t. II, p. 68, du *Recueil de dissertations* de l'abbé Tilladet.

Henri Oldenbourg qui en était le secrétaire[1]. Quant à l'Académie de Caen, fondée par Brieux, elle se renfermait dans les matières purement littéraires, et s'il arrivait que je communiquasse quelque écrit d'un autre genre, dont l'envoi m'avait été fait, elle en écoutait la lecture en bâillant, et le recevait d'assez mauvaise grâce. Pour moi, je voyais avec peine, avec humeur ces nobles sciences traitées si mal par des hommes d'ailleurs pleins de sens, et mes sentiments étaient partagés par André Graindorge qui cultivait depuis longtemps les sciences physiques. Lui et moi, cependant, nous ne crûmes pas devoir nous relâcher en rien de nos études philosophiques. « Eh bien ! me dit-il, si vous m'en croyez, nous choisirons un jour par semaine, où nous parlerons chez vous de physique. — Très volontiers, lui répondis-je, à condition que vous n'y appellerez que ceux dont vous connaîtrez l'aptitude à tout ce qui regarde la philosophie. » Il y consentit et sans désemparer, passa du projet à l'exécution. C'est ainsi que fut créée dans ma maison (1662) une nouvelle Académie, qui, très-peu nombreuse d'abord, s'accrut bientôt de jour en jour et marcha de pair avec les plus fameuses. Comme on venait de m'envoyer de Londres quelques observations très-précieuses des membres de la Société royale, dans lesquelles on expliquait la structure du corps humain au moyen de la dissection, nous résolûmes de faire entrer cette partie de la physique dans le plan de nos travaux ; et, comme il y avait un hôpital dans le voisinage du lieu de nos séances, et que les malades y étaient visités par le même chirurgien dont nous nous

---

[1]. Physicien, né dans le XVIIe siècle à Bremen. Il suivit à Oxford un jeune seigneur anglais, son élève, et concourut avec plusieurs savants anglais à la formation de la Société royale de Londres, dont il devint secrétaire. Il mourut en 1678. C'est lui qui a publié les *Transactions philosophiques* de 1665 à 1677, et a fourni à ce recueil plusieurs dissertations remarquables. On a aussi de lui l'*Explication de l'Apocalypse*, et une *Vie de la duchesse de Mazarin*, ces deux écrits en anglais.

servions pour les besoins de l'Académie, je le chargeai, s'il lui mourait quelque malade d'une maladie inconnue, de m'appeler avant l'inhumation, afin qu'en ouvrant le corps, nous explorassions la nature de cette maladie et la cause de la mort. Notre zèle à cet égard ne se bornait pas à l'homme seul, il s'étendait aussi aux animaux, quadrupèdes, oiseaux, serpents, poissons et insectes tant morts que vivants. Il est incroyable combien de choses nouvelles, singulières et bien dignes d'être connues, nous observâmes dans ces recherches. J'en prenais note avec soin. Quoique nous ne manquassions pas d'artistes habiles pour nous aider dans nos opérations, nous ne laissions pas quelquefois de mettre nous-mêmes la main à l'œuvre, quand la chose nous semblait requérir une expérience plus approfondie. Pour moi, bien qu'ayant de mauvais yeux et que je fusse, dès ma naissance, du nombre de ceux qu'Aristote appelle myopes, j'essayais de me servir du scalpel. Ma curiosité se porta principalement sur l'organe de la vue. Je voulus l'interroger de mes propres yeux et j'affirme hautement qu'à cet effet, j'ai disséqué de mes mains plus de trois cents yeux de toute espèce d'animaux. Et, pour mieux comprendre la cause de la finesse de la vue, je comparai les yeux des animaux qui passent pour l'avoir la plus perçante, comme les éperviers, avec ceux des animaux qui l'ont faible, dit-on, et émoussée, comme les hiboux. Mettant à nu toutes les parties des yeux de chacun, j'en comparais avec soin les humeurs, les tuniques et les nerfs, et quand j'avais trouvé des différences, soit dans la limpidité ou l'obscurité des humeurs, soit dans la ténuité ou l'épaisseur des tuniques, soit dans la plénitude ou la petitesse des nerfs, je jugeais que la vue devait être ou fine ou obtuse.

Là ne se bornaient pas les travaux de la nouvelle Académie; ils embrassaient aussi l'astronomie. J'avais fait venir chez moi, avec la bibliothèque de Gilles Macé, des instruments fabriqués par lui-même sur le modèle de ceux de

Tycho, et dont il s'était servi pour observer la comète en 1618. C'est ce qu'il dit dans le savant ouvrage où il a donné toute l'histoire de ce météore. Je me servis de ces mêmes instruments pour observer moi-même la comète de 1664[1].

Nous ne négligeâmes pas non plus cette partie de la physique qu'on appelle vulgairement chimie et que je désigne habituellement sous le nom d'abrégé de la nature; car les effets merveilleux que la nature opère sur toute l'étendue du globe, la chimie les reproduit dans un petit espace, sous les yeux du spectateur. C'est après avoir médité souvent sur cet art et l'avoir souvent pratiqué, que j'ai fait mon poëme *sur le sel*, offert au duc de Montausier, le 1er janvier 1670. Deux membres de notre compagnie l'étudiaient aussi avec persévérance; un surtout, le médecin Hauton. Il avait de la candeur, de l'esprit, de la sagacité, mais un tel enthousiasme pour son art qu'il lui attribuait toute espèce de puissance, comme de transmuer les métaux et de produire des médicaments qui, outre qu'ils guérissaient toutes les maladies, prolongeaient la vie humaine jusqu'à cinq cents ans. Comme il vit que je ne croyais pas un mot de toutes ces folies, principalement de cette faculté de faire de l'or, dont je l'entendais se vanter du matin au soir : « Lorsque vous irez à Rouen, me dit-il, je désire que vous alliez voir Porée, le premier médecin de la ville, et que vous le priiez de ma part de vous raconter ce qu'il lui arriva un jour dans sa jeunesse, à Pontaudemer, avec un prêtre inconnu. » Quelques jours après, j'allai à Rouen où je vis Porée. Lui ayant fait la question telle que Hauton me l'avait dictée, il me répondit : « Étant venu à Pont-Audemer, à l'âge de vingt-cinq ans environ, pour affaires personnelles, je fus appelé vers un malade déjà près de sa fin. Il y avait dans la chambre, avec toute la famille, un homme en costume ecclésias-

---

1. Voy. la lettre de Huet à Chapelain dans le t. II, p. 156, du recueil de Tilladet.

tique, mal soigné, mal peigné, comme eût dû l'être un voyageur, et que, à la grossièreté, au désordre de ses vêtements, on eût pris pour un mendiant. Comme il passait à Pont-Audemer, il avait guéri, de je ne sais quelle grave maladie, un pauvre diable qu'il avait rencontré par hasard, et le bruit de cette cure s'étant répandu dans la ville, on l'avait fait venir chez le malade dont j'ai parlé. Lorsque je l'eus entendu discourir sur la nature du mal et la méthode de traitement, je m'aperçus qu'il y avait eu cet homme quelque chose de plus que les apparences ne promettaient, d'autant qu'au moyen d'un remède simple mais efficace, il rappela, à la vie et à une santé parfaite, le malade à demi mort et abandonné des médecins. Comme il vit que j'en témoignais de l'étonnement et même de l'admiration. « Venez dans mon auberge, me dit-il, et je vous ferai voir quelque chose qui vous étonnera bien davantage. — J'irai certes, » répondis-je ; et je n'y manquai pas au jour dit. Dès qu'il m'aperçut : « Faites apporter un pot de terre, me dit-il ; jetez-y un peu de plomb et approchez-le du feu, le tout de votre propre main, pour éviter le soupçon de fraude qui pourrait naître de l'emploi d'une main étrangère. » En même temps il tire d'un coffret une feuille de parchemin, remplie d'une sorte de poussière rouge ; il y plonge la tête d'une épingle humectée de salive et il secoue la poussière qui s'y était attachée, sur le plomb liquéfié. Soudain le métal se soulève avec une sorte de pétillement, entre en ébullition et lance une flamme violette qui retombe peu à peu et s'évanouit. Mon homme déclare que l'opération est terminée ; alors il m'ordonne de verser le métal dans un vase de fer préparé à cet effet et qu'il portait toujours dans son bagage. O prodige! de mes yeux, que j'en crois à peine, je vois avec stupeur un lingot d'or ! Pour lui, souriant doucement, il détache du lingot un fragment et me l'offre pour garder, dit-il, un souvenir perpétuel de cette métamorphose. Je l'acceptai volontiers, et le portai à un orfèvre à qui je commandai d'en faire une bague que j'ai portée jusqu'à ce jour. » En disant ces mots, Porée tira la bague de son doigt et me la fit voir ; j'y remarquai, gravés sur la surface intérieure, des caractères qui voulaient dire que cet or était de l'or philosophique. Mais je reviens à Hauton.

Il n'était pas seulement souffleur, il prenait aussi toutes les peines du monde pour adoucir l'eau de la mer, en la dégageant plusieurs fois de suite, au moyen de l'évaporation, du sel dont elle est saturée, jusqu'à ce qu'elle devînt salutaire et potable. En même temps, d'autres membres traitaient d'autres parties de la physique, desquelles il n'était pas une seule qui ne fût l'objet des études et des expériences de chacun de nous. Ainsi, Jean Gosselin Villon essayait de débarrasser de la vase et des rochers qui l'obstruaient le lit de la rivière d'Orne qui passe à Caen, et de la rendre navigable. Le même projetait aussi de faire arriver la mer dans la vallée de Colleville, et de creuser un port artificiel sur les côtes du canal de la Manche. Nicolas Cromar de Lasson travaillait à un miroir en cuivre d'un poids plus considérable et d'un plus grand diamètre qu'aucun autre dont on eût entendu parler. Il tâchait en même temps de donner une courbe hyperbolique aux verres de lunettes, suivant la méthode prescrite par Descartes dans sa *Dioptrique* : ce que personne jusqu'ici n'a encore été capable d'exécuter d'une manière complètement satisfaisante. D'autre part, Roberval [1], géomètre distingué, prétendait que cette courbe était tout à fait impropre à augmenter la puis-

---

1. Roberval (Gilles Personne de), géomètre, né en 1602, à Roberval ou Noël-Saint-Remi (Picardie), mort en 1675, membre de l'Académie des sciences et professeur de mathématiques au Collége de France, inventa les courbes dites *robervaliennes*, et eut de vives contestations avec Descartes envers lequel il se montra fort injuste. On a de lui une édition du traité d'Aristarque de Samos, *sur le système du monde*, Paris, 1644, et nombre de savants *mémoires*, dans le tome VI de ceux de l'Académie des sciences.

sance de ces verres. Quoi qu'il en soit, une mort prématurée vint mettre fin aux louables tentatives de Lasson.

C'était par ses écrits, sinon par ses actes, que Pierre Cally[1], professeur royal d'éloquence et de philosophie à l'université de Caen, imprimait l'essor à nos études. Auteur d'un grand ouvrage où il embrassait toute la philosophie, il avait en outre enrichi de vastes commentaires le traité *de Consolatione philosophiæ* de Boëce. Mais s'étant imbu, dans les exercices de notre société, des éléments de la doctrine cartésienne qui lui avait été jusqu'alors tout à fait inconnue, il l'adopta avec tant de chaleur que, foulant aux pieds la doctrine d'Aristote, que, suivant l'usage maintenu dans les écoles, il aurait dû enseigner et défendre, il infecta de ce levain non-seulement la philosophie, mais la théologie elle-même, et encourut les censures de l'Église.

Aussitôt que l'illustre Colbert, ce ferme appui des lettres et des lettrés, eut compris que notre Académie, née sous de si heureux auspices, prenait le caractère d'un établissement d'utilité publique, il en fit part au roi, et notre société ne tarda pas à sentir les effets de sa bonté, de sa libéralité, par le don que nous reçûmes d'une somme destinée à pourvoir aux frais de nos expériences. En donnant, au nom du roi, l'ordre que cette somme me fût comptée, Colbert m'exhorta vivement à poursuivre nos recherches dans les sciences naturelles, et à reculer les limites de la physique, la plus utile de toutes. Aussi, la renommée de cette Académie florissante s'étendit-elle si loin, que Beauvilliers, duc de Saint-Aignan, désira d'en faire partie, et me sollicita fortement de l'inscrire au nombre de ses membres.

Sur ces entrefaites, vint à Caen un personnage très-versé dans les lettres, mais surtout dans l'ancienne philosophie,

---

1. Il est mort à Caen en 1709, étant principal du collége des Arts. Il a publié son commentaire sur Boëce (*de Consolatione philosophiæ*), dans la collection *ad usum Delphini*. Paris, 1680, in-4°. On lui doit aussi un *Cours de philosophie* en latin, dédié à Bossuet, 4 tom. en 2 vol. in-4.

d'une urbanité, d'une amabilité charmantes, portant enfin dans toutes ses manières une exquise distinction : c'était le président Cormis[1], du parlement d'Aix, banni de son siége par un fâcheux retour de la fortune, et relégué à Caen par un ordre du roi. Il m'apporta des lettres de recommandation de Mme de Rambouillet où cette dame, de laquelle j'ai parlé plus haut, me faisait un grand éloge de lui et me priait instamment, si j'avais quelque moyen de le consoler dans son malheur, soit que j'adoucisse par mes discours le regret de sa patrie, soit que je l'aidasse à porter le poids de ses afflictions, soit enfin que je le récréasse par ma compagnie, de ne pas manquer de le faire. Bien que mes sentiments répondissent à cette recommandation, toutefois ils furent principalement déterminés par l'érudition du personnage et sa vertu qu'il me fit connaître dès notre première entrevue. J'allai donc le voir souvent, et bientôt il ne se passa pas de jours que nous ne vinssions lui chez moi, moi chez lui, et que nous ne nous promenassions ensemble dans les prairies délicieuses des rives de l'Orne. Nous ne parlions presque que des écoles des philosophes anciens. Il les connaissait toutes parfaitement, mais par-dessus les autres celle qui eut pour principe de ne rien affirmer. Il était donc très-partisan de la doctrine de Sextus Empiricus, et son goût pour ce philosophe que je ne connaissais encore que de nom, fut cause que je le lus avec soin, qu'il me devint bientôt familier et que j'en fis le plus grand cas.

En ce temps-là (1662) mourut un conseiller au parlement de Rouen, dont le frère avait épousé ma sœur, et à qui la place de conseiller revenait par droit d'héritage. Comme il ne pouvait en remplir les devoirs, ni en porter le titre, non-seulement il m'offrit cette charge, mais il me conjura in-

---

[1] Cormis (Louis de Beaurecueil de), président à mortier du parlement d'Aix, est auteur des *Tables des illustres provençaux*, Aix, 1622, in-fol., données sous le nom de Pierre d'Hozier.

stamment de ne pas la refuser. Toute ma famille me pressait vivement d'accepter, afin que je devinsse le nouvel appui des miens, puisque l'autre leur avait été enlevé. Je n'y répugnai pas d'abord, espérant par ce moyen entrer en relation avec plusieurs personnes qui tenaient à moi par la parenté ou par les alliances. Mais, tout bien considéré, il me parut évident que, si je voulais être un bon conseiller, je devrais abandonner tout à fait les études qui m'étaient plus chères que toutes les fortunes du monde et que la vie même. En conséquence, je refusai et rentrai dans la solitude de mon cabinet.

Cependant, les Muses se relevaient sous l'influence d'un astre bienfaisant. Le grand roi avait détourné sur les gens de lettres la source de ses libéralités. Cédant aux conseils du sage Colbert, il avait octroyé des pensions à divers savants en Europe. J'étais alors à la campagne, livré à toutes les douceurs d'une oisiveté obscure, et ne sachant, ni ne me souciant de savoir ce qui se passait dans le reste du monde. Tout à coup, on m'annonce que je suis au nombre de ceux que le roi a jugés dignes de ses bontés. Ma pension, même après la mort de Colbert, me fut continuée pendant plusieurs années, tandis que la plupart de ceux qui avaient été l'objet de la même faveur, ne la reçurent guère que deux ou trois fois.

Peu de jours auparavant, le comte de Tott, ambassadeur du roi de Suède, était arrivé à Paris; il était allé voir Chapelain qu'il savait dès longtemps mon ami, et lui avait dit qu'il était chargé par la noblesse suédoise de m'annoncer que j'avais été choisi, à l'unanimité des suffrages, pour être le précepteur de leur roi, et qu'il fallait que je partisse incontinent; que, comme à cause de mon absence (j'étais alors en Normandie), il ne pouvait me signifier ce décret, il priait Chapelain de m'en écrire au plus tôt. Chapelain n'y manqua pas. Mais, connaissant par expérience le ciel inclément de la Suède, la rudesse de ses peuples et leurs mœurs si étrangères à la politesse française, je déclinai modestement l'honneur qui m'était offert.

Esprit Fléchier, mort dernièrement évêque de Nîmes, vint alors à Caen. Il cultivait l'éloquence en même temps que la poésie, et il avait enrichi de plus d'un chef-d'œuvre ces deux branches des lettres humaines. Comme il passait dans le pays de Coutances, en basse Normandie, et que nous étions amis d'ancienne date, il vint à pas de loup me surprendre dans ma bibliothèque, et se jeta à mon cou, sans me donner le temps de me reconnaître. Sa présence me fit un singulier plaisir.

L'université de Caen était alors florissante. J'ai déjà loué, parmi les savants qui lui faisaient honneur, Hallé et Cally. Elle ne tirait pas moins d'éclat de Guillaume Pyron[1] et de Jacques de Lair, tous deux professeurs royaux en grec, le premier célèbre par ses heureux commentaires sur Claudien, dans les éditions à l'usage du Dauphin.

A cette époque, le duc de Montausier parcourait la province de Normandie, dont il était gouverneur depuis peu. Quoique je lui fusse déjà bien connu, je ne lui avais jamais parlé ni ne l'avais même jamais vu; il m'avait seulement écrit une fois une lettre pleine de bonté. Comme il sut que j'étais à Caen où il allait arriver, il pria un gentilhomme de mes amis de lui donner l'hospitalité dans une maison que cet ami possédait à six milles de la ville, et il fut convenu entre eux que j'irais moi-même jusque-là au-devant de lui. Prévenu par mon ami, je fus exact au rendez-vous, et j'eus la permission de voir pour la première fois et de saluer l'homme dont la vertu et la bonté singulière qu'il me

---

1. Né en 1637, dans le diocèse de Coutances. Il enseigna la rhétorique aux colléges des Arts et Dubois, à Caen. Nommé ensuite professeur de grec à l'université de cette ville, il fit son droit et y prit tous ses degrés avec l'intention d'obtenir la chaire de cette faculté. Il mourut prématurément en 1684. Outre son commentaire sur Claudien, il a laissé quelques poésies latines, et une traduction en latin de l'*Origine des Romans*, de Huet.

témoigna par toutes sortes de marques éclatantes, ont fait de moi et pour le reste de ma vie le plus dévoué de ses serviteurs. Il arrivait, amenant avec soi Ménage et Ségrais. Ce dernier avait été jadis mon hôte; je voulus que Ménage le devînt à son tour, et tous deux logèrent chez moi. Quant au duc, Brieux le reçut dans son magnifique hôtel où s'assemblaient d'habitude les membres de la célèbre Académie de Caen. De cette manière, le duc fut en quelque sorte l'hôte des Muses. Et en effet, ceux qu'on regardait comme les colonnes de l'institution, venaient là sans cesse pour offrir au duc leurs hommages. On n'y parlait presque que littérature, et, à cet égard, le duc payait sa dette d'académicien d'une manière si remarquable, que si la fortune ne l'eût appelé à de plus hautes destinées, on peut croire que sa place était marquée parmi les gens de lettres.

Mon *Origène* m'occupait alors beaucoup; il était en état d'être publié, lorsque, par l'entremise d'Étienne Lemoine, mon ami, Berthelin, libraire à Rouen, se chargea de l'éditer. Comme cette entreprise devait être de longue durée, et que, à cause de mon éloignement des lieux, elle ne pouvait guère être bien conduite, je résolus d'aller à Rouen et de m'y fixer, me réservant de faire de là maintes excursions, soit à Paris, soit à Caen, pour mes autres affaires. Il y avait déjà plusieurs années qu'un couvent de femmes avait été fondé à Rouen par Laurence Gigault de Bellefonds, laquelle avait pris le voile au couvent de la Trinité à Caen. Elle avait une connaissance du latin rare parmi les personnes de son sexe, et ne manquait pas de talent dans la poésie. Mais toutes ces qualités, elle les consacrait à la louange et au service de Dieu; car sa vie était sainte et sa piété singulière. Telle était son humilité, que, lorsque le roi l'eût nommée abbesse du couvent de Monstier-Villars, elle demanda que sa jeune sœur lui fût préférée pour remplir ces fonctions, et elle se confina dans la petite maison dont elle était la fondatrice. Mais à quoi bon rappeler des choses que Dominique Bouhours a si bien racontées dans la vie de cette sainte personne? Mais parce qu'elle était ma compatriote (nous étions elle et moi de Caen), et à cause de sa vertu que je prisais au plus haut degré, j'allais souvent la voir, et adoucir par le charme de ses entretiens l'ennui de mon séjour à Rouen.

Dans le monastère carthusien de cette même ville, il y avait alors un personnage nommé dom Augustin, fameux par sa science pour ainsi dire improvisée et toujours prompte à paraître au premier appel. J'en avais souvent entendu parler avec admiration par le duc de Longueville qui m'exhorta à lier connaissance avec lui. J'allai donc le voir. Ce qu'on en disait était vrai; je l'entendis avec stupeur réciter de mémoire des pages entières d'auteurs anciens et modernes. Et pour que je ne doutasse pas de la fidélité de cette mémoire prodigieuse, il redit mot pour mot des passages entiers de mon ouvrage *de Interpretatione*, qui avait paru depuis quelque temps déjà, passages que j'avais presque oubliés. Ainsi toutes ses richesses étaient en argent comptant; il n'avait pas de réserve en caisse, mais seulement de l'argent à la main, de l'argent de poche. Tout cela, certes était plus étonnant qu'utile; car on ne peut pas dire d'un homme qui montre avec ostentation une certaine quantité d'écus, qu'il est riche, comme on le dit d'un homme qui possède de bonnes maisons au soleil, encore qu'il soit quelquefois très à court d'argent.

Vers ce temps-là, Théophile ou Goswin Hogerts (car il prenait ces noms), savant jeune homme et dans les meilleures études, vint à Caen. Il voyageait en France et dans les autres pays de l'Europe, suivant la coutume des Hollandais et des Allemands. Il venait souvent me voir et me témoignait toutes sortes d'attentions. Ayant, malgré ma résistance, obtenu de moi quelques vers composés à différentes époques, de retour dans sa patrie, il les fit imprimer sans ma permission. C'est pourquoi, selon toute apparence, on me tenait en Hollande pour un poëte, tandis qu'on ne croyait pas en France que je fusse assis même au pied du Parnasse. Depuis, j'exerçai plus souvent ma veine poétique. Je me rendis même Apollon si propice, que je commençai à compter parmi les poëtes. Mes essais en ce genre étaient encouragés principalement par Ménage, Cossart[1] et Rapin, eux-mêmes excellents poëtes, dont les louanges m'excitaient à conquérir le laurier de la poésie. Je retrouvais les mêmes dispositions à mon égard, dans François Charpentier, de l'Académie française, lequel, déjà très-habile dans les lettres anciennes, n'était pas non plus sans talent dans la poésie française. Mes vers étaient encore assez du goût de Guillaume Beautru, excellent juge, d'une abondante littérature, d'un esprit élevé, plein de feu et courtisan consommé. J'ai parlé de lui ci-devant. En fait de plaisanteries, de malice et de politesse enjouée, il l'emportait sur tous, à l'exception de Louis de Rohan, prince de Guéménée[2], qui était tout esprit, tout sel et toute grâce. Comme je trouvais un plaisir infini à leur conversation, et que je m'en montrais fort friand, ils me savaient gré de mon zèle et y trouvaient aussi du plaisir.

J'arrivai de Paris à Caen juste au moment où y arrivait

1. Jésuite, né en 1615, mort en 1674. Il professa la rhétorique à Paris et fut le maître de Santeuil. Il a laissé des *harangues* et des *poésies* qui le placent au rang des bons poëtes latins modernes. Il a travaillé avec le père Labbe à la *Collection des Conciles*, et il continua ce travail, après la mort de celui-ci, depuis le XI° jusqu'au XVIII° volume. — Le père Rapin est assez connu par ses poésies latines et ses écrits en français. Comme il cultivait tour à tour la littérature sacrée et la profane, on disait de lui qu'il servait Dieu et le monde par semestre.

2. Il naquit vers 1635. Il fut nommé duc de Montbazon en 1656, grand veneur, puis colonel des gardes de Louis XIV. Il était très-brave, mais il déshonora son nom par des excès de tout genre. Il enleva la duchesse de Mazarin et porta, dit-on, ses vues jusque sur Mme de Montespan. Perdu de dettes, il ourdit avec Latréaumont, officier subalterne, un complot contre la sûreté de l'État (il s'agissait de livrer Quilleboeuf aux Hollandais pour leur donner accès en Normandie), il fut découvert, jugé et exécuté en 1674.

aussi Adrien Parvilliers[1], jésuite. Il revenait d'un voyage en Syrie où il avait fait une ample provision de connaissances dans les choses et les langues de l'Orient, principalement à Damas où il avait enseigné publiquement pendant dix ans la littérature arabe. Il savait parfaitement cette langue en laquelle il avait écrit à Bochart des lettres très-élégantes que Bochart m'avait communiquées. Je l'embrassai avec amitié, et tâchai, par toutes sortes de bons offices, de gagner la sienne dans l'espoir d'en recueillir du profit pour mes études. Il me l'accorda généreusement et parut très-désireux d'entretenir un commerce littéraire avec moi et de se fixer à Caen. Mais les directeurs de sa compagnie en décidèrent autrement. Ils confinèrent Parvilliers à la Flèche, en Anjou, où il mourut bientôt après. Avec lui périt un grand ouvrage déjà prêt pour l'impression, où il donnait les explications détaillées des richesses qu'il avait rapportées de l'Orient et qu'il se proposait de publier sous le titre d'*Interpres Orientis*.

J'étais aussi à Caen lorsqu'on forma le dessein de restaurer et de renouveler les ornements du maître-autel de l'église Saint-Jean où j'avais été baptisé. On voulait entre autres la décorer d'un tableau représentant le baptême de Jésus-Christ. Chacun prétendait commander ce tableau à quelque méchant peintre de la localité et de ses amis; mais je fus d'avis qu'on le donnât au premier peintre français de ce temps-là, qui était sans contredit Lebrun, alors chargé des belles peintures qu'on voit dans les palais royaux. Quoique

---

1. Il était né dans le diocèse d'Amiens. Il entra chez les jésuites en 1634, et fut envoyé ensuite en mission en Syrie et en Égypte. De retour en France, après un long séjour en Orient, il fut destiné par ses supérieurs à la prédication et mourut au collége d'Hesdin, en 1678. La seule publication qui porte son nom a pour titre : *Les Stations de Jérusalem*, c'est-à-dire les faits traditionnels de la passion de Jésus-Christ. Cela ne donne pas une haute idée de son talent. Cependant dans le catalogue des manuscrits de Thévenot, on en voit un intitulé : *Remarques curieuses faites en Égypte par le père de Parvilliers*.

Lebrun eût voué au roi seul son pinceau, je ne désespérai pas cependant d'obtenir de lui (car alors nous étions au mieux ensemble) qu'il déroberait quelques heures à ses études et à ses travaux pour les consacrer à notre œuvre. Il y consentit en effet, d'abord à contrecœur, puis enfin de bonne grâce et touché de mes prières.

A peu près dans la même époque (1667), au sein même de l'Académie de Caen, et au milieu des savants qui y étaient rassemblés, Bochart mourut subitement. Il s'était élevé une question très-difficile, concernant quelques médailles espagnoles dont il est parlé dans Covarruvias. La dispute entre Bochart et moi était devenue assez vive, lorsque, saisi tout à coup d'un tremblement général, il tomba mort, au grand dommage des lettres et aux grands regrets de tous ses confrères. La cause de cette mort fut, au témoignage des médecins, la coagulation du sang, laquelle supprima les mouvements du cœur, d'où résulta nécessairement la cessation de la vie. Quoique depuis longtemps et pour les motifs indiqués plus haut, il se fût refroidi à mon égard, sa mort ne laissa pas de m'affliger profondément; car les injures dont il m'avait poursuivi, encore qu'elles eussent rompu toute intimité entre nous, ne m'avaient rien fait perdre de mon estime pour ses vertus, rien de ces attentions et de ces bons offices qui rendent les relations agréables entre les gens de lettres et tournent à l'avantage des lettres elles-mêmes. C'est ce qu'il fit voir lui-même dans son *Hierozoïcon*, lorsque, parlant de l'oryx, il donna un dessin remarquable de cet animal d'après une ancienne peinture que je lui avais communiquée. Il m'avait vivement pressé d'étudier l'arabe et le syriaque, après le départ de Parvilliers que j'avais eu l'intention de choisir pour maître, j'avais suivi ce conseil et repris seul cette étude qu'il y avait longtemps que j'avais interrompue. Peu de jours avant sa mort il m'avait écrit une longue lettre où il s'efforçait de justifier par l'autorité d'Origène les doctrines de Calvin contre celles du catholicisme touchant l'Eucharistie et l'invocation des anges et des saints. Comme cette lettre était une atteinte portée à l'intégrité de notre sainte Église, je regardai comme un devoir d'y opposer une réfutation solide et complète. Cette réponse touchait à sa fin quand Bochart mourut. Depuis, ces deux lettres ont été publiées; je souhaite vivement qu'on les lise et qu'on les compare, afin qu'on juge de combien la vérité l'emporte sur l'erreur, et combien cet homme, modéré d'ailleurs, était violent, lorsqu'il était dupe de l'extravagance de ses opinions.

Je ne saurais omettre de rapporter ici une aventure plaisante qui m'arriva pendant un voyage que je fis alors à Paris. J'avais pour compagnon un ami, beau garçon, beau parleur, doué d'une faculté merveilleuse pour improviser des vers français et qui conversait ainsi volontiers avec beaucoup d'agrément. A force de le voir et de l'entendre, j'avais acquis quelque chose de son talent, et, à ses questions en vers, je répondais en vers aussitôt. De sorte que, soit sur la route, soit aux relais, nous ne faisions que parler en vers. Un jour que nous étions à l'auberge et que nous interpellâmes l'hôtesse en ce langage, elle nous répondit de même avec tant de promptitude et de facilité, qu'elle nous fit honte de notre hésitation.

Cependant, mon *Origène* enfin imprimé (1687) allait prendre son essor. Pour me conformer à l'usage, je songeai à lui procurer un patron. Et d'abord, un travail entrepris pour le service et dans l'intérêt de l'Église, appartenait de droit à l'Église et devait être dédié aux Pères de celle de France. Leur patronage serait sa gloire. Ayant donc écrit à l'assemblée du clergé qui, par hasard, se tenait alors à Paris, une lettre où je lui faisais part de mon dessein, l'évêque de Tulle, au nom de cette assemblée, me répondit qu'elle l'agréait avec grand plaisir. D'un autre côté, comme j'avais été l'objet des libéralités du roi, l'illustre Colbert, surintendant des finances, m'avertit que le fruit de mes études devait être dédié à celui qui y avait aidé par ses bienfaits. En conséquence de cet avis, je me déterminai à ne pas mettre en tête de mon livre d'autre nom que celui du roi. Colbert pensa que je devais l'offrir moi-même à Sa Majesté de qui il m'obtiendrait l'honneur d'une audience particulière. Il me conduisit en effet au roi, me loua lui-même avec effusion, et parla de mon présent de la manière la plus flatteuse et la plus honorable. Ma modestie m'empêche de dire en quels termes pleins de bonté le roi reçut mon hommage, avec quelle gravité il m'exhorta à pousser vigoureusement mes études, et avec quelle fermeté il m'assura qu'il était résolu de les favoriser.

Dans le même temps, Colbert, inspiré par son goût pour les lettres, avait fait venir à Paris Jacques Graindorge, bénédictin de l'abbaye de Fontenai dont je fus depuis commendataire. Ce Graindorge était de l'école de Gilles Macé. Dès son enfance, il avait étudié l'astronomie que j'apprenais moi-même, étant enfant, avec passion, et qui avait été la cause de la recherche que j'avais faite de son amitié. Je l'avais entendu bien des fois se vanter que le secret si important pour le commerce et la navigation, et depuis si longtemps l'objet de recherches vaines, à savoir la détermination du premier méridien ou, comme on l'appelle, la longitude, avait été découvert par lui-même. Mais, en travaillant à ce problème qui devait être fondé sur des principes certains, indubitables, résolu par des démonstrations évidentes, il avait établi les bases de tout son raisonnement sur de pauvres et ridicules fictions de l'astrologie, vulgairement appelée *judiciaire*. C'est pourquoi, ayant trompé, non pas mes espérances, qui n'avaient jamais reposé sur ses vanteries bruyantes, mais la confiance qu'on avait pu avoir en ses magnifiques promesses, il tomba dans le discrédit.

Gilles Personne de Roberval, très-savant en géométrie, et qui n'avait pas non plus mal employé son temps à étudier la philosophie, suivait dans les mathématiques un chemin bien différent. C'est, appuyé sur de pareils fondements, qu'il rejetait avec mépris les fictions de Descartes et les combattait si souvent et par de tels sarcasmes, que Descartes, qu'on en avertit, en fut exaspéré. Et, comme ce dernier ne pouvait souffrir la contradiction et n'avait de complaisance que pour ses panégyristes, il ne voulut jamais pardonner à son critique, malgré les instances de ses amis. Roberval était alors (s'il y a en cela quelque mérite) le premier des joueurs d'échecs, et comme j'y étais moi-même assez fort, je m'essayai souvent contre lui; mais j'étais toujours battu.

Guillaume de Lamoignon, premier président du Parlement de Paris, tenait alors, en son hôtel, une assemblée des savants fameux, qu'on eût pu appeler une seconde Académie. Ils se réunissaient un jour par semaine, et l'érudition était l'objet de leurs conférences. Je me joignis à eux de grand cœur, après y avoir été convié par M. de Lamoignon dont je connaissais la bonté pour en avoir déjà fait souvent l'expérience dans nos promenades à son agréable campagne de Basville, près de la fontaine de Polycrène. Cette fontaine avait été chantée en vers charmants par René Rapin, un des intimes du président, lequel invitait ordinairement ses amis et m'invita moi-même à payer le même tribut à cette source limpide. J'obéis aussitôt et chantai à mon tour ces eaux délicieuses.

Dans cette compagnie célèbre de l'hôtel Lamoignon, je vis pour la première fois Tanneguy-Lefèvre, mon compatriote, personnage d'un savoir considérable, tant dans les lettres grecques et latines que dans toute l'antiquité. Mais il était plongé dans les erreurs du calvinisme où l'avait entraîné la licence de sa jeunesse, après l'avoir fait rompre avec le catholicisme dans lequel il avait été élevé. Étant retourné à son poste à Saumur, et une correspondance épistolaire s'étant établie entre nous, je crus qu'il m'appartenait de le ramener, s'il était possible, dans une voie meilleure et de le rappeler à des sentiments de piété. J'étais sur le point de l'obtenir, et il semblait déjà ouvrir les yeux à la lumière, lorsque la mort vint tout à coup le surprendre, comme il hésitait à se tirer du bourbier et prenait des délais.

Il s'établit aussi, dans ce temps-là, de très-bons rapports entre Charles Dufresne Ducange et moi. Il avait fait un bien infini aux lettres par les lumières qu'avaient répandues ses travaux sur l'histoire byzantine, et plus encore par son parfait *Glossaire* des mots grecs et latins, pris aux époques où ces deux langues commençaient à vieillir et à tomber dans la barbarie.

Jean-Baptiste Tavernier était justement alors à Paris, de retour de ses longs et lointains voyages[1]. J'en avais lu les récits avec un soin particulier et j'y avais trouvé, comme à d'autres de la même espèce, un très-vif plaisir. Mais ayant lu dans les ouvrages de ce voyageur tant de choses curieuses, j'espérais en apprendre de sa propre bouche encore davantage. J'allai donc le voir, et lui fis une foule de questions sur l'Orient. Mais je tombai sur un homme impoli, grossier, tout imbu de façons étrangères, et qu'on eût pensé avoir écrit ses livres avec la plume d'autrui. Je recueillis néanmoins de ses conversations plus de fruit que je n'en eusse attendu de tout autre voyageur.

A cette même époque, et par l'entremise de Mme Bertaud de Motteville, personne du plus grand mérite, j'appris au moment où j'y pensais le moins que Louis de La Rivière, évêque de Langres, et jadis favori de Gaston, était très-désireux de me compter parmi ses amis, et tout prêt à me rendre

---

1. Tavernier (Jean-Baptiste), voyageur, né à Paris, en 1605, était fils d'un marchand de cartes géographiques d'Anvers, réfugié en France. La profession de son père lui inspira de bonne heure le goût des voyages : i parcourut plusieurs pays de l'Europe, puis de l'Asie, et fit une fortune immense dans le commerce des diamants et des pierreries, qu'il n'avait pourtant entrepris qu'afin de se défrayer. Il parlait presque toutes les langues de l'Europe. On a de lui : *Voyages en Turquie, en Perse et aux Indes*, souvent réimprimés. Ces voyages sont regardés comme parfaitement véridiques et sont remplis de détails curieux.

toutes sortes de bons offices pour obtenir de moi cette faveur. Rien ne pouvait m'être plus agréable, tant à cause de la qualité éminente de ce personnage, que pour les charmes singuliers de son esprit, duquel Patris, qui avait été comme lui au duc d'Orléans m'avait fait plus d'une fois l'éloge. Gaston, me disait Patris, ayant lui-même de l'enjouement et de l'esprit, rassemblait autour de soi les personnes douées de ces deux qualités, comme Bellot, Caudabon, Voiture et plusieurs autres. Aussi, sa cour était-elle le séjour de l'urbanité; mais La Rivière y surpassait tout le monde en politesse exquise et en savoir-vivre. Je n'eus donc rien de plus pressé que de me réjouir de cette nouvelle inattendue, et que de répondre aux offres d'amitié de cet excellent homme. Dès que je fus chez lui, il m'embrassa tendrement et me dit : « Que je suis heureux de voir enfin et d'entendre celui dont Patris, ce juge merveilleux de la vertu et du talent, m'a dit tant et de si agréables choses. Maintenant, à ce que Mme de Motteville vous a rapporté de ma part, j'ajouterai que tout ce que je possède d'influence, de crédit et de fortune, je vous l'offre de bon cœur et souhaite que vous en usiez comme de votre bien propre. Et d'abord, afin que nous nous voyions plus souvent, je désire vivement que vous veniez demeurer dans mon voisinage. Si même vous m'en croyez, vous quitterez la province et viendrez passer le reste de vos jours à Paris; c'est la patrie naturelle de l'érudition et de la politesse. Que si le destin jaloux nous force de nous en éloigner, nous ne pouvons recueillir nulle part des fruits aussi doux de nos travaux et de nos études,

Nec tam præsentes alibi cognoscere divos [1].

« Puis, pour rendre plus étroite l'amitié qui, je l'espère, vient de s'établir entre nous, allons prochainement, si cela ne vous incommode pas, à ma campagne de Petit-Bourg, et

1. Virgile, *Ecl.*, I, v. 42.

et là découvrons-nous réciproquement les secrets de nos cœurs. » Et il ajouta (car il connaissait les poëtes à merveille) ce vers de Térence :

> Meus fac sis postremo animus, quando ego sum tuus [1].

Tout cela était bien convenu entre nous, et déjà l'avenir, au travers de cette amitié, m'apparaissait sous les plus belles couleurs, lorsque l'évêque fut surpris par la fièvre le lendemain même de cette entrevue, et mourut six jours après. Quant à Mme de Motteville, qui avait ménagé entre nous cette amitié, elle a laissé des mémoires de ce qui s'est passé à la cour, lorsqu'elle y était première femme de chambre de la reine Anne d'Autriche. Ces mémoires mériteraient assez d'être loués, si l'auteur y eût mieux observé les lois de l'histoire. Son frère, Bertaud Fréauville, conseiller au parlement de Paris, me les lut, après la mort de sa sœur, et ils me parurent très-agréables et vrais ; ce Bertaud lui-même n'était pas sans lettres. Dans un écrit où il y a quelque science, il a pris parti pour la robe contre l'épée. Leur père était Pierre Bertaud qui avait eu avant son mariage, et gardé pendant trois ans, l'abbaye d'Aulnai, aujourd'hui en ruines. Il y eut pour successeur Bertaud, son frère, évêque de Séez [2]. Celui-ci se fit une grande répu-

---

[1]. *Eunuch.*, act. I<sup>er</sup>, sc. II, v. 116.
[2]. Les vers suivants de sa composition furent trouvés si beaux par les hôtes de Port-Royal, qu'ils les insérèrent dans leurs commentaires sur Job.

> Félicité passée
> Qui ne peut revenir,
> Tourment de ma pensée,
> Que n'ai-je, en te perdant, perdu le souvenir !
>
> Hélas ! il ne me reste
> De mes contentements
> Qu'un souvenir funeste
> Qui me les convertit à toute heure en tourments.
>
> Le sort plein d'injustice
> M'ayant enfin rendu
> Ce reste un pur supplice,
> Je serais plus heureux si j'avais plus perdu.

tation en France pour ses vers, qu'on dirait avoir été trempés par les Muses dans la quintessence de leur nectar.

Tandis que Mme Lavergne de La Fayette composait son charmant roman de *Zaïde*, auquel Ségrais a mis la main et son nom, ce dernier me demanda un jour quels je pensais être les premiers auteurs de romans. Je lui répondis incontinent et en peu de mots, mais toutefois de manière à lui inspirer le désir d'avoir ma réponse par écrit. Je répliquai que la chose était trop peu importante, mais qu'elle exigerait néanmoins beaucoup de peine et de temps, s'il fallait seulement mettre au net ce que je venais d'improviser. « Je vous prie alors, me dit-il, de l'écrire à votre loisir et de me le communiquer ensuite. » Je le lui promis, à condition de ne pas m'engager pour tel jour et de choisir mon temps.

A sept milles à l'est de Paris, est située une maison de religieuses, qui est le couvent de Malnoue. Le gouvernement en avait été confié à Marie-Éléonore de Rohan, dont j'ai parlé ci-dessus comme abbesse du couvent de la Sainte-Trinité, à Caen. J'allais de temps en temps la voir à Malnoue, et il m'arrivait même d'y passer souvent quelques jours. Ce séjour me parut propre à l'exécution de mon projet[1]. Et, comme je n'avais point de livres, s'il était besoin que je consultasse un auteur, j'écrivais à Cossart, le gardien ou plutôt l'âme de la bibliothèque du collége des jésuites de Paris, et je le priais ou de m'envoyer les livres, ou les passages extraits de ces livres, sur lesquels j'avais des doutes. Ce que ce docte ami ne manquait pas de faire en diligence. Je travaillais donc avec ardeur, et ce que j'avais écrit dans le jour, je le lisais le soir à la savante abbesse. J'achevai enfin (1666) cette lettre à Ségrais, qui depuis fut publiée et mise en tête du roman de *Zaïde*. C'est pourquoi Mme de La Fayette aimait à me dire que nous avions marié entre eux nos enfants. Ce mariage a bien tourné. Il n'est pas un peuple en Europe qui n'ait adopté

---

1. C'est-à-dire de son traité *de l'Origine des romans*.

nos époux et ne leur ait donné droit de bourgeoisie. Je ne m'étonne pas que quelques Catons m'aient fait un crime d'avoir écrit ce traité, non-seulement sans désapprouver les romans et la lecture des romans, mais encore avec des marques que je leur étais favorable; que j'avais par là ouvert une source de corruption à la jeunesse, et fourni à ses passions un aliment. S'il en était ainsi, à présent que je suis vieux et mieux avisé, je ne rougirais pas de rétracter ce que, jeune homme, j'aurais inconsidérément écrit; mais si on veut bien considérer de quelles précautions je recommande à ceux qui lisent des ouvrages de galanterie, d'environner, de fortifier leur esprit, on n'hésitera pas à se défaire du préjugé qu'on a conçu contre moi et on sera de mon avis.

Je n'abordai pas la question, sans m'y être longtemps préparé. J'avais lu les histoires amoureuses grecques et latines, et traduit, comme je l'ai dit plus haut, les pastorales du sophiste Longus en latin. Étant en France, j'avais fait mes délices des vieux romans français, écrits il y a deux ou trois cents ans. J'avais souvent entendu mes deux sœurs louer les agréments et l'élégance de l'*Astrée*, roman d'Honoré d'Urfé[1]; elles m'avaient prié un jour de leur apporter ce livre à la campagne où elles demeuraient alors, afin que nous le lussions ensemble. Je n'y manquai pas. Cette lecture nous touchait si fort que l'émotion faisait couler nos larmes et nous ôtait la parole. J'y gagnai un violent désir de m'essayer dans ce genre d'écrit, et je mis à faire aussi mon roman. Mais les événements que j'y racontais n'étaient point imaginaires, comme ils le sont communément; ils étaient très-vrais, et

---

1. Romancier célèbre, né à Marseille, d'une ancienne et illustre famille du Forez, en 1567. Il se distingua dans les guerres de la Ligue, et fut chargé de négociations en Savoie et à Venise. Il passa la dernière partie de sa vie dans la retraite, aux environs de Nice; il y composa le célèbre roman pastoral de l'*Astrée*, qui donna naissance à toute une école de romans bucoliques. Il mourut en 1625, avant d'avoir achevé son ouvrage. Baro, son secrétaire, le termina sur les manuscrits de l'auteur, ou d'après sa propre imagination.

moi-même ou des personnes de ma connaissance en étions les héros. Excepté l'ordre et l'enchaînement des faits, en quoi consiste l'art à peu près uniquement, toutes les autres circonstances étaient empruntées à la vie réelle. J'avais mis peu de monde dans le secret de cette œuvre, comme si, pour parler comme le proverbe, je n'avais voulu chanter que pour moi et les Muses. Mais quarante ans après, quelque chose de ce secret m'étant échappé par mégarde en présence des dames, elles me pressèrent si bien de leur faire connaître mon roman, que je dus céder enfin à leurs importunités. Je le fis néanmoins de telle sorte que le manuscrit ne sortit pas de mes mains et que je ne permis pas qu'on en tirât copie.

Sur la côte de Caen, près de l'embouchure de l'Orne, est une église consacrée à la Vierge Marie, assez ancienne, quoiqu'on n'en sache pas précisément l'âge ni l'origine, et est fréquentée par une foule de populations circonvoisines et même étrangères au pays. Elle est connue généralement sous le nom de la Délivrande, soit qu'elle tire ce nom du district d'Yvrande où on dit qu'elle est située, soit qu'elle le tienne de quelque *délivrance* dont les populations qui l'entourent auraient été l'objet de la part de la sainte Vierge. Au printemps de chaque année, les fidèles de Caen y vont en procession, en chantant les louanges de Marie. Je me sentis tout à coup enflammé du désir de les chanter moi-même en vers (1669), en choisissant le mètre qui se plie le mieux aux règles de la musique vocale, et le plus propre à égayer la procession dans sa marche à travers la campagne et à exciter des sentiments de piété. J'exécutai incontinent ce projet; mes vers plurent beaucoup; l'évêque ordonna même qu'ils prissent place parmi les prières liturgiques, et, pendant plusieurs années, ces bonnes gens continuèrent de les chanter aux processions solennelles de la Délivrande. Ils furent interrompus dans la suite, afin que j'y retouchasse quelque chose; et pour préserver de l'oubli ce monument de ma dévotion envers la sainte Vierge, je les fis graver sur une table de marbre, et sceller ce marbre dans le mur même de la chapelle.

C'était le temps de ma plus grande intimité avec Ségrais ; et, quoique nos études différassent essentiellement, puisque Ségrais ne sortait pas des limites de la poésie française, et que je cultivais d'autres branches de la littérature, cependant notre volonté, nos penchants étaient les mêmes dans tout le reste, à telles enseignes que je ne soupçonnais pas même qu'il pût naître entre nous le moindre sujet de discorde. Le contraire eut lieu cependant, malgré moi et à mon insu ; car, je puis jurer solennellement d'avoir toujours tenu notre amitié pour sacrée, et de n'y avoir jamais failli en quoi que ce soit. Je m'aperçus d'abord que Ségrais me témoignait de jour en jour plus de froideur ; ce furent ensuite de la dissimulation et une réserve inaccoutumée, de l'impatience, de la dureté même, enfin des injures (1670) ; tellement que dans les sociétés les plus respectables, il ne pouvait s'empêcher de me jeter à la face les expressions les plus insultantes. Pour moi je ne lui répondis jamais un mot ; j'en prends à témoin des hommes d'honneur qui ont été vivement choqués de ses emportements et de sa brutalité ; mais bien qu'il se fût tout à fait éloigné de moi depuis quelque temps, il ne laissait pas d'exister encore entre nous certains rapports de politesse, et des échanges de paroles sur des sujets littéraires où nous nous trouvions engagés parmi les savants nos communs amis. La dispute étant un jour tombée sur les vers où Virgile (*Géorg.*, IV, v. 287) dit que l'Égypte est pressée par le voisinage de la Perse, et fertilisée par un fleuve qui coule de l'Inde, c'est-à-dire, le Nil, Ségrais soutenait que ce passage était corrompu et proposait les conjectures les plus vaines et les plus téméraires ; j'affirmais au contraire que le passage était correct, très-clair et très-facile à entendre, pourvu qu'on tînt compte de l'opinion des anciens sur le Nil. Ils croyaient à tort que ce fleuve avait sa source dans l'Inde, d'où il coulait en Égypte, et ils persistèrent dans cette croyance. Alors Ségrais d'entrer en fureur, impatient d'entendre taxer ses opinions de pur verbiage, et de voir démasquer son peu d'aptitude et de capacité à éclaircir les textes des anciens, et qui plus est, à les corriger, s'ils en avaient réellement besoin.

Il y avait deux ans que j'avais quitté Caen, lorsque j'y fus rappelé par mes affaires et surtout par de fâcheux procès, cette affliction d'une bonne partie de ma vie. J'y reçus, après ma longue absence, de l'université qui avait été ma seconde mère et nourrice, toutes sortes de félicitations. Je vis là un de ses principaux ornements, Henry Hallé, professeur de droit, frère d'Antoine, qui, de même que Servius Sulpicius, mériterait d'être appelé le pontife des lois, et duquel j'avais appris les premiers éléments de la jurisprudence. Comme il me rappelait ces études de ma jeunesse : « Vous souvient-il encore, me dit-il, de ces disputes, alors que répondant en public sur le droit pontifical et civil, vous sembliez digne d'être assis non-seulement sur les bancs des bacheliers et des licenciés, mais encore dans la chaire des professeurs ? — Je suis bien loin, répondis-je, d'avoir oublié vos jugements favorables sur moi ; et je m'étonne d'avoir été si peu soucieux de cet honneur que je n'aie pas seulement donné encore un témoignage public de ma reconnaissance pour les bontés et les grâces dont vous m'avez comblé. Je vous prie donc de vouloir bien, suivant l'usage reçu dans les universités et jadis méconnu par moi, me délivrer un diplôme qui rappelle et qui certifie ces anciennes disputes, et dont je puisse faire usage dans l'occasion. » Ce qui me fut libéralement accordé. Depuis lors, j'ai pris place parmi les jurisconsultes, et l'université de Paris m'a reçu dans son illustre collège des docteurs ès lois honoraires. Jean Doujat[1]

---

1. Né à Toulouse vers 1606, mort à Paris en 1688. Il fut doyen des docteurs régents de la Faculté de droit de Paris, premier professeur royal en droit canon, historiographe de France et membre de l'Académie française.

et Pierre Hallé[1] étaient alors professeurs dans cette université. Ils connaissaient tous deux admirablement le droit, l'antiquité, et se distinguaient même par quelques talents dans la poésie. Michel Delaie, mon compatriote et mon ami, très-bon jurisconsulte lui-même, était leur collègue et les égalait.

Dans ce temps-là, non-seulement les érudits, mais les grands seigneurs, étaient dévorés de la passion des médailles, dont ils faisaient des collections, et l'illustre Colbert, dans le but d'enrichir le cabinet du roi, et aussi de garnir son propre médailler, envoyait de toutes parts des gens à la recherche de ces précieuses reliques, qu'ils achetaient quelquefois un prix fou. Je me rappelais avoir vu autrefois à Caen une collection de ces médailles qui n'étaient nullement à mépriser sous le double rapport du nombre et de la valeur. Elles étaient tombées par héritage aux mains de gens qui avaient peu de fortune. A peine en eus-je informé Colbert, qu'il me chargea d'acheter la collection entière et de la lui envoyer sans en détourner une seule pièce. Mais quelque diligence que je misse à exécuter cet ordre, elle fut déjouée par la mauvaise foi de quelques fripons. J'appris que les médailles les plus rares avaient été enlevées secrètement, encore que je les eusse vues et touchées moi-même parmi toutes les autres. J'allai donc trouver Colbert et lui dis que puisque j'avais été assez imprudent, assez étourdi pour me laisser duper de cette belle façon, il était juste que je portasse la peine de ma sottise; que je prendrais pour moi ce qui resterait de cette collection et la payerais de mes deniers. Colbert n'accepta point mon sacrifice, et garda pour lui les médailles et la perte.

On a de lui une traduction de Velleius Paterculus; une bonne édition de Tite Live; des *Prænotiones canonicæ et civiles*, in-4°; une *Histoire du droit canonique*, in-12; une *Histoire du droit civil*, in-12, etc., etc.

1. Ce Pierre Hallé n'était pas parent des deux autres Hallé, dont il a été parlé au livre I. Voy. la note qui concerne Antoine Hallé, pag. 16.

Le Dauphin commençait alors d'étudier les lettres. Il avait pour précepteur Picart Perrin, lequel, de président des enquêtes au parlement de Paris, avait été appelé à cette charge, lorsque le duc de Montausier fut nommé gouverneur du jeune prince. Et comme M. de Montausier m'avait depuis quelques années donné des marques nombreuses de sa bienveillance, il ne manqua pas de me la témoigner de nouveau d'une manière plus éclatante, dès qu'il en eut l'occasion. En effet, le roi ayant pensé (1669) que pour rendre plus parfaite l'instruction du Dauphin il conviendrait d'adjoindre à son gouverneur des gens de lettres dont les conversations avec le prince auraient chaque jour pour objet des matières d'érudition, avait voulu que je fusse choisi pour remplir cet office. Le duc de Montausier avait applaudi au dessein du roi et pris sur soi de l'exécuter. A cette nouvelle, Perrin vivement ému, vient trouver le duc; il se plaint qu'on se soit joué de lui, et qu'on lui ait donné un rival observateur jaloux de toutes ses paroles et peut-être bien son calomniateur. M. de Montausier combattait ces soupçons en protestant avec douceur que Perrin connaissait bien peu mon caractère et mes habitudes, que j'étais d'humeur pacifique, accommodante, et point morose ni querelleuse; qu'il se portait garant de mon bon vouloir comme aussi de la paix qui régnerait entre nous. Perrin au contraire prétendait savoir par expérience que j'étais un homme à redouter; qu'il avait pour assuré que certaines personnes de haut rang des deux sexes, parmi lesquelles étaient Colbert et Marie de Rohan, veuve de Claude de Lorraine, duc de Chevreuse, avaient secrètement mais vivement travaillé à son éloignement pour me mettre à sa place; qu'il reconnaissait ici les mêmes machinations, quoique sous une forme différente, mais qu'il n'aurait jamais attendu un pareil traitement du duc de Montausier, à la faveur duquel il avait cru jusqu'alors. Touché de ces reproches, le duc va trouver le roi, non sans quelque répugnance, et lui expose que Perrin et moi, nous nous accorderions difficilement, et qu'il était à craindre que l'éducation du Dauphin ne souffrit de ce désaccord. Mais la résistance de Perrin et ses observations déplacées n'eurent pas d'autres suites, sa mort ayant eu lieu quelques mois après. On délibéra alors sur le choix de son successeur. Je rapporterai ici cette affaire et les circonstances qui l'ont accompagnée, comme le duc me l'a racontée lui-même plusieurs fois dans le tête-à-tête. Il me dit donc que, après la mort de Perrin (1670), le roi le chargea de chercher quelqu'un en état de le remplacer. Le but de M. de Montausier était d'amener peu à peu Sa Majesté à arrêter spontanément son choix sur moi-même. A cet effet, il avait dressé une liste de tous les candidats à cette charge, qui souhaitaient que leurs noms fussent mis sous les yeux du roi, et qui s'élevaient à près de cent. Il la donna à lire au roi, sans lui faire grâce d'un seul. Mais il ajouta à cette liste les noms de ceux qui ne s'étaient point offerts pour obtenir ce poste, et que cependant il en estimait les plus dignes; il vanta les mérites de chacun d'eux et conclut en ces termes : « Si Votre Majesté me demande lequel je préfère, j'en nommerai trois qui, à mon sens, conviennent le mieux, à la place en question : Ménage, Bossuet et Huet. Je laisse à la sagesse de Votre Majesté, le soin de décider entre eux. » Le roi prit quelques jours pour y penser. « Or, ajouta le duc, j'avais amené l'affaire à ce point, parce que, prévoyant l'exclusion de Ménage que le roi connaissait à peine de nom, je croyais qu'il ne voudrait pas non plus de Bossuet, lequel, consacré toute sa vie soit aux controverses théologiques, soit à la prédication, ne s'était point exercé à cette partie des lettres qu'il importait surtout d'enseigner au Dauphin; qu'ainsi la résolution du roi vous serait probablement favorable, d'autant que, peu de mois auparavant, il avait exprimé le désir de vous admettre au partage de cette fonction. Mais l'événement ne répondit pas à mes espérances ; car comme Bossuet, plus d'une fois et tout dernièrement encore, avait ravi le roi par la sublimité de son éloquence, et que les murs de la cour retentissaient encore de l'éclat de sa voix tonnante, le roi n'eut pas de peine à le choisir. Seulement il vous adjoignit à lui, à titre de coadjuteur. »

J'étais alors à Caen, non encore bien remis d'une fièvre aiguë, et de grandes douleurs d'entrailles résultant de la surabondance et de la fermentation de la bile. Appelé en toute hâte par M. de Montausier qui m'écrivait lettre sur lettre, je crus devoir différer mon départ jusqu'à ce que mes forces fussent revenues, que ma bibliothèque et mes meubles fussent emballés et envoyés par mer à l'embouchure de la Seine, pour de là être dirigés par la voie du fleuve sur Paris. Car alors Caen avait été mon principal séjour et le siége de mes études, et encore que j'eusse fait mainte excursion ailleurs, cependant j'avais toujours regardé cette ville comme ma demeure fixe et celle de mes lares. Quoi qu'il en soit, je ne tardai guère à partir. Dès que je fus à Saint-Germain, j'allai offrir au roi mes respects et trouvai le Dauphin alité, par suite d'une indisposition légère, il est vrai, mais qui fut longue et opiniâtre. Ceci se passait dans l'automne de l'année 1670.

# LIVRE V.

A mon arrivée à la cour et dès que je fis partie de la maison du Dauphin, je n'eus rien de plus pressé que d'offrir mes respectueux hommages au sérénissime duc d'Orléans, frère du roi, et aux autres personnes de la famille royale; particulièrement à Louis de Bourbon, prince de Condé, digne du nom de héros, tant à cause de son rare courage, de sa fermeté inflexible et de ses victoires, qu'à cause de l'élévation de son esprit et de son instruction singulière dans presque tous les genres. A le voir pour la première fois, on n'eût pas cru cela de lui; tant il cachait toutes ses belles qualités sous le voile de la modestie! Ajoutez à cela une passion extrême d'apprendre et de savoir, entretenue par une lecture continuelle de toutes sortes de livres. Je rapporterai ici un fait que j'estime être à ma louange et qui regarde ma *Démonstration évangélique*. Ce livre ayant paru quelques années après, il se le procura aussitôt et le lut avec tant d'avidité, qu'il le dévora en moins de dix-sept jours. Et toutefois, il ne s'en acquitta pas légèrement. Il avait parcouru tout l'ouvrage, dans toutes ses parties et s'en était parfaitement rendu maître. Il me fit à ce sujet une foule de questions qui me donnèrent l'occasion d'admirer sa vive intelligence et sa sagacité.

J'eus le très-grand plaisir alors de recevoir du cardinal Léopold de Médicis, avec qui je n'avais eu encore aucune relation, un présent qui consistait en deux petits volumes dont l'un était la description des funérailles de son frère

Ferdinand, l'autre des observations de François Redi[1], sur la physique. Je fus heureux surtout de voir que cette famille qui avait la première réveillé en Europe le goût et l'amour des lettres, conservait son ancienne coutume d'honorer ceux qui les cultivent, et de leur faire du bien.

Presque dans le même temps, Lantin[2], conseiller au parlement de Dijon, mais qui demeurait alors à Paris, vint me voir. Il était très-savant, et, comme nous causions souvent lui et moi de Saumaise, il me dit qu'il possédait un petit livre de ce critique, *De homonymis plantarum*, qui n'avait point encore été publié; qu'il aurait bientôt la vie de Saumaise, écrite par La Mare[3], aussi du parlement de Dijon; que, puisque j'avais connu très-particulièrement Saumaise, je pourrais contribuer à compléter sa vie, soit en y faisant des remarques, soit en y ajoutant plusieurs faits inconnus à La Mare, et non observés par d'autres; que La Mare enfin

---

1. Naturaliste italien, né à Arezzo, en 1626, mort en 1697. Il fut médecin des ducs de Toscane, Ferdinand II et Cosme III. Il est connu surtout par ses *Expériences sur la génération des insectes*, Florence, 1688, in-4, en italien, traduit en latin, Amsterdam, 1688, 3 vol. in-12. Redi est un des meilleurs observateurs qu'ait eus l'Italie. On a encore de lui des poésies fort estimées et même des recherches grammaticales. Ses Œuvres forment 6 vol., Venise, 1712.

2. Né à Dijon en 1620, mort en 1695. Il a publié la *Préface* du livre de Saumaise : *De homonymis hyles iatricæ*, Dijon, 1668, in-4°, et a laissé un grand nombre de manuscrits dont on peut voir la liste dans la *Bibliothèque de Bourgogne*. La Bibliothèque impériale en possède un intitulé : *Lantiniana*.

3. Né à Dijon en 1615, mort en 1687, chevalier de l'ordre de Saint-Michel. Il travailla pendant cinquante ans à réunir tous les ouvrages imprimés et manuscrits relatifs à l'histoire de Bourgogne. Cette collection a été dispersée, mais les manuscrits ont été acquis pour la Bibliothèque du roi. Il ne publia jamais sa *Vie de Saumaise* parce que, au témoignage de son fils, il craignit d'encourir le déplaisir du roi, pour avoir écrit la vie d'un hérétique. Ce qui est probablement aussi faux qu'absurde. On a de lui : *Commentarius de bello Burgundico* (année 1636), Dijon, 1641, in-4°; *Elenchus operum Leon. Aretini*, ibid., 1653, in-4°; *De vita et moribus G. Philandri*, ibid., 1667, in-4° et in-8°; *Hub. Longueti vita*, Halle, 1700, publié par L. P. Ludwig, professeur à l'université de cette ville.

me priait de lui permettre de m'envoyer son manuscrit, afin que j'y fisse des corrections s'il y avait lieu, et des additions. Y ayant consenti volontiers, cette vie de Saumaise me fut envoyée aussitôt. Je la rendis à La Mare, revue et considérablement augmentée. Elle est encore aujourd'hui dans son portefeuille.

Hardouin de Péréfixe, archevêque de Paris, me fit la grâce, à la même époque, de m'engager à faire connaissance avec lui. J'obéis et vins chez lui incontinent. Hélas! je ne jouis pas longtemps de cette bonne fortune; car, tandis qu'il demeurait à Paris, j'en étais presque toujours éloigné, emporté que j'étais par le flot de la cour. Il mourut bientôt après. Il eut pour successeur François de Harlay, archevêque de Rouen, que je connaissais de longue main pour avoir reçu de lui, dans ma jeunesse, la tonsure ecclésiastique (1656).

Je brûlais du désir de consacrer mes études à la défense ou à la gloire de la religion chrétienne, et quoique je pusse le faire à certains égards en achevant enfin cette édition d'Origène, dont le commencement avait été si bien accueilli du public, cependant j'y avais renoncé tout à fait, faute d'anciens manuscrits sur lesquels j'avais compté, et, s'il faut tout dire, à cause de l'immensité d'un travail sans éclat et qui m'épouvantait. J'aimais mieux que d'autres que moi fissent le métier bas et presque dégradant d'assembleur de notes minutieuses et de pêcheur de misérables variantes; surtout ma pensée était tout entière occupée du plan d'un ouvrage infiniment plus beau et infiniment plus utile, à mon sens, à la cause chrétienne. En effet, plus je considérais dans le calme d'une méditation journalière et profonde, les raisons et les preuves qui établissent et confirment la vérité du christianisme, plus je me persuadais qu'il était possible de démontrer cette même vérité, en se frayant une voie nouvelle, bien différente des sentiers battus, simple, droite et sûre, aussi infaillible, aussi claire que les argumentations des géomètres, lesquels se font gloire, non de persuader mais de forcer la conviction. Mon esprit était absorbé par cette sérieuse et grande idée, lorsque je fus attaché à l'éducation du Dauphin (1670). Il me paraissait impossible de mener convenablement de front ces deux affaires, l'une requérant un travail actif et assidu, l'autre une méditation calme et de tous les moments. Il me fallait de plus me pourvoir d'une masse de livres, feuilleter les interprètes des saintes Écritures, consulter et comparer entre eux les Pères, les écrivains sacrés et profanes, anciens et modernes. L'espace manquait pour placer tous ces livres dans les appartements des maisons royales, réservés aux personnes suivant la cour, et le temps que j'aurais employé à les étudier, je le devais tout entier au prince et à ma charge. J'espérais néanmoins parer à ces inconvénients, à force de diligence et d'économie de temps; aussi pris-je la résolution de ne pas laisser perdre une minute, pas même celles qui sont perdues pour tout le monde, comme le temps qu'on passe en voyage, au lit, avant de s'endormir et lorsqu'on vient de s'éveiller, en s'habillant et en se déshabillant. Des enfants me servaient alors de lecteurs, et parmi mes domestiques, je ne souffrais pas qu'un seul fût illettré. Souvent encore, une fois ma leçon donnée au Dauphin, j'accourais à Paris le soir et même à la nuit close; puis, après avoir employé une grande partie de la nuit à feuilleter les livres de ma bibliothèque, à faire des recherches et des extraits, je revenais à mon poste. Ce travail dura dix ans. Cependant il me fallait conformer ma vie à la vie agitée de la cour, changer de résidence à chaque instant, courir les routes et n'être jamais dans la même place. Que le lecteur, s'il est ami des lettres et de l'étude, se figure combien il est facile pour l'esprit, au milieu de ces allées et venues continuelles et de ces agitations du jour et de la nuit, de s'appliquer aux méditations qui sont le fruit de la tranquillité. Mais, quoique tous ces empêchements fussent plus grands encore qu'on ne saurait l'imaginer, grâce à la persévérance, à l'opiniâtreté de mes efforts, je vins à bout de mon travail. Je l'avais fait pour l'usage du Dauphin et je le lui avais dédié et offert. Son Altesse l'avait gracieusement reçu et avait voulu que le roi lui-même le vît et le louât. C'est pourquoi elle me conduisit aussitôt à Sa Majesté, à qui elle présenta mon livre de ses propres mains.

Je ne puis passer sous silence ce que je découvris alors, avec une extrême surprise, touchant l'habileté et le savoir de du Plessis-Mornai. Lorsque j'entrepris de découvrir la vérité de la religion chrétienne, j'adoptai pour principe de ne pas laisser un seul ouvrage sur ce sujet, tant des anciens que des modernes, sans l'avoir consulté, examiné à fond. J'avais surtout l'espoir de tirer beaucoup de lumières de du Plessis qui, dans un livre assez agréable, avait traité le même sujet. Combien je fus déçu, bon Dieu! Au lieu de trésors je ne trouvai, comme dit le proverbe, que des charbons, des arguments vains et futiles, des témoignages des anciens témérairement invoqués, ou mal compris, ou cités avec mauvaise foi, des erreurs infinies; tellement que je demeurai convaincu qu'il n'avait entrepris ce travail qu'avec l'aide de la science d'autrui, et que c'était par le même moyen qu'il lisait et écrivait des livres[1]. Je ne m'étonnai plus alors qu'il eût si bien fourni au cardinal du Perron l'occasion de le reprendre, de le combattre et de le confondre publiquement.

Autre déception. Pendant que je travaillais à ma *Démonstration évangélique*, j'en causais quelquefois avec mes amis; je leur en confiais avec candeur le plan, la méthode et les preuves. Un beau matin, mes paroles furent recueillies par un traître, et bientôt un livre parut, qui reproduisait exactement le mien, quoique en abrégé. Ainsi me fut dérobé le mérite de mon invention.

Peu de temps après, Claude Frassen[2] de l'ordre des fran-

---

1. Voy. le *Scaligerana* au mot Mornai.
2. Né en 1720, près de Péronne, mort au couvent de l'Observance, à Paris, en 1711. Il est auteur de plusieurs ouvrages de théologie, parmi

ciscains, entreprit de traiter un sujet analogue. Il est à peine croyable combien il y eut de gens qui, à mon exemple et dès que j'en eus donné le signal, écrivirent pour la défense de la foi catholique. Mais Frassen n'avait pas mesuré l'étendue et la grandeur de la besogne dont il s'était chargé, ni pesé son mince bagage avant de se mettre en route. Il n'avait pas vu combien peu il avait l'habitude de la lecture des livres sacrés, avec une connaissance très-superficielle et presque nulle de la langue hébraïque et de l'antiquité. Mais ayant trouvé dans mon ouvrage une quantité assez abondante et suffisamment digérée de cette matière, il la pilla effrontément, les réflexions, les raisons, les preuves, les mots eux-mêmes, et il n'hésita pas de donner le tout comme un fruit de son crû. Il y ajouta seulement quelques injures qui lui appartenaient bien, pensant dissimuler sa fraude, en déchirant l'homme du bien duquel il avait profité. Informé de ce fait par le bruit public, l'archevêque de Paris, Harlay, pensa qu'il était de son devoir de tancer Frassen. Il l'envoya aussi me faire des excuses et tâcher d'apaiser mon ressentiment par le témoignage de son repentir. Frassen obéit. Bossuet, évêque de Meaux, ne fut pas moins indigné de ce procédé, lui qui voyait publiquement flétrir un ouvrage revêtu de son approbation et de celle des autres évêques, et comblé de toutes sortes d'éloges. Il réprimanda Frassen en termes très-vifs, et l'envoya garder les arrêts dans son couvent.

Ce n'était pas cependant de son propre mouvement que Frassen s'était engagé dans cette affaire, c'était à l'instigation de Louis Ferrand [1] le même qui publia depuis un commentaire sur les Psaumes. Dès que j'eus commencé à dé-

---

lesquels on distingue : *Cours de théologie*, Paris, 1672, 4 vol. in-f°; *Scotus academicus*, Venise, 1744, 12 vol. in-4°; *Disquisitiones biblicæ*, Paris, 1682, 2 vol. in-4°; Lucques, 2 vol. in-f°.

1. Avocat et savant orientaliste, né à Toulon en 1645, mort en 1699. Il a laissé, entre autres ouvrages : *Liber Psalmorum cum argumentis*, Paris,

fendre par mes écrits la vérité chrétienne, Ferrand, comme si j'eusse envahi son domaine, ne cessa jamais, soit en public, soit en particulier, de m'attaquer et de témoigner de la haine contre moi. Mais je le laissais volontiers se complaire dans sa mauvaise humeur et sa méchanceté.

Quand ma *Démonstration* fut publiée, un homme, s'il eût su se modérer, vraiment supérieur dans la critique de toutes sortes de livres, mais particulièrement de ceux qui traitent des matières ecclésiastiques, Richard Simon[1] vint chez le libraire Michalet, et là, faisant tout haut l'éloge de l'ouvrage, il déclara qu'il avait l'intention de l'abréger. Je me réjouis sincèrement qu'un connaisseur, un appréciateur si éminent de mon travail, un critique enfin éprouvé dans les œuvres de cette nature, fît cet abrégé que je savais être demandé par plusieurs personnes, et s'imposât une tâche que, ne voulant pas être deux fois le père du même enfant, je ne me sentais pas disposé le moins du monde à entreprendre moi-même. Mais la vraie pensée de Simon était bien différente. Il ne se proposait rien moins que d'interpoler, refondre, désarticuler mon livre, de l'accommoder à son dessein, et de le faire entièrement le sien propre. Quand je sus cela, je le fis prier par Michalet de ne rien toucher à ce qui m'appartenait et de ne s'étendre pas au delà de ce qui était à lui.

Mais ce qui doit paraître extraordinaire, c'est que tandis

---

1683, in-4°; *Summa biblica*, ibid., 1690, in-12; *Dissertationes criticæ de lingua hebræa*, etc., etc.

1. Savant hébraïsant, né à Dieppe en 1638, mort en 1712. Il était de l'Oratoire et professa la philosophie à Juilly et à Paris. Il fut exclu de son corps pour avoir dit que le Pentateuque était d'Esdras, et eut beaucoup de disputes à soutenir contre Bossuet et Port-Royal. Il a laissé un grand nombre d'ouvrages, entre autres l'*Histoire critique du Vieux Testament*, Paris 1678, in-4°, où il exprimait des opinions qui lui suscitèrent de vives attaques; l'*Histoire du Nouveau Testament*, 1689, et l'*Histoire critique de la créance et des coutumes des nations du Levant*, sous le pseudonyme du sieur de Moni, Amsterdam, 1684.

que cet ouvrage, entrepris dans un but de piété, était l'objet des attaques de mes concitoyens catholiques, il était au contraire loué, prôné par des personnes qui n'étaient ni de mon pays, ni de ma religion : ce que les nombreuses éditions qu'on en fit en maints endroits indiquaient assez. Et quand Samuel Puffendorf, alors secrétaire de la reine Ulrique Éléonore de Suède, en eut reçu un exemplaire que son frère lui envoyait d'Allemagne, non-seulement il écrivit à ce frère et dans les termes les plus magnifiques que l'ouvrage lui avait plu infiniment, mais encore qu'il en concevait l'espoir considérable de voir cesser les controverses et les dissensions auxquelles l'Église était en proie, pour peu qu'on se servît, pour prouver la vérité du christianisme, de la méthode du raisonnement dont je m'étais servi moi-même. Il observait de plus que les nations du nord avaient beaucoup rabattu de leurs vieilles haines et de leur ancienne opiniâtreté, et qu'elles semblaient disposées à traiter de la paix à des conditions égales. Cette lettre ne parut pas tant avoir été écrite par Puffendorf à son frère qu'à moi-même. Aussi me la fit-il remettre par mon illustre ami, le marquis de Feuquières, alors ambassadeur de France en Suède. Feuquières m'écrivit de son côté dans le même sens, et aussi à Bossuet. Il nous exhortait vivement tous deux, Bossuet de me presser d'entreprendre ce travail de conciliation, moi de ne m'y pas refuser. Et je me fusse prêté volontiers à un acte si favorable aux intérêts de la religion, si nos troubles civiles n'eussent fermé toutes voies à un accommodement. Oui, à une œuvre si belle et si sainte, j'eusse consacré de grand cœur non-seulement une partie de mon temps et de mes études, mais encore de ma vie entière, si longue qu'elle eût été[1].

Comme j'écrivais ma *Démonstration évangélique*, un autre

---

[1]. Voir les lettres de Menjot, Puffendorf et Feuquières à Huet, dans le tom. II, pag. 180 à 192 du recueil de Tilladet.

genre de travail long et pénible, mais très-utile à la jeunesse studieuse et dont l'honneur et le fruit appartiennent au duc de Montausier qui en avait eu l'idée, vint tout à coup fondre sur moi (1672). Le duc de Montausier, dès son enfance, avait lu et relu avec soin les auteurs anciens, et il se plaignait d'avoir été toujours arrêté dans ses lectures par deux difficultés principales : la première qui venait de l'obscurité des mots et du style, et l'autre, de son ignorance de l'antiquité. Et comme il lui eût été difficile d'emporter avec soi dans ses campagnes une charge entière de commentateurs, il avait eu à souffrir souvent dans ses études du double inconvénient indiqué plus haut. Il souhaitait donc vivement que je prisse le soin de choisir quelques personnes, parmi les érudits, qui se chargeassent d'enrichir de notes et d'éclaircissements, à l'usage du Dauphin, les anciens auteurs qu'Aulu-Gelle appelle classiques, et de les engager dans cette entreprise, non comme des mercenaires, en stipulant un prix misérable et indigne de leurs travaux, mais en leur proposant une rémunération honorable qu'il espérait bien que le roi proportionnerait à sa libéralité naturelle. De son côté, il promettait de la solliciter et se faisait fort de l'obtenir. Informé de ce projet, je répondis au duc de Montausier que, quoique je visse dans l'exécution de cette idée, un surcroît énorme de besogne et une grande perte de temps pour moi, je ne faillirais jamais ni au service du prince, ni à l'utilité du public. En conséquence, je fis venir tous les bons humanistes, et généralement tous les hommes rompus à la lecture des anciens auteurs, que je connaissais soit par moi-même, soit de réputation ; je leur expliquai le but qu'on se proposait, et les exhortai à remplir envers le Dauphin des devoirs auxquels ils étaient d'ailleurs assez bien disposés. Ils accédèrent volontiers à tout ce que je leur demandais. J'ajoutai qu'ils se missent à l'œuvre sans perdre un moment. Je venais donc à Paris tous les quinze jours ; on se rassemblait chez moi à heure fixe ; et chacun me montrait ce qu'il avait fait, pour que j'en prisse connaissance, que je l'examinasse et le jugeasse. J'eus seul l'idée de faire faire pour chaque auteur un indice, non comme on le pratiquait habituellement en se renfermant dans les choses et les mots les plus essentiels, mais en y faisant entrer tous les mots dont cet auteur était composé. Je connaissais de longue main et par expérience l'utilité des indices exécutés d'après cette méthode sur les auteurs grecs et latins par quelques érudits, tels que Wolffgang Seber sur Homère, Daniel Paré sur Musée, Nic. Erythræus sur Virgile, Horace Tuscanella sur Catulle, Properce et Tibulle, le même Paré sur Lucrèce, Thomas Tretter sur Horace, Joseph Lange sur Martial, Juvénal et Perse, Pompeio Pasqualini sur les Métamorphoses d'Ovide, et d'autres sur d'autres auteurs. J'avais surtout remarqué par le long usage que j'en avais fait moi-même combien, pour ceux qui étudient les saintes Écritures, il y a de commodités dans ces indices qui, sous le titre de concordances, sont annexés aux éditions des livres sacrés, hébraïques, grecs et de la Vulgate. Si donc on appliquait au moins aux auteurs latins un procédé qui les rendît plus traitables, plus faciles à entendre, j'étais persuadé qu'on obligerait par là considérablement les gens de lettres. Mais un avantage bien plus important encore résulterait, selon moi, de ces indices ; c'était de renfermer, de circonscrire pour ainsi dire, les limites de la pure latinité. Car, comme ces limites sont toutes marquées dans les écrivains classiques, si chacun d'eux était accompagné d'un indice contenant tous les mots de son auteur, et si de ces indices particuliers on en formait un général, ce dernier ferait voir toute la latinité dans un tableau complet et disposé de telle sorte que, un mot quelconque étant donné, il serait facile par le moyen de cet indice général d'en connaître l'origine, l'emploi, les progrès et la décadence. Ce plan qu'approuvaient beaucoup de gens et qu'ils souhaitaient de voir réaliser, fut contre mon attente, l'objet d'une violente opposition de la part de quelques-uns, à savoir de ceux mêmes qui travaillaient aux commentaires, et que l'étendue et la sécheresse d'une pareille tâche épouvantaient. On craignait aussi que le bénéfice de cet entreprise ne fût incertain, ou ne fût pas assez considérable pour couvrir les frais d'impression. Cependant, je ne me rendis point, et ne cessai

*Ere ciere viros, Martemque accendere cantu,*

jusqu'au moment où il fut question de marier le Dauphin. Alors, cette littérature de cour qui avait déjà coûté plus de deux cent mille livres, fut réduite au silence. Mais quels qu'aient été mes soins dans le choix des savants chargés de ces commentaires, plusieurs cependant moins instruits que je ne l'avais pensé ou plus paresseux, trompèrent les espérances qu'ils m'avaient fait concevoir. Pourquoi ne le dirai-je pas? Il s'en faut beaucoup que toutes les parties de cette collection soient d'un mérite égal, il n'est pas non plus surprenant que dans cette quantité de jeunes gens qui y essayaient pour la première fois leurs forces, il s'en soit glissé plusieurs sortis des derniers rangs de la science, qui s'étaient crus en état d'apprendre aux autres ce qu'ils ne savaient pas assez eux-mêmes. La présomption est le défaut de cet âge.

Mais quoique, dans cette affaire, je ne fusse entré que comme organisateur et directeur et non comme ouvrier, je ne laissai pas de finir peu à peu par remplir moi-même cette humble fonction. Michel Le Faye ayant voulu donner l'interprétation de Manilius, hésitait souvent aux passages un peu obscurs et ne se tirait pas facilement des notes de Scaliger. Il avait donc recours de temps en temps à moi qu'il savait avoir lu jadis ce poëte avec soin et avoir mis en marge de mon exemplaire des notes à mon usage, au moyen desquelles j'éclaircissais le système de l'auteur et relevais beaucoup d'erreurs de Scaliger. Il m'avait souvent entendu dire, qu'en aucun autre de ses écrits Scaliger ne s'était vanté avec tant d'insolence et ne s'était promis tant de gloire, sa marotte étant de se poser en seul et unique connaisseur de l'ancienne astrologie. Sa vanité à cet égard était telle que, à son lit de mort et déjà près d'expirer, il pensait à ses commentaires de Manilius. Et cependant, il ignorait presque entièrement cette science qui consiste à lire dans les mouvements des astres et qui aujourd'hui est abrogée et tombée en désuétude; il ne connaissait pas davantage l'art d'en tirer des prédictions. Lors donc que La Faye se fut aperçu que mes notes marginales l'aideraient beaucoup à éclaircir les ténèbres de Manilius, il me pressa vivement de les recueillir, de les rassembler, de les appuyer par des preuves et de lui permettre de les adjoindre à son texte. Comme je n'y étais en aucune façon disposé, étant accablé de besogne d'ailleurs, il fit agir le duc de Montausier qui avait sur moi tout crédit, et je me laissai si bien empaumer que je consentis enfin à ce qu'on me demandait.

Parmi les personnes que j'employai pour les éditions du Dauphin, je ne dois pas omettre Anne Lefebvre, nourrie sous la discipline de Tanneguy, son père, et qui s'était fortifiée depuis par les conseils du savant Dacier, son mari. Non contente de commenter Florus, Aurélius Victor et Denys le Crétois, elle entreprit une œuvre d'un ordre plus élevé, à savoir, une édition de Callimaque, avec de nombreuses additions et des notes plus savantes qu'on ne l'eût attendu de son sexe. Elle mit en tête de ce livre, comme un témoignage de ses sentiments pour moi, une dédicace où elle faisait savoir dans les termes les plus honnêtes, pourquoi elle avait voulu que ce livre parût sous mon patronage.

L'idée du duc de Montausier, de favoriser, au moyen de commentaires, l'intelligence des écrivains de l'antiquité, m'en rappelle une autre du même personnage tout à fait charmante, louée, comme elle le méritait, et chantée par tous les poëtes français, sous le nom bien connu de *Guirlande de Julie*. Il était alors très-amoureux de l'illustre Julie d'Angennes de Rambouillet, et comme tous les amoureux, il aspirait par toutes sortes de services, à l'honneur de sa main. Le 1er janvier approchant, il voulut régaler cette jeune fille, en lui offrant comme étrennes une collection peinte de toutes les fleurs qu'il avait pu rassembler dans une saison où il y en a si peu. Il employa pour ce genre de peinture qu'on appelle miniature, l'artiste qui passait pour y être le plus habile. Il fit ménager au bas de chaque figure assez d'espace pour y faire écrire un madrigal sur la fleur qui y était peinte et à la louange de la vertu, de l'esprit, de la beauté et des autres qualités de Julie. Il pria les beaux esprits de ce temps-là qui étaient presque tous de ses amis, Chapelain, Desmarets, et plusieurs autres, de se charger de la composition de ces pièces, après s'en être réservé la meilleure partie. Pour copier chaque madrigal, il se servit d'un calligraphe si excellent, que si cet homme eût laissé quelque échantillon de son écriture, on le payerait aujourd'hui au poids de l'or. Le tout, magnifiquement relié et enfermé dans un sac de peau odorante d'Espagne, qui était alors à la mode chez les gens d'un luxe raffiné, fut envoyé à la belle Julie. A partir de ce jour, la *Guirlande de Julie* fut le thème obligé des conversations du beau monde, et il n'y eut personne de l'un et de l'autre sexe, se piquant d'esprit et de goût, qui ne souhaitât de flairer ce précieux volume et d'en examiner les fleurs. Je n'avais point obtenu jusqu'alors la faveur de contempler cette merveille, et je m'étais souvent plaint à M. de Montausier d'être à peu près le seul de ses connaissances qui ait été privé de cette bonne fortune. Un jour que je renouvelais mes doléances en présence de Mme Marie de Saint-Maur, femme de l'illustre M. de Crussol, duc d'Uzès, et fille de M. de Montausier, elle me dit à l'oreille : « Taisez-vous, et demain votre curiosité sera satisfaite. » Elle le fit comme elle me l'avait promis. Elle me conduisit le lendemain dans sa bibliothèque, qui était peu nombreuse mais pleine de livres de la meilleure qualité, qu'elle avait choisis elle-même, dont elle seule se servait et qui étaient reliés dans un goût particulier aux dames. Prenant alors le livre tant désiré : « Tenez, me dit-elle, voici la *Guirlande de Julie* ; lisez, régalez-vous, jusqu'à ce que je sois de retour ; et pour qu'on ne vienne pas vous interrompre, vous me permettrez de vous enfermer ici et de vous tenir prisonnier jusqu'au coucher du soleil. » Cette captivité dura quatre heures et me fut plus douce que la liberté même ; durant tout ce temps-là, je pensai avoir vécu dans la compagnie des hommes de ce siècle les plus fameux par leur esprit et leur politesse.

Peu de temps après, à la demande de Bossuet, Giraud de Cordemoy[1] fut attaché à la maison du Dauphin avec le titre de lecteur. C'était un habitué des conciliabules des cartésiens, et il s'était cru assez pénétré de leurs principes pour pouvoir les enseigner lui-même. Il avait donc entrepris d'exposer quelques-uns des points principaux de cette doctrine, et il s'en était acquitté comme s'il eût été de son office de la défendre et de la propager en publiant des opuscules infectés de ce mauvais levain. C'est par là qu'il fut connu de Bossuet, qui lui-même, favorisait cette philosophie, et qui avait chez lui à certains jours, des réunions de cartésiens. Mais depuis qu'il fut attaché à l'éducation du Dauphin, Cordemoy résolut d'écrire l'histoire de Charlemagne qu'il voulait proposer au jeune prince comme le modèle des vertus royales. Il continua même son histoire jusqu'aux règnes suivants.

J'appris alors par une lettre de Caen la mort de Jacques Guerville, mon compatriote, mon camarade d'étude et mon ami. D'une piété singulière, ou pour mieux dire un saint, né noble, riche et destiné par sa famille aux plus hauts emplois, il préféra « être le dernier dans la maison du Sei-

---

1. Né à Paris vers 1620, mort en 1684. Il a écrit sur l'*Ame des bêtes*, 1668, sur le *Discernement du corps et de l'âme*, 1666, conformément aux principes de Descartes; une *Histoire de France depuis les Gaulois jusqu'en* 987, publiée en 1687-89, et divers traités qui ont été réunis, 1691.

gneur, » et l'humilité du Christ au vain éclat du monde. Il eut d'abord le gouvernement spirituel d'une petite paroisse à la campagne ; il eut ensuite celui d'une église de Caen, où il passa toute sa vie à prendre soin de son troupeau et à soulager les pauvres, en quoi il était fort libéral.

J'appris par la même voie la mort d'André Graindorge, un de mes vieux amis, dont j'ai voulu consacrer la mémoire, en lui dédiant mon livre de l'Interprétation. Il touchait à peine à la vieillesse, et était d'une santé qui lui promettait de longs jours, lorsqu'il fut attaqué d'une maladie d'un genre tout nouveau. Il parlait haut en dormant, et dans cet état tenait à part soi des discours sans fin. Éveillés par ce bruit, ses domestiques accouraient avec des lumières et lui demandaient ce qu'il voulait. Lui, ouvrant les yeux et souriant mais non éveillé, leur faisait une foule de questions et répondait assez bien aux leurs. On découvrit par là qu'il avait une fièvre latente dans les entrailles, laquelle augmenta peu à peu, se fit jour au dehors, et finit par l'emporter.

Un jour que le Dauphin était au lit, à cause d'une légère indisposition, et que nous autres qui lui tenions compagnie, tâchions de l'égayer par nos propos, la conversation tomba sur ce personnage qui s'était vanté, dit-on, d'écrire l'Iliade en caractères si menus, qu'il avait pu la renfermer dans une coque de noix. Cela parut incroyable à plusieurs personnes de la compagnie ; pour moi, je soutins non seulement que c'était possible, mais encore que je l'exécuterais moi-même. Alors, l'étonnement fut général. Il fallut, sous peine de passer pour un présomptueux, justifier ma proposition par le fait. Je pris un quart de feuille de papier ordinaire, et sur sa largeur, j'écrivis une seule ligne en si petits caractères, qu'elle contenait vingt vers de l'Iliade. Cent vingt lignes de cette étendue pouvaient facilement tenir sur chacune des surfaces de la page et conséquemment la page elle-même deux mille quatre cents vers d'Homère ; et, comme la feuille ainsi divisée donnerait huit pages, il y aurait place pour plus de dix-neuf mille vers, et le nombre de ceux de l'Iliade ne dépasse pas dix-sept mille cent. Ainsi par une seule ligne ma proposition se trouva démontrée[1].

Il y avait déjà-longtemps que Georges Grævius avait un nom fameux dans les lettres, tant à cause de sa rare érudition qu'à cause de ses éditions d'auteurs anciens qui appartenaient plus spécialement à la classe des belles-lettres. Je fus donc très-heureux et considérai comme un très-grand honneur qu'il voulût bien m'écrire une lettre savante et courtoise où il m'invitait avec bonté à entrer en commerce avec lui et à être son ami. J'acceptai cette agréable proposition avec reconnaissance, et ne manquai jamais jusqu'à sa mort qui arriva peu d'années après, de la lui témoigner. Je n'ai pas non plus, depuis lors, oublié un moment cet excellent homme, et je ne l'oublierai jamais tant que je vivrai.

Dans le fort de mon travail à ma *Démonstration évangélique*, je n'avais pas cessé de lire l'Écriture sainte. Les réflexions que m'avait suggérées cette lecture, rallumèrent en moi plus vivement un goût dont j'avais senti pour la première fois dans mon adolescence les brûlantes atteintes, c'est à savoir le goût pour l'état ecclésiastique. Il me fallut enfin obéir à ces appels réitérés de Dieu qui m'attirait à lui avec tant de constance et de bonté. Je ne voulais pourtant pas encore entrer dans les ordres, ne me sentant pas assez mûr pour cela, mais je voulais que ma conduite extérieure portât le témoignage de ma résolution. Le seul changement dans mes habits me paraissait devoir être l'objet d'une sérieuse délibération; car Bossuet qui n'ignorait rien des moindres choses qui appartiennent à l'Église et auquel j'en référai, me conseilla de quitter momentanément la cour et le monde, comme pour vaquer à quelques exer-

---

[1]. L'anecdote est racontée plus au long et un peu différemment dans l'*Huetiana*, pag. 135.

cices spirituels ; pendant ce temps-là lui, le duc de Montausier et quelques autres de mes amis, répandraient la nouvelle que je me destinais à l'Église, et que j'avais disparu à cet effet pour reparaître bientôt sous le costume consacré. Je pensais au contraire qu'il ne fallait pas changer brusquement mais par degrés de manière d'être, raccourcir chaque jour mes cheveux et mettre peu à peu plus de modestie dans le reste de ma toilette. Bossuet ayant à la fin partagé cet avis, je procédai si bien à l'exécution, que, encore que je ne me fusse montré jusqu'alors qu'en habit de cour et presque de guerre, ma métamorphose s'opéra sans que, pour ainsi dire, personne s'en aperçût.

Ce n'était pas seulement l'extérieur, mais encore l'intérieur que je m'appliquais à réformer selon les prescriptions de l'Église. Je fus alors attaqué au fondement d'un mal très-douloureux; comme pour le guérir, il fallait pratiquer une opération, qui ne pouvait avoir lieu sans périls et sans de cruelles souffrances, je préférai m'adresser à un chirurgien obscur qui se vantait de guérir ces affections au moyen d'un onguent très-salutaire, disait-il, et très-efficace. Il est vrai que la cure fut longue et que c'était toujours de nouvelles douleurs quand il était besoin de sonder les plaies, mais enfin, après quatre mois de tortures, la violence du mal cessa, grâce à Dieu, et fut suivie de mon rétablissement. Ma santé toutefois ne recouvra jamais tellement son ancienne vigueur, que des constipations opiniâtres, fruit d'une vie sédentaire ne me causassent de temps en temps de nouvelles douleurs et de légers accès de fièvre. Comme je cherchais un remède à cela, le premier médecin du Dauphin me conseilla de prendre chaque jour avant le repas un peu de cette casse que les pharmaciens nomment *fistulaire* et qu'on tire de la silique d'Égypte. Je suivis scrupuleusement ce conseil, et ma santé et toute ma constitution s'en trouvèrent si bien que, durant plusieurs années, je ne me rappelle pas avoir gardé le lit un seul jour pour cause d'indisposition. Mais depuis je tombai si gravement malade, que pendant quelques jours je fus abandonné des médecins et tenu pour mort. C'est un vrai miracle que j'en sois revenu.

J'eus alors recours à un autre moyen pour assurer la conservation de ma santé. J'avais l'estomac paresseux ; l'usage fréquent des boissons de toutes sortes que les médecins prescrivent aux malades, avait achevé de le débiliter. A la fin, les fibres de cet organe s'étaient tellement relâchées, qu'il digérait à peine les aliments, et comme à cela se joignait souvent une fluxion d'yeux, je me plaignais d'avoir à moi seul les deux infirmités que se partageaient Virgile et Horace, dont le premier était *lippus* et le second *crudus*. Mais je me souvenais d'avoir lu dans Alexandre de Rhodes[1] de la compagnie de Jésus, dans le récit de son voyage au Tonquin, que les feuilles de thé étaient excellentes pour donner du ton à l'estomac. Le nom et l'usage de cette plante ne faisaient que commencer d'être connus en France ; il y en avait peu chez les marchands et elle se vendait au poids de l'or ; de plus je ne savais pas bien la manière de la préparer. A quelque prix que ce fût je résolus néanmoins d'y chercher quelque soulagement ; cela me réussit parfaitement. Mon estomac me parut s'être entièrement renouvelé, et je n'eus pas depuis une seule indigestion. Aussi le cas que je faisais de cette plante était-il considérable, et je ne passais pas un jour sans m'en régaler. J'en recueillis cet avantage que mon cerveau se nettoyait en quelque sorte à la vapeur bienfaisante de ces feuilles salutaires ; aussi est-ce avec raison que

1. Il était né à Avignon en 1591. Au Tonquin, il baptisa plus de six mille habitants dont plusieurs mandarins qui furent exilés. Enfin, le nombre de ses adeptes se monta bientôt jusqu'à trente mille. Il passa ensuite dans la Cochinchine, où sa prédication produisit les mêmes fruits, mais d'où il fut chassé après avoir été emprisonné. Il fut envoyé en Perse sur sa demande et y mourut en 1660. On a de lui un *Dictionnaire annamitique*, langue en usage dans le Tonquin, Rome, 1651, et une *Relation des progrès de l'Évangile dans le royaume de Tonquin*, en italien, Rome, 1650, in-4° ; en français et latin, Lyon, 1651 et 1652.

je les appelais le balai de l'intelligence. En reconnaissance du bien qu'elles me faisaient, je résolus de les chanter en vers.

L'Académie française était alors à l'apogée de sa gloire, depuis surtout que Louis le Grand avait accepté le titre de *protecteur* de cet établissement, après la mort du chancelier Séguier qui l'avait porté et à qui Richelieu, le fondateur de l'Académie, l'avait transmis. Personne n'en était membre dont le roi n'eût confirmé l'élection. Elle comptait un grand nombre de personnages illustres par leurs charges ou fameux par leur esprit, qui étaient mes amis, et qui m'engageaient à être de leur compagnie, en faisant la remarque que là où il y avait communauté d'affections, il devait y avoir communauté de travaux. J'en convenais volontiers et de plus qu'il me serait très-glorieux de faire partie d'une assemblée de gens si dignes de toutes sortes de louanges. Mais j'étais absorbé par ma *Démonstration évangélique*, et il ne m'était pas permis de me détacher de cette grave étude, pour perdre mon temps en visites de cérémonies, assister aux séances et prononcer souvent des discours en public. Je sentais que de pareilles obligations bouleverseraient tout le plan de ma vie. Cependant des motifs si justes et si raisonnables ne touchèrent pas mes amis; ils ourdirent contre moi une véritable conspiration et résolurent de me faire entrer à l'Académie malgré moi. Et quoiqu'il fût de règle de n'y admettre personne qui ne l'eût sollicité et que ses démarches ne fussent attestées par un témoin véridique, les conjurés passèrent sans hésiter un moment par-dessus la règle, sûrs que mon respect pour eux s'opposerait à ce que je les démentisse. A la tête de cette *faction* étaient Bossuet, Pélisson, Courcillon, marquis de Dangeau, Fléchier, Mézerai et plusieurs autres que M. de Montausier s'efforçait par tous les moyens de confirmer dans leur dessein. Le résultat fut que j'entrai dans cette compagnie, malgré moi et à mon corps défendant (1674). Je sentis bien alors, ainsi que je l'avais prévu, les inconvénients d'un fardeau si lourd, et qu'en toute autre circonstance j'aurais regardé comme une simple charge honorifique. Une fois élu, je me trouvai le collègue de quelques hommes excellents, tels que Valentin Conrart, secrétaire du roi et aussi secrétaire de l'Académie, qui passait pour bien parler et bien écrire le français, soit en vers, soit en prose, qui était de mœurs extrêmement polies, mais dépourvu de toute instruction; François Mézerai, écrivain distingué de l'histoire de France; Pierre Corneille, le premier sans contredit des poëtes de ce siècle et Jean Racine qui marchait sur ses traces; Roger de Bussy-Rabutin, fameux par son *Histoire amoureuse*, pleine d'esprit et de charme, mais trop méchante et pour laquelle il encourut la disgrâce du roi qui le jugea digne pour ce méfait de passer quelques mois à la Bastille. Il fut moins applaudi d'ailleurs pour ses autres écrits, principalement pour ses Mémoires où il semble s'être proposé uniquement de faire son propre éloge, et de se déclarer supérieur en tout et à tous. Cette prétention lui succéda fort mal, car après avoir manqué la gloire qu'il avait ambitionnée, il compromit celle dont il était déjà en possession. Je nommerai encore Isaac Benserade, vraie source d'esprit et de grâces, et dont on ne pouvait entendre la parole sans être captivé; Charles Perrault; Philippe Quinault, poëte alors en vogue, et enfin Jean Gallois, qui le premier chez nous écrivit avec pureté et avec politesse le *Journal des savants* [1]. Ajoutez tous ceux dont j'ai déjà fait l'éloge ailleurs, Jean Desmarets, célèbre par son poëme épique et par d'autres

---

1. Gallois (Jean), abbé de Saint-Martin des Cores, secrétaire de l'Académie des sciences, professeur en grec au Collège royal, naquit à Paris en 1632. Il succéda à Sallo dans la direction du *Journal des savants*, que celui-ci avait fondé; mais il n'y mit pas la même critique; il savait combien elle offense lors même qu'elle est modérée et juste. Les auteurs furent contents; mais il n'en fut pas de même du public. On l'accusa de prodiguer les louanges aux bons comme aux méchants écrivains. Le journal fût tombé si Colbert ne l'eût soutenu de sa protection et de l'argent du roi. L'abbé Gallois mourut en 1707.

poésies ingénieuses ; Paul Pélisson, le même dont j'ai parlé ci-dessus, maître des requêtes ; Séraphin Régnier[1], fort instruit non-seulement dans la littérature latine, mais dans l'espagnole et l'italienne, et membre de l'Académie *della Crusca*; enfin Esprit Fléchier, depuis évêque de Nîmes, personnage d'une grande éloquence. Il était directeur de l'Académie, le jour de ma réception. Quand j'eus débité en présence d'un nombreux auditoire le discours d'usage, il me fit une réponse éloquente où il me loua beaucoup. Ce même jour, Desmarets lut une pièce de vers excellente, mais dont le sujet était mal choisi, son but ayant été de rabaisser Homère et Virgile. Rempli d'amour-propre et d'admiration de soi, Desmarets s'était flatté, encore qu'il n'osât pas se déclarer supérieur à eux, de paraître tel en effet à force de les ravaler. Jaloux de tant d'audace et encore plus emporté, plus violent que lui, Perrault ne craignit pas, à la honte éternelle de son nom, de soutenir dans un écrit que notre siècle avait vaincu l'antiquité dans tout art et toute science que ce fussent, et détourné sur soi toute la gloire qui revient au génie. Comme il me demandait ce que je pensais de sa thèse, je lui en démontrai si parfaitement la sottise, qu'il parut depuis revenir à des sentiments plus raisonnables ; car il ne répondit point à une dissertation assez longue que je lui adressai à ce sujet, et il ne s'opiniâtra point à soutenir par de nou-

---

1. Régnier-Desmarest (Séraphin), né en 1632, traduisit en vers burlesques la *Batrachomyomachie*, pendant qu'il faisait sa philosophie à Montaigu. Cet ouvrage parut un prodige dans un jeune homme de quinze ans. Le duc de Créqui, charmé de son esprit, le mena avec lui à Rome, en 1662. Desmarest y apprit si bien l'italien, que l'Académie della Crusca de Florence prit une de ses odes en cette langue pour une production de Pétrarque, et reçut l'auteur au nombre de ses membres en 1667. Trois ans après, il fut nommé de l'Académie française, et succéda à Mazarin, en 1684, comme secrétaire de la compagnie. Il se signala dans les démêlés de l'Académie contre Furetière et composa tous les mémoires qui ont paru à cette occasion. Il eut plusieurs bénéfices, et il eût été évêque, dit-on, sans sa traduction d'une scène voluptueuse du *Pastor fido*. Il mourut en 1713, à quatre-vingt-un ans.

veaux écrits son système insensé. Il cacha d'ailleurs avec tant de soin ma dissertation, qu'on ne la trouva par hasard dans ses papiers qu'après sa mort. Mais j'ai déjà dit ailleurs quelque chose de cela[1].

Avant de quitter l'Académie, un mot sur P. Corneille. Il avait acquis une réputation considérable et méritée, et il régnait au théâtre, lorsque, oublieux de sa dignité, il s'abaissa à de petites compositions tout à fait indignes de son génie. S'il paraissait quelque poëme ayant du succès dans les écoles, il s'en faisait l'interprète, lui qui eût à peine dû souffrir un interprète de ses propres œuvres. De plus, lorsqu'il préparait une édition de ses poésies, et qu'il les revoyait alors dans l'intention de les corriger, il les gâtait souvent, en dépit des remontrances de Thomas, son frère, qui était bon juge en pareille matière. Mais, ce qui était extraordinaire dans un si grand homme, il jugeait de poëmes et des poëtes avec peu d'équité et peu de bon sens. Parfois, je frémissais d'horreur, lorsqu'il me confessait ingénument, quoique avec une sorte de honte, qu'il préférait Lucain à Virgile. Passionné pour les applaudissements de la foule, et préoccupé uniquement des moyens de les conquérir, il avait un goût particulier pour les maximes pompeuses qui sont les plus propres à exciter l'émotion des masses. D'ailleurs indifférent à toutes les qualités de la poésie qui consistent dans une invention prudente et judicieuse, dans l'heureuse construction d'un plan, dans l'égale division et dans l'enchaînement des parties, dans les beautés du style répandues sur ces mêmes parties en général et sur chacune en particulier, il n'avait de complaisance que pour les règles qu'il s'était faites, méprisant toutes les autres, et ne les apercevant même pas. Tant il est vrai, ce que j'a osé affirmer ailleurs, contrairement à l'opinion commune,

---

1. Voir, à l'Appendice, n° 1, cette pièce curieuse, tirée du tom. 1ᵉʳ du *Recueil de dissertations* de l'abbé Tilladet.

qu'on trouvera plus de poëtes excellents, lesquels sont cependant très-rares, que d'appréciateurs habiles et équitables de la poésie. Mais j'estime Corneille digne des plus grands éloges, pour, après s'être enfin dégoûté des applaudissements vulgaires qu'il obtenait au théâtre, avoir fait de son talent un meilleur emploi, en célébrant dans ses vers les louanges de Dieu.

Environ ce même temps, je reçus la visite d'un Anglais nommé Édouard Bernard [1], dont peu de gens égalaient alors l'érudition et presque personne la modestie. J'en excepte pourtant Thomas Gale [2], Anglais aussi, supérieur en science et en modestie, non-seulement à Bernard, mais à tout autre que j'aie connu. Quoique je ne l'eusse jamais vu, il gagna mon amitié pour toutes sortes de prévenances et de bons offices; et, tels sont les bienfaits que j'ai reçus de lui que, à moins d'être le dernier des ingrats, je ne saurais jamais l'oublier.

J'eus le bonheur, cette même année, de voir s'accroître encore le nombre de mes amis. Jean La Fontaine, le spirituel, le délicieux, le malin fabuliste, avait su que je voulais voir une traduction italienne de Quintilien, faite par Horace Tuscanella; non-seulement il me l'apporta et m'en fit présent, mais il y joignit une charmante pièce de vers à mon

---

1. Né à Towcester, dans le Northamptonshire, en 1638. Il fut professeur d'astronomie à Oxford. Il était très-habile dans les mathématiques, la chronologie et la littérature. Il publia quelques ouvrages sur les sciences qu'il enseignait et sur la critique : *De mensuris et ponderibus*, Oxford, 1688, in-8°; *Litteratura ex charactere samaritano deducta*, etc., ibid., 1687 et 1700, in-f°, et des traités d'astronomie qui sont estimés. Il mourut en 1696.

2. Né à Scruton, dans le comté d'York, en 1636. Il fut successivement directeur de l'école de Saint-Paul, membre de la Société royale de Londres, et enfin doyen d'York en 1697. Ses ouvrages décèlent une profondeur d'érudition étonnante. Ils sont nombreux. Les principaux sont des notes sur les auteurs de l'antiquité et des compilations d'historiens, de rhéteurs, de mythologues, qui peuvent encore aujourd'hui être d'un grand secours pour la critique. Il mourut en 1702.

adresse, où il se moquait des gens qui opposent et préfèrent même notre siècle à l'antiquité. En quoi il donnait une preuve de sa candeur ; car, encore qu'il fût au premier rang de nos meilleurs écrivains, il aimait mieux plaider en quelque sorte contre soi-même que de frustrer les anciens de l'honneur qui leur appartient.

J'eus l'obligation à cette même année de me procurer l'amitié de deux illustres ducs et pairs, ou plutôt de m'en confirmer la possession : je parle de M. de La Rochefoucault et de M. de Beauvilliers de Saint-Aignan. Le premier se fit un grand nom dans les lettres par ses *Mémoires* sur les affaires de France, après la mort de Louis XIII, écrits avec une grande finesse de jugement et dans un beau style qui a toute la noblesse du personnage qui tenait la plume. Mais dans ses *Maximes* où il a peint les mœurs des hommes, je ne trouve pas grand'chose à louer sans réserve ; car ce n'est pas aux bonnes mœurs, mais aux mœurs corrompues qu'il en a emprunté le sujet ; de sorte que ce qu'il a appelé du nom général de maximes, comme si elles étaient également applicables à tous les hommes, ne convient, à vrai dire, qu'aux hommes vicieux. Comme je le voyais absolument inoccupé et rechercher d'ailleurs avec passion la compagnie des savants, je souhaitais vivement de le faire entrer à l'Académie française ; j'en avais même parlé à Mme de La Fayette qui était l'objet de ses soins particuliers, qu'il avait coutume de consulter, et chez laquelle j'avais le plaisir de le rencontrer souvent. Elle approuva mon dessein, mais elle ajouta que quelque chose empêcherait le duc de l'approuver, à savoir, la loi imposée aux académiciens de faire, à la cérémonie de leur inauguration, une harangue en présence de l'assemblée et d'une foule de savants personnages qui y assistent ce jour-là comme spectateurs ; que le duc était si timide, si effrayé d'avoir à parler en public, si peu accoutumé à faire des discours dans le but de captiver les oreilles d'autrui, que s'il voyait seulement six ou sept personnes réunies pour l'entendre, il courrait risque de se trouver mal. Pour M. de Saint-Aignan, que j'ai dit ailleurs m'avoir demandé une place dans l'Académie domestique que j'avais fondée à Caen, et qui était depuis longtemps de l'Académie française, il avait donné maintes preuves de son talent en vers comme en prose ; et une fois, ayant su que le jour consacré à l'immaculée conception de la sainte Vierge était chanté, tous les ans, sur un théâtre, à l'université de Caen, par des poëtes qu'on y conviait de toutes parts et qu'on encourageait par des récompenses, il voulut aussi prendre part à cette lutte, et il remporta le prix de poésie lyrique, aux applaudissements unanimes de ses concurrents. Depuis lors, il ne manqua jamais une occasion de me témoigner sa bienveillance.

Je fréquentais beaucoup alors Nicolas Melchisédec Thévenot[1] et j'avais un plaisir extrême à feuilleter sa collection d'anciens traités sur la géographie, que, à l'exemple de J. B. Ramusius[2], il avait rassemblés de toutes parts avec soin. Ces traités, cependant, eussent été plus avantageux aux lettres si, au lieu de les publier pour ainsi dire au hasard et confusément, on eût appliqué une méthode régulière, uniforme à cette opération. Comme plusieurs de ces traités semblaient avoir été traduits en français de langues

---

1. Né à Paris vers 1620, Thévenot montra de bonne heure son goût pour les voyages, et bien qu'il ne vît qu'une partie de l'Europe, le soin qu'il prit de s'informer exactement des mœurs et des coutumes des différents peuples, le rendirent peut-être plus habile dans la connaissance des pays étrangers, que s'il y eût voyagé lui-même. Il avait aussi la passion des livres et manuscrits rares. Nommé garde de la Bibliothèque du roi, il l'augmenta d'un nombre considérable d'ouvrages qui manquaient à ce riche dépôt. Il assista au conclave tenu après la mort d'Innocent X, et négocia avec la république de Gênes en qualité d'envoyé du roi. Il mourut en 1692, à soixante-douze ans. On a de lui des *Voyages*, 1696, 2 vol. in-f°, etc.

2. Ramusius ou plutôt Ramusio, historien, secrétaire du conseil des Dix, à Venise, naquit en 1485. Il fut envoyé de la république en France, en Suisse et à Rome. Il mourut en 1557. Il a laissé entre autres un *Recueil de voyages maritimes*, Venise, 3 vol. in-f°, enrichi de *préfaces*, de *dissertations* et de *notes*.

étrangères et principalement de l'arabe, Thévenot en étant l'éditeur passait pour en être aussi le traducteur, et comme très-habile dans la connaissance de ces langues. Aussi, Colomiès lui donne-t-il une place dans sa *Gallia orientalis*[1]; cependant Thévenot ne les savait que très-superficiellement, et les traductions avaient été faites pour lui par des personnes plus habiles que lui. Lorsqu'il avait été nommé garde de la Bibliothèque royale, il avait formé le projet de réunir en un seul corps tous les auteurs qui ont écrit sur l'art militaire; projet qu'avait eu également Casaubon lorsqu'il occupait la même place. Il voulut alors que je lui communiquasse les *Tactiques* d'Asclépiodote que j'avais copiées autrefois dans la bibliothèque de la reine Christine à Stockholm, et un autre traité, aussi écrit en grec sur le même sujet et qu'on attribuait à Africanus, le temps en ayant détruit le titre; Jacques Paulmier me l'avait donné autrefois. Mais une mort inopinée coupa court aux desseins de Thévenot, et mon commentaire d'Africanus suivit le sort de sa bibliothèque qui fut dispersée.

La littérature orientale était alors également cultivée, et avec succès, par Barthélemy d'Herbelot[2], chez qui je n'allais jamais que je n'en revinsse plus savant; car il sortait rarement, et était très-avare de son temps, tout comme je suis

---

1. Savant professeur, né à la Rochelle en 1638; il suivit Isaac Vossius en Hollande et en Angleterre où il devint bibliothécaire de l'archevêque de Cantorbéry. Ayant perdu cette place à la suite de la disgrâce du prélat, il mourut de chagrin à Londres en 1692. Ses ouvrages de biographie, de philologie, de compilations, etc., sont très-nombreux. On en peut voir la liste dans la *Biographie universelle*. Sa *Gallia orientalis*, contenant les vies des Français qui ont cultivé l'hébreu et les autres langues orientales, est in-4°, la Haye, 1665.

2. Orientaliste, né à Paris en 1625, mort en 1695. Il parcourut l'Italie, et résida longtemps à Florence, près du grand duc. De retour en France, il fut nommé interprète pour les langues orientales, puis professeur de syriaque au Collège de France. Sa *Bibliothèque orientale*, Paris, 1697, in-f°, et la Haye, 1777-82, 4 vol. in-4°, contient tout ce qui regarde les peuples de l'Orient, et est pleine d'une érudition immense; mais elle manque de critique. Elle fut publiée par Galland.

peu prodigue du mien. Tout le fruit de ses travaux consiste dans ce copieux échantillon de sa science auquel il donna le titre de *Bibliothèque orientale*; et ce titre est bien fondé, car toute la matière répandue dans ce nombre infini d'ouvrages qui nous viennent de l'Orient, il l'a rangée avec soin et suivant une méthode claire dans sa *Bibliothèque*.

J'eus aussi pour ami un homme qui l'était de tous les gens d'étude, Vion d'Hérouval [1], ayant lui-même quelque teinture des lettres, et tout entier d'ailleurs au service de la littérature. Des poudreuses archives de la Chambre des comptes que sa charge lui avait permis de fouiller souvent et avec zèle, il communiquait généralement des pièces très-précieuses pour la connaissance des anciens temps à ceux qui lui en faisaient la demande.

Je ne dois pas non plus passer sous silence Adrien Auzout [2], personnage d'une littérature variée et étendue, très-versé dans les arts libéraux et particulièrement dans les mathématiques. Il publia peu de chose, mais le peu qui sortit de sa plume témoigne de sa diligence et de son rare esprit. Telle est cette courte dissertation où il entreprend de décrire et de marquer d'avance la marche de la comète de 1664. Et, parce que j'avais essayé quelque chose de semblable à Caen, lorsque je marquais avec un fil, sur ma sphère céleste, les endroits que l'astre devait parcourir, que je les avais indiqués à mes amis et que mes calculs s'étaient trouvés jus-

---

[1]. Né à Paris en 1606. Il mérite une place parmi les hommes de lettres de profession, quoiqu'il n'ait contribué par aucun ouvrage de sa façon à l'enrichissement des lettres. Il fut d'un grand secours au P. Labbe dans sa collection des conciles, à dom Luc d'Achery dans son *Spicilegium*, à Ducange dans son édition de Joinville, et à d'autres écrivains. Il eut une attaque d'apoplexie qui l'emporta à quatre-vingt-trois ans.

[2]. Il naquit à Rouen. Il fut membre de l'Académie des sciences, après avoir donné des preuves de son grand savoir dans les mathématiques. C'est à lui qu'on doit l'invention du micromètre à fil mobile qui sert aujourd'hui aux astronomes à mesurer le diamètre apparent des petits objets. Il mourut en 1691. Il publia un *Traité* sur son micromètre, Paris, 1667, in-4°, et des *Lettres sur les grandes lunettes*.

tes, mon premier soin, dès que je fus de retour à Paris, fut d'aller voir Auzout et de comparer mes observations avec les siennes qu'il m'avait envoyées. Elles s'accordèrent parfaitement.

J'avais vu et connu autrefois à Caen, Job Ludolf[1], le père de la littérature éthiopique, lorsqu'il était l'hôte de Bochart, auquel il enseignait les éléments de cette langue. Cette connaissance que le laps des temps avait effacée, Ludolf la renouvela lui-même plusieurs années après, quand, déjà célèbre par ses savants et nombreux ouvrages, il fit un voyage à Paris. Je reçus avec plaisir sa visite qui m'était faite au nom et en souvenir de nos anciennes relations.

Le temps était venu alors d'initier le Dauphin à la connaissance des mathématiques, de celles principalement qui s'appliquent à la fortification. Ce soin fut confié à François Blondel[2], professeur royal de mathématiques, savant d'ailleurs et lettré, comme le prouvent quelques bons écrits qu'il a publiés. Il m'en voulait, et il ne s'en cachait pas vis-à-vis de moi, de ce que j'eusse attenté, dans ma *Démonstration évangélique*, à l'honneur et à la dignité de la géométrie; mais il lui fut plus facile de mépriser mon opinion que de la combattre par de solides arguments.

En 1677, j'appris la triste nouvelle de la mort d'Antoine Hallé, jadis mon précepteur; j'en fus d'autant plus cruellement affligé que je sus qu'il s'était souvenu de moi dans son agonie et qu'il m'avait envoyé un dernier adieu dans les

---

1. Orientaliste, né à Erfurt en 1624, mort en 1704. Il fut précepteur du fils de l'ambassadeur de Suède en France, puis des enfants du duc de Saxe-Gotha. Il fut nommé par ce duc conseiller aulique, puis son résident à Francfort. On a de lui *Historia Æthiopica*, Francfort, 1681-93; *Grammatica linguæ æthiopicæ*, 1704, etc. Sa correspondance avec Leibnitz a été publiée par Michaëlis, Gœttingue, 1775, et dans les *OEuvres de Leibnitz*, tom. VI.

2. Architecte, né en 1617, à Ribemont en Picardie, mort en 1686, a donné les dessins de la porte Saint-Denis, et a rédigé un *Cours d'architecture* estimé, 1698, 2 vol. in-f°. Louis XIV le nomma directeur et professeur de l'école d'architecture.

termes les plus affectueux. Je l'ai déjà dit ci-devant, et il m'est agréable de le répéter. Il m'avait envoyé, quelques mois auparavant une copie de ses Mélanges, adressée au Dauphin, avec prière que je les lui présentasse en son nom et les recommandasse à Son Altesse Royale. J'étais alors à Paris, gravement malade, hors d'état de sortir et de faire la commission d'Hallé autrement que par lettre. J'envoyai donc le présent au Dauphin avec une lettre où je louais fort la vertu et la science de mon ami. La réponse de cet excellent prince fut pleine de bonté, et ce ne sera pas m'écarter de mon sujet que de la rapporter ici, avec la lettre qui y a donné lieu.

Je m'exprimais ainsi :

« Antoine Hallé, autrefois mon précepteur, était dans ce temps-là célèbre par l'étendue de ses connaissances, singulièrement par son talent poétique. Pour moi, j'étais si bien formé à sa discipline que j'adoptais, autant qu'il m'était permis, toutes les idées de ce docte et excellent homme, et que je l'écoutais avec une attention scrupuleuse me lire ses charmantes et spirituelles poésies. J'en étais parfois si pénétré qu'à peine arrivées à mon oreille, elles se fixaient dans ma mémoire et qu'elles triomphaient de ma lenteur et de ma paresse habituelle à étudier. Aujourd'hui, l'auteur, accablé par l'âge et forcé de suspendre son travail littéraire, jouit du souvenir d'une vie passée dans la culture des sciences les plus agréables et de la gloire qu'il y a aquise,

> Sicut fortis equus, spatio qui sæpe supremo
> Vicit Olympia, nunc senio confectu' quiescit.

« Sa vieillesse n'est pourtant pas sans honneur et sa muse tout à fait sans voix; car, tandis que, pour l'amusement de son esprit, il relisait ses poésies, vaincu par mes prières et par celles de ses amis, il résolut enfin de les rassembler et de les publier; et je n'eusse point obtenu cela de lui, tant il est modeste, s'il n'y eût introduit comme un témoignage éternel de son profond respect pour vous, des vers adressés à Votre Altesse Royale. Je vous supplie donc de recevoir ces poésies que je vous offre en son nom, avec cette bonté, cette grâce qui vous sont propres, et de l'admettre lui-même comme un hôte dans nos commentaires. Si vous le permettez, j'espère que vous ne profiterez pas médiocrement avec un homme sous la discipline duquel j'avoue que j'ai moi-même beaucoup profité; j'ajoute que je le souhaite vivement. »

Le Dauphin me répondit en ces termes :

Paris, 28 mars 1675.

« En m'envoyant les poésies d'Antoine Hallé, votre ancien précepteur, vous m'avez fait le plus grand plaisir, car j'ai un goût particulier pour la lecture des ouvrages des personnes savantes. Je ne doute nullement de l'excellence de la poésie d'un homme à la suite duquel vous êtes arrivé au haut du Parnasse. Je veux que vous le remerciiez de ma part du beau présent qu'il me fait et que vous lui mandiez que tous les loisirs dont mes études me permettent de disposer, seront consacrés avec empressement à la lecture de ses poésies. Ayez soin de votre santé, vous ne sauriez rien faire qui me soit plus agréable. Sachez que personne ne m'est plus cher que vous, et vous me le serez encore davantage si je vois que vous m'aimez. »

J'étais dans ma quarante-sixième année, lorsque je pensai qu'il était temps enfin d'obéir à la volonté de Dieu ; et pour ne pas y rester sourd plus longtemps, je me décidai non-seulement à prendre l'habit ecclésiastique, ainsi que je le faisais déjà depuis quelques années, mais encore à présenter ma tête au saint joug et à prononcer mes vœux. Et comme, dans toutes les affaires, dans celles surtout qui regardent la conduite de la vie, lesquelles sont de la plus haute importance, j'ai toujours eu pour principe de délibérer longtemps et d'exécuter sans délai ce que j'ai résolu, je pris le parti, après une délibération de tant d'années, de réaliser enfin mon dessein. Il y avait longtemps déjà que j'avais reçu la tonsure des mains de François Harlay, archevêque de Rouen, et quelque temps après les ordres mineurs des mains de François de Nesmond, évêque de Bayeux, diocèse où Caen ressortit. J'obtins une dispense du pape, en vertu de laquelle je pus recevoir les autres ordres, sans passer par les délais que l'Église prescrit pour leur collation successive. Après les exercices de piété préparatoires, les ordres me furent conférés en trois jours par Claude Auvry, évêque de Coutances. Je passai ensuite un mois à apprendre la pratique des offices, et quand je crus y être suffisamment exercé, je dis ma première messe dans la crypte de Sainte-Geneviève, au tombeau de cette sainte qui est particulièrement révérée des Parisiens; j'avais l'espoir que, sous ce patronage, le sacerdoce dont j'étais revêtu tournerait à la gloire de Dieu et à mon propre salut. Depuis longtemps j'avais voué à cette sainte un culte plein de ferveur; désormais, il ne s'écoula pas une année sans qu'au jour de sa fête, je n'allasse, tant que la santé me le permit, prier à son autel. Mais, lorsqu'une maladie grave d'abord, et ensuite les infirmités de la vieillesse, eussent fort affaibli ma santé, je dus, dans ces dernières années, m'abstenir de ce devoir. Que si Dieu a permis que je vécusse jusqu'à présent et que j'échappasse à la maladie mortelle qui m'avait fait, peu d'années auparavant, condamner et abandonner des médecins, je me reconnais redevable de ce bienfait, uniquement à mon excellente patronne; j'avais humblement imploré sa protection à l'heure du danger, et je l'avais obtenue sans l'avoir aucunement méritée.

Vers ce temps-là, un juif nommé Saluce, habile numismate, m'apporta quelques médailles anciennes d'or et d'argent parfaitement conservées. Il les vendait le plus cher possible, et non sans motif, ce commerce étant son unique moyen d'existence. Comme dans sa contenance, ses regards et ses discours, il y avait un air de candeur singulière, je crus qu'il n'était pas très-loin du royaume de Dieu, et j'espérai vivement que les ténèbres du judaïsme étant dissipées, il ouvrirait les yeux à la lumière. Mon espoir ne fut pas trompé, car encore que cet homme eût commencé par opposer de la résistance à mes conseils et par repousser mes arguments, il devint peu à peu plus docile et finit par accepter le joug du Christ. Il reçut ensuite le baptême de mes mains, et le duc de Montausier, qui fut son parrain, lui donna son nom.

Toute l'Europe étant alors engagée dans une guerre implacable, je fis en l'honneur de sainte Geneviève une ode, où je la suppliais d'implorer de Dieu le rétablissement de la paix et un prompt remède aux afflictions du monde chrétien :

Prodeas summo, Genovefa, cœlo, etc.

Aulnai, noble cité[1] est à douze milles au sud de Caen. Près de là est une abbaye de l'ordre de Cîteaux qui eut pour abbés deux hommes fameux par leur esprit, leurs écrits et leur piété; Jean Bertaud et Jean-Pierre Camus, le premier, évêque de Seez, le second, évêque de Belley. Vacante alors (1678) par la mort de Charles Furnes, cette abbaye me fut gracieusement offerte par Sa Majesté. Ce ne fut cependant que longtemps après qu'il me fut possible d'aller en prendre possession, c'est-à-dire lorsque l'éducation du Dauphin fut terminée, et qu'on parla de son mariage. Après avoir passé dix ans à la cour, et obtenu la permission d'aller revoir mon pays natal, j'allai d'abord à Caen et de là à Aulnai. Je fus si enchanté à l'aspect de ces délicieuses campagnes, que je ne me souviens pas d'avoir rien vu de plus agréable et de plus frais. Telle est la variété des collines, des vallées, des bois, des prés, des champs, des fontaines, des rivières, des jardins, la magnificence de la végétation, le calme des lieux et l'air sain qu'on y respire, que si Dieu m'eût permis de choisir

---

1. Cette *noble cité* compte aujourd'hui deux mille habitants. On y nourrit beaucoup de moutons.

une retraite à ma fantaisie, je ne l'eusse pas imaginée autre que celle que j'avais sous les yeux. Aussi n'est-ce point par une licence poétique, mais pour rendre hommage à la réalité, que j'ai célébré cette vallée de Tempé dans les vers suivants :

> Tibi grates, Zephyris hospita tellus, etc.

La nouveauté de la mesure de ces vers, négligée ou peut-être redoutée des poëtes modernes, à cause de la difficulté, et dont Horace offre un seul exemple, trouva une foule d'imitateurs qui se repentirent presque tous de s'y être exercés sans fruit[1]. Mais un conseiller du parlement de Dijon, Lantin, qui était savant en musique, y adapta un air si doux que mes vers s'en embellirent considérablement et que j'en fus moi-même charmé. Je me hasarde à donner ici une autre pièce dans laquelle m'adressant à Nicolas Heinsius, le digne fils de l'illustre Daniel, je peins les agréments de ce séjour et les beautés de l'Odon, pure et fraîche rivière qui l'arrose :

> Ergo ne æternis agitemur, Heinsi, etc.[2]

Je tâchais de témoigner par ces vers ma reconnaissance à Nicolas Heinsius pour le présent qu'il m'avait fait d'un Virgile réédité par lui avec de nouvelles notes, élégamment imprimé et accompagné d'une lettre des plus aimables. Comme j'avais entrevu, à la lecture de cette lettre, l'espoir d'acquérir l'amitié de cet excellent homme, je me gardai bien de dédaigner, lorsqu'elle s'offrait à moi spontanément, une bonne fortune au-devant de laquelle j'aurais dû courir moi-même.

Quand j'avais savouré à loisir les délices d'Aulnai, et que l'approche de l'hiver me forçait de partir, chaque année au retour de l'hirondelle et aux premiers chants du rossignol, j'y revenais avec un plaisir infini. J'y passais tous les étés

---

1. Voir la lettre de Huet à l'abbé Boutard, sur les vers ioniques, dans le tom. II, pag. 103 du recueil de l'abbé Tilladet.

2. On trouvera, dans le recueil des poésies latines de Huet, cette pièce, ainsi que toutes celles qui sont rapportées tout au long dans le texte latin et que je n'ai pas jugé à propos de traduire.

dans un repos plein de charmes, occupé nuit et jour à méditer sur les points de la science les plus difficiles. Rien n'y était plus propre et ne m'aidait plus à les résoudre que cette ravissante et paisible retraite. C'est là que prirent naissance mes *Quæstiones alnetanæ*, où j'ai entrepris d'examiner la question épineuse de la concordance de la raison avec la foi, quel est le rôle de la première dans l'adoption de la seconde, et jusqu'où celle-ci doit étendre sur celle-là son empire. J'y montre aussi avec la dernière évidence que, soit à l'égard de la croyance, soit à l'égard de la pratique, il n'y a rien de tellement opposé au sens commun dans ce qui nous est commandé par notre sainte religion, que les nations les plus policées n'aient également cru ou n'aient pratiqué; qu'il ne reste donc aux impies aucun prétexte pour les répudier. Là encore j'ai composé ma *Censura philosophiæ cartesianæ*, où la vanité du cartésianisme est démontrée par des preuves si certaines, que, lorsque le dernier champion de cette secte, Pierre Sylvain Régis[1], essaya de me réfuter, il ne put se tirer d'affaire autrement qu'en donnant une fausse interprétation à celles de mes paroles qu'il avait citées; de telle sorte que, en ayant l'air d'opposer une réponse à mes argumentations, c'était à lui-même qu'il répondait méchamment et frauduleusement.

Ces deux traités, et sur l'accord de la foi avec la raison, et contre la philosophie de Descartes, étaient des parties d'un plus grand ouvrage que j'avais le dessein d'écrire, et dont il n'est pas superflu de donner ici un crayon. L'éducation que j'avais reçue dans mon enfance aux écoles, m'avait pénétré d'un amour si violent, d'une estime si profonde

---

1. Régis (P. Sylvain Leroy dit), né en 1632, en Agénois, mort en 1707, enseigna la doctrine de Descartes avec beaucoup de succès à Toulouse, à Montpellier, à Paris, jusqu'à ce que l'archevêque de Harlay lui interdit cet enseignement. Il s'occupa alors de publier ses œuvres, dont la principale est le *Système de philosophie*, Paris 1690, 3 vol. in-4°, et de combattre les adversaires de Descartes. Sa réponse à l'écrit de Huet parut en 1691.

pour la philosophie ancienne, que la littérature n'était à mes yeux que la très-humble servante de cette science. C'est cette passion qui me fit connaître les sectes de tous ces philosophes dont Diogène Laërce a écrit les vies. Il est vrai que le livre dont elles font partie est confus et d'une négligence indigne d'une matière si relevée; je m'en servais cependant comme d'un dépôt où je pourrais puiser de précieux renseignements lorsque l'occasion s'en présenterait. Ménage l'avait illustré d'un commentaire qu'il avait désiré que je revisse et dont il m'avait envoyé les feuilles par la poste, au fur et à mesure qu'elles s'imprimaient. En lisant ses notes avec soin et en les collationnant avec celles d'autres commentateurs, j'avais acquis une connaissance intime de l'histoire de la philosophie. Depuis lors, je ne fis pas un voyage, je n'eus pas un instant de loisir, je ne formai pas un plan d'étude, que je ne prisse avec moi Diogène Laërce, et que je ne fisse de la philosophie un des objets particuliers de mes travaux. Et comme cette science n'a point de bornes et qu'elle s'étend même dans l'immensité au delà de celles du temps et de la création, qu'au contraire l'esprit humain renfermé dans des bornes étroites, ne quittant point la terre, et environné de ténèbres épaisses, essaye avec le secours de la raison de s'élancer vers la lumière et de toucher aux sommets ardus de la vérité, je résolus de chercher jusqu'à quelle hauteur il pourrait s'élever par ses propres forces et quel appui il devait emprunter à la foi. Cet exercice fut long et ne fut pas sans charmes, et mon ouvrage se développait, grossissait chaque jour davantage, lorsque je crus qu'il serait plus utile et que je m'accommoderais mieux à l'intelligence du commun des lecteurs, si je le divisais en parties et en chapitres. Telle est l'origine des *Quæstiones alnetanæ* et de la *Censura philosophiæ cartesianæ*. Cependant, ces deux traités eussent fait plus de profit, si alors le goût des bonnes lettres n'eût été à son déclin et si on n'eût accordé plus de crédit aux préjugés détestables de l'ignorance qu'à la pure vérité.

Aulnai vit aussi naître mon traité *De la situation du paradis terrestre*, dont je ne devais la découverte, ainsi que je l'ai déclaré, ni à moi-même, ni à Bochart, mais aux écrivains de la plus haute antiquité; un autre, *De navigationibus Solomonis*, question torturée par les disputes sans fin des commentateurs; mes *Notæ in Anthologiam*, notes improvisées, à la prière de Georges Grævius, lequel préparait une édition de l'*Anthologie*, et avait su par Émeric Bigot que j'avais écrit quelques remarques qui n'étaient point à dédaigner, sur les marges de mon exemplaire; enfin mes *Origines de Caen*, sujet traité sans succès par beaucoup de gens, et négligé par d'autres, qui me servit à varier mes occupations, et qui m'arracha même à mes études les plus habituelles et les plus chères pour me plonger dans la poussière des archives et des documents rédigés en style barbare. Le hasard fut l'occasion de ce livre. Jean Blois de Quesnay, dont j'ai parlé précédemment, avait vu dans les Capitulaires de Charles le Chauve et dans la Vie d'Aldric, évêque du Mans, publiée par Baluze, que, parmi les *pagi* de la basse Normandie, dans le comté de Bayeux, il était fait mention d'*Ottinga saxonia*, entre les *pagi* Bagisin et Oximise. De la position des lieux, il conjectura que la ville de Caen était désignée sous ce nom. Il en fit part à Ségrais qui, au lieu d'accepter cette opinion telle que Blois la lui offrait, c'est-à-dire, comme une simple conjecture, la prit pour une certitude incontestable et m'écrivit que la véritable origine de notre commune patrie était enfin découverte. Je n'en crus rien; mais ayant examiné le fait avec attention, je reconnus que le mot *pagus* ne répondait pas ici au mot *ville*, mais à ceux de *district* et de *canton*. De là vint que Blois et moi nous nous demandâmes quelle pouvait être l'origine de Caen, et comme je le savais diligent et soigneux, je le poussai vivement à faire cette recherche. Mais il avait quatre-vingt-quatre ans et s'excusait sur son âge. Pour moi, je lui opposais l'exemple de Caton qui précisément au même âge, écrivit ses *Antiquités romaines*. Blois cependant ne céda pas, il me promit seulement que, si j'entreprenais ce travail, il me servirait de bonne grâce, de son crédit, de ses études et de ses conseils, soit pour compléter, soit pour orner mon ouvrage; et il le fit comme il l'avait dit. Il inspectait, comme s'il en avait eu la charge officielle, les lieux, les ruines, les archives, il consultait les vieillards sur les choses de l'ancien temps, et avait soin de me transmettre tous leurs renseignements. Nicolas Monstier, maire de Caen, ne fit pas défaut dans cette circonstance à notre vieille amitié. Il m'envoya à Aulnai deux énormes et précieux volumes d'actes de la ville. Quoique ces *actes* ne fussent pas très-anciens, ils contenaient cependant ceux que, après la destruction que le feu et les Anglais en avaient faite, le zèle des citoyens avait pu recouvrer. On m'envoya aussi un recueil d'actes de l'université de Caen, qui remontaient à deux cents ans, et qui avaient été rassemblés et mis en ordre par Pierre Le Monnier de l'Enauderie, personnage qui a bien mérité de notre université. Plusieurs de nos compatriotes s'intéressèrent aussi à mon travail, et me fournirent de vieux contrats, de vieilles chartes que je ne me fatiguai pas moins à compulser que je ne l'aurais fait à tourner la meule d'un moulin.

Des sources d'Aulnay jaillirent encore d'autres de mes poésies, non pas tant le fruit d'une inspiration spontanée irrésistible, que de la contemplation des sites ravissants dont j'étais environné. Aussi, parmi les incommodités de ma triste vieillesse, je mets en première ligne celle qui m'ôte la force et le courage de tenter les fatigues d'un voyage dans ce pays-là; de sorte que je ne puis sans douleur m'en rappeler les délices ni penser qu'elles sont à jamais perdues pour moi.

Nonobstant ces diverses occupations à Aulnai, je ne laissais pas de cultiver d'autres études dont le vaste champ des cieux et le sein de la nature bienfaisante étaient l'objet.

Ainsi, lorsqu'il y avait éclipse de soleil ou de lune, je l'observais attentivement au moyen des instruments astronomiques fabriqués autrefois dans ce but par Gilles Macé. Grâce à eux, je trouvai qu'à Aulnai l'élévation du pôle est de 48° 58′ 20″, laquelle, au témoignage de Gilles Macé, était à Caen de 49° 10′ 30″. Je m'étais procuré un instrument nouvellement inventé au moyen duquel on éprouve la pesanteur de l'air par le mercure, et que, à cause de cela, on appellerait à juste titre un pèse-air; puis un autre pour faire la même expérience sur la chaleur : le premier était un baromètre et le second un thermomètre. Je m'étais proposé aussi de rechercher, s'il était possible, quelle était la quantité d'humide dans l'atmosphère, afin de connaître exactement la somme totale de la température. Quelques religieux d'Aulnai s'étant appliqués à la mécanique, avaient, de concert avec moi, imaginé divers engins propres à établir des hygromètres exacts (car c'est le nom que je crois pouvoir leur donner). De ces instruments, dont il est inutile de faire ici la description, deux inventés par moi pour un autre usage me paraissent seuls dignes d'une mention particulière, tant à cause de la nouveauté de l'invention que de son utilité. L'un, d'une construction très-simple et d'une application facile, rendait capable toute personne, même un enfant, de tracer aisément un cadran solaire sur une surface, si inégale et si raboteuse qu'elle fût. L'autre était fait de la manière suivante : comme le lieu où nous étions était très-découvert et exposé à tous les vents, que nous ne cessions de nous demander les uns les autres si la force du vent avait été plus grande ou moins grande hier ou avant-hier qu'aujourd'hui, je crus qu'il valait la peine d'observer et de rechercher par quel moyen ses variations pourraient être calculées et mesurées. Après y avoir longtemps réfléchi, il me parut que j'étais enfin sur la voie de cette découverte. Il s'était, depuis quelque temps, établi à Paris un Anglais nommé Hubin, artiste ingénieux et habile dans la construction des instruments de ce genre. J'allai le voir, et à peine lui eus-je fait part de mon idée de mesurer et de peser le vent avec exactitude, qu'il partit d'un éclat de rire et pensa qu'on se moquait de lui. Je lui fis voir alors le plan d'une machine avec laquelle la force du vent pouvait être pesée aussi facilement que dans une balance et à laquelle on pouvait donner le nom d'*anémomètre*. L'Anglais l'examina avec attention, l'approuva et me quitta dans le dessein de l'exécuter aussitôt. Il se mit à l'œuvre en effet, et il l'eût achevée si la mort ne l'eût prévenu[1].

Il s'éleva tout à coup vers le même temps une controverse entre moi et Pierre Poussines, savant jésuite[2] qui confessait son respect pour moi à tous égards, mais qui, dans un écrit sur l'origine d'Hérode le Grand, l'Ascalonite, n'avait pas laissé de me critiquer. Je l'avais su et m'en étais plaint à Fermat, conseiller au parlement de Toulouse, notre ami commun. Poussin s'excusa auprès de moi dans une lettre où il m'exprimait si prolixement et si fermement son bon vouloir, que cette petite altercation devint une occasion de resserrer notre amitié. Et parce que le détail de cette controverse se lit dans nos lettres qui ont été rendues publiques, je n'en dirai rien de plus.

Mais avant de quitter l'histoire de mes écrits, l'ordre de ces mémoires veut que je parle de quelques autres qui m'ont aussi donné beaucoup de peine. Il y avait longtemps déjà que j'avais commencé un ouvrage sur un sujet nouveau pour moi, quoiqu'on s'en occupât beaucoup ailleurs et qui regardait le commerce et la navigation des anciens. J'avais dans mes heures de loisir, recueilli là-dessus beaucoup de faits dignes de remarque et qui n'avaient point été encore ob-

---

1. Voir l'*Huetiana*, pag. 55.
2. Né en 1609, aux environs de Narbonne, mort en 1686. Il professa à Toulouse, et fut, à Rome, un des continuateurs de l'*Histoire de la Société de Jésus*. Voir, au sujet de la controverse dont il est ici question, le tom. 1er des *Dissertations* recueillies par l'abbé Tilladet, pag. 350 et suiv.

servés. Ce n'était, il est vrai, qu'une masse informe de matériaux, et le tout était écrit en français, mais en arrangeant tout cela et en le classant, on pouvait en faire un livre utile et nullement à mépriser. Il fallait pour cela que je fusse débarrassé de ces études plus graves dont le jour fournit la matière. Dieu m'a depuis accordé ce bienfait.

Lorsque ma pensée se tourna pour la première fois de ce côté, j'avais déjà formé un projet beaucoup plus élevé auquel je rapportais particulièrement toutes mes méditations et toutes mes études; il s'agissait d'interpréter et d'éclaircir les saintes Écritures. Car, dès mon adolescence, j'avais un tel respect pour ce livre à cause de sa source divine, et j'en faisais un tel cas à cause de ses beautés singulières, que, quoique mon intelligence juvénile passionnément éprise des mathématiques et des belles-lettres, se fût jouée tour à tour avec ces deux études, elle revenait toujours volontiers au saint livre, comme si, étant ailleurs, elle eût été en pays étranger, et là seulement dans sa vraie demeure. Pourtant je n'avais pas alors la moindre connaissance de l'hébreu, et toute mon habileté n'allait pas au delà de l'explication de la Vulgate. Mais après que j'eus franchi cette barrière et puisé aux sources primitives, je sentis une saveur tout autre à ce divin breuvage, et crus contempler sans voiles les célestes mystères. Par la lecture que je fis continuellement de ces livres et par la parfaite intelligence que j'en acquis à la longue, je reconnus que, encore qu'ils manquassent à certains égards de cette divinité que nous croyons fermement et que nous sentons y être contenue, toutefois ou à cause de leur antiquité, ou à cause de l'abondance des faits merveilleux qu'on y trouve et qu'on ne trouve que là, ils durent nécessairement captiver mon attention et faire naître en moi le désir de les méditer continuellement.

Reprenons maintenant l'ordre des temps. Charles de La Rue, de la Société de Jésus, mon ami de longue date, prêchait alors à Alençon. Il m'écrivit à Aulnai qu'une dispute s'était élevée entre lui et Benoist, ministre calviniste, au sujet d'un passage de Néhémie (ch. VIII, v. 8), que lui La Rue affirmait avoir été altéré et changé dans la traduction de la bible de Genève. Benoist qui était d'ailleurs savant et subtil, avait pensé qu'il était de son devoir de justifier ses coreligionnaires du crime de falsification, et il avait écrit à La Rue une longue lettre, à laquelle celui-ci avait solidement répondu. La Rue m'envoya ces deux lettres, me pria de les lire avec attention et de lui donner mon avis et sur le fond de la dispute, et sur les arguments employés de part et d'autre. J'accédai à sa demande, et y examinai la question dans une dissertation soignée et qui a été rendue publique [1].

Peu de temps après, c'est-à-dire en 1684, je reçus à Aulnai une lettre de François Mascareñas, comte de Coculin, gentilhomme portugais de la première qualité. Elle fut remise à Lisbonne au marquis J. B. Torcy lequel la transmit à J. B. du Hamel qui me l'envoya. Le comte me faisant savoir dans cette lettre, qu'il avait composé en vers un éloge de Louis le Grand, où il y avait quelque chose d'honorable pour moi; que, afin que je ne l'ignorasse pas, il avait eu soin que son poëme me fût envoyé, qu'enfin il désirait vivement et me suppliait de lui accorder mon amitié. Il ajoutait ceci (je préfère donner ici ses propres paroles) : « Un jour, un habitant de Cadix, plein d'enthousiasme pour Tite Live, fit, dit-on, le voyage de Rome, exprès pour le voir. Quant à moi, je veux que cet éloge qui me précède auprès de vous, soit un témoignage de mes sentiments pour vous, et je viendrai bientôt moi-même si vous me jugez digne de votre amitié. » Ce désir toutefois n'eut pas d'effet, le comte n'étant jamais venu en France.

Cette année vit la mort de Jean Eudes, simple prêtre, frère de François Mézerai, qui avait passé quatre-vingts ans.

---

1. *Recueil* de l'abbé Tilladet, tom. 1er, pag. 259 et suiv.

je l'aimais et je l'admirais depuis longtemps à cause de sa vertu singulière et de sa piété ardente. Ce serait en vain que je ferais l'éloge d'un homme que les peines infinies qu'il se donna pour la gloire de Dieu et le salut des âmes, et ses très-pieux et très-utiles écrits ont rendu également cher et vénérable à l'Église. J'ai toujours eu pour ce saint personnage un respect profond tant qu'il vécut, et, soit que je conversasse avec lui, soit que je l'entendisse prêcher, je sentais se dissiper ma léthargie et mon cœur se pénétrer du feu de l'amour divin. Je me rappelle que, un jour de la Passion de Notre-Seigneur, je fus si touché de ses remontrances, que mon attendrissement se manifesta par les vers suivants :

Quis opacam novus horror tenet æthram ? etc.

Lorsque l'assemblée du clergé fut, suivant l'usage, convoquée à Saint-Germain en 1695, j'y fus délégué (car j'étais alors évêque) par la province de Rouen, avec Mathurin Savary, évêque de Séez. François de Harlay, archevêque de Paris, présidait cette assemblée. Il mourut subitement trois mois après qu'elle se fut dissoute.

Libre des entraves de la cour et maître de régler mes études à ma fantaisie, j'avais repris avec ardeur celle de l'hébreu, que j'avais depuis longtemps interrompue; j'y joignis celle du syriaque et de l'arabe, que j'avais déjà cultivée étant jeune avec soin et sans le secours d'aucun maître. Et comme je savais que ce n'était qu'à force de persévérance qu'on apprenait les langues, de 1681 à 1712, c'est-à-dire pendant trente et un ans, je ne laissai pas passer un seul jour sans m'appliquer deux ou trois heures à la littérature orientale; les voyages, les affaires, les maladies même ne furent pas capables de m'en empêcher. Comprenant bien, d'ailleurs, que l'hébreu était la mère langue des deux autres et de quelques-unes aussi qu'on parlait en différents pays de l'Orient, qu'il n'y avait pas de voie plus sûre pour me conduire à l'intelligence des livres sacrés, mon principal objet, que la connaissance de ses tours et de ses finesses, laquelle connaissance ne s'obtenait que par l'étude du texte hébreu, je résolus de mettre tout en œuvre pour l'acquérir, et j'y persévérai avec une telle constance que je lus l'Écriture sainte dans l'original vingt-quatre fois depuis le commencement jusqu'à la fin. Nulle lecture n'est plus en état que celle-ci de nous apprendre à connaître l'histoire sainte et à régler nos mœurs, comme aussi nulle n'est plus propre à nous inspirer le goût des sciences humaines et ne nous est plus agréable.

J'y étais tout entier lorsque je devins l'objet des bontés particulières de Jean Pearson[1], que son savoir et ses vertus élevèrent au siége épiscopal de Chester. Par ses soins, les variétés de lectures des anciens manuscrits de Stockholm et de Venise, manuscrits qui contenaient quelques ouvrages d'Origène, furent copiées et me furent, de sa part, envoyées par Thomas Belk, personnage lui-même d'une grande érudition. J'avais espéré aussi obtenir, par leur moyen, la copie de l'Anthologie de Vettius Valens, astronome d'Antioche, qui avait appartenue à Selden, afin de remplir les lacunes de celle que, ainsi que je l'ai dit ci-dessus, j'avais faite en Danemark; mais, ni je ne pouvais leur envoyer en sûreté ma copie, ni leur demander qu'ils exposassent la leur aux hasards de la mer et des grands chemins pour me la communiquer. De plus, il n'y avait personne à qui je pusse ou je voulusse imposer la tâche de conférer les deux copies. Cette affaire n'eut donc pas de suite.

François Combéfis[2], dominicain, me fournit pour mon

1. Né en 1612, dans le comté de Norfolk, mort en 1686. Il est l'auteur d'une *Exposition de la foi*, 1659, et de plusieurs autres écrits fort estimés des théologiens anglicans.
2. Né en 1605, mort en 1679. Il a publié des suppléments à la *Bibliothèque des Pères*, 1648 et 1672; une édition complète de *saint Basile*, 1679; les *Historiens byzantins depuis Théophane jusqu'à Nic. Phocas*, gr. lat., 1685 (posthume), etc.

travail actuel les mêmes secours qu'il m'avait promis longtemps auparavant pour mon édition d'Origène. Savant en grec et dans les antiquités romaines, il s'était fait un nom en éditant plusieurs Pères et en les traduisant avec fidélité. Malheureusement, telles étaient la négligence et la rudesse de son style, que j'étais souvent obligé, en le lisant, de recourir aux originaux grecs pour le mieux comprendre et de consulter ces auteurs comme interprètes de leur interprète. Il s'était informé des lieux où il y avait des manuscrits d'Origène, me les avait indiqués et m'avait éclairé de ses conseils. Lorsque, parmi le recueil qu'on appelle *Catenæ*, et qui consiste en extraits d'ouvrages des Pères raccordés entre eux, je me fus proposé de choisir tous ceux qui étaient d'Origène et que j'en eus mis de côté un grand nombre, j'y trouvai une si grande confusion dans les choses, dans les mots et dans les noms des auteurs, si peu de fidélité dans leur arrangement, que je jetai là ce recueil et renonçai à mon entreprise. Mais ces difficultés ne rebutèrent point Combéfis, et il exécuta mon dessein. De là naquit un énorme volume des extraits d'Origène que je conserve comme un monument irrécusable de la diligence de Combéfis et de son amitié pour moi.

Ma modestie n'aura point à souffrir de rappeler ici un service que je rendis dans ce temps-là au collège des Jésuites de Caen, où j'avais été élevé. Quoique les cours de ce collège fussent suivis par des jeunes gens de qualité et que les professeurs y fussent excellents, l'enceinte de la maison était cependant si étroite qu'il y avait place à peine pour le jardin. L'église en avait été récemment ornée et décorée d'une manière splendide; mais la situation de ce bâtiment était si incommode qu'il interceptait la jouissance du jardin, envahi d'ailleurs par des dépendances de toutes sortes. Je fis remarquer aux bons pères, qui étaient peu touchés de ces inconvénients, qu'au delà de leurs murs était un rempart ouvert au public, qui n'était bon à rien et servait seulement de promenade aux oisifs de la populace; que, s'ils mettaient ce rempart en deçà de leur clôture, ils ajouteraient considérablement à la commodité et à l'embellissement de leur maison. A cela ils objectèrent la honte de demander et la difficulté d'obtenir. Je me moquai de cette sotte honte et pris sur moi le succès de l'affaire. Aussi, tout ce que j'avais de crédit (et il n'était pas médiocre) dans le conseil de la ville et auprès du commandant de la place et de la citadelle, je le mis en usage et fus assez heureux pour obtenir cette concession importante. Elle agrandissait de plus de moitié le siége de ma première éducation; elle ouvrait aux pères une vue délicieuse sur les campagnes et les prairies que baigne la rivière d'Orne; elle faisait enfin du jardin le plus agréable lieu du monde. Je pensai alors avoir payé à mes anciens maîtres le salaire de mon éducation.

Il y avait déjà quatre ans que j'avais publié ma *Démonstration évangélique* lorsque Boileau en fit une seconde de sa traduction du traité *du Sublime* par Longin. Il avait écrit des satires qui étaient à la vérité très-spirituelles et dont la versification enchantait l'oreille, mais elles étaient pleines de médisance, infectées du venin de la plus noire malignité, et diffamaient et déchiraient horriblement la plupart des gens de mérite et de bien. Il s'était fait par là une réputation immense dans le public, très-médisant lui-même, et aimant avec passion la médisance. Dans un chapitre de l'ouvrage où je m'étais proposé de prouver l'antiquité des livres de Moïse, j'avais donné une liste des auteurs qui, depuis Moïse jusqu'à Jésus-Christ, avaient fait dans leurs écrits l'éloge du législateur des Juifs, et, parmi eux, j'avais cité Longin; j'ajoutais cependant cette remarque, que le passage de Moïse rapporté par lui n'offrait pas trace de sublime, que la chose exprimée dans ces livres était à la vérité sublime, mais que les termes en eux-mêmes étaient simples et tout à fait dépourvus d'ornements, que, pour cela, il me paraissait vraisemblable que Longin avait pris sa citation, non dans Moïse lui-même, mais dans quelques versions d'écrivains plus récents. Despréaux ayant cru que mes remarques étaient une grave atteinte à la réputation et à la dignité de Longin, vengea, dans une nouvelle édition de ses satires, l'injure faite à Longin, en m'outrageant moi-même, selon sa coutume. Informé de ce fait par le duc de Montausier, qui haïssait la médisance de Despréaux, j'écrivis au satirique une lettre où je maintenais mon opinion sur le passage en question et où je réprimais son insolence. Je n'avais pas le dessein de la publier, au contraire ; mais vingt-trois ans après, j'appris qu'elle était sortie de l'endroit où je l'avais cachée dans ma bibliothèque, pour tomber entre les mains de Jean Leclerc, à Amsterdam, sans que je sache par qui, ni comment, mais assurément contre mon gré. Le judicieux critique était complétement de mon avis. Il inséra ma lettre dans sa *Bibliothèque choisie*, et il en fortifia les raisons par d'autres pleines d'esprit et de solidité. Le prince des poëtes médisants, indigné qu'on osât différer de sentiment avec lui, l'arbitre de la gloire et de la honte des gens de lettres, laissa, en mourant, à ses amis, le soin de répandre sur Leclerc tout le venin qu'il avait préparé à cet effet ; en quoi il fut si bien obéi, que cette faction insolente renchérit encore sur les outrages du maître, comme si elle eût regretté qu'il eût été trop modéré. Toute la bile, toute la méchanceté, toutes les noirceurs dont le poëte, selon eux, avait été trop avare, ils les tirèrent de leur propre fonds, et, dans la dernière édition de ses ouvrages, ils m'accablèrent de toutes ces ordures, dans le moment même où, atteint d'une maladie mortelle, j'étais presque expirant[1].

Au commencement de cette querelle, après six mois passés à Aulnai, je revins à Paris, pendant que la cour était à

---

[1]. Voy. la lettre de Huet au duc de Montausier, et la réponse de Boileau à Leclerc, à l'Appendice, n°ˢ II, III.

Fontainebleau. J'y reçus une lettre du duc de Montausier où il m'informait que j'étais destiné par Sa Majesté à l'évêché de Soissons. Convaincu de mon impuissance à porter un fardeau qui serait redoutable même pour des épaules d'ange, je ne laissai pas de croire qu'il me fallait l'accepter avec d'autant plus de reconnaissance, qu'il m'avait été donné sans que j'y pensasse et sans que je l'espérasse, et que cette circonstance devait être expliquée comme un effet de la volonté de Dieu qui gouvernait à son gré les affaires humaines, le cœur du roi et principalement son Église. Oubliant donc un moment toutes mes autres occupations, et laissant même de côté mes plus chères études, je tournai toutes mes pensées vers le pieux et fidèle accomplissement des nouveaux devoirs que me prescrivait la Providence. J'allai donc à Soissons, au commencement du printemps, pour voir de près et à fond mon diocèse et le lieu où j'étais appelé à exercer mon ministère, pour connaître mes brebis, ainsi qu'il est du devoir d'un bon pasteur, et pour en être connu. Il existait alors entre les cours de Rome et de France de graves dissentiments dont il est inutile de parler ici. Ils eurent pour effet d'arrêter entre elles le cours de presque toutes les affaires, et pendant sept ans, à partir de ma nomination au siége de Soissons, que toute correspondance cessa, que tout accord fut repoussé de la part de Rome, je gardai un titre vain et n'eus pas le droit de remplir mes fonctions. Cependant, le plus grand désordre régnait dans les affaires ecclésiastiques, les fidèles manquant en maints diocèses de direction spirituelle, et la succession des évêques étant interrompue. Quoique cet état de choses me pénétrât de douleur ainsi que toute l'Église de France, j'y gagnai pourtant cet avantage que l'ajournement de mes bulles me rendit plus supportables les dépenses excessives qu'entraînait ma prise de possession. Car alors je sentis tous les inconvénients de la gêne où j'étais tombé, et qu'il me faudrait cependant faire des dépenses énormes, pour peu que je voulusse administrer mon diocèse avec honneur et sans une économie honteuse. Avant tout, il importait que je reçusse les bulles apostoliques, et les banquiers de la cour de Rome ne les cédaient qu'à prix d'or. Celui que j'avais chargé de l'exécution de cette affaire se joua de ma bonne foi et me rançonna d'une manière odieuse. Et d'abord, il fit en sorte que plusieurs évêques de la plus haute qualité mais désignés tout récemment et qui lui étaient recommandés, reçussent leurs bulles avant moi qui avais le même titre depuis plusieurs années ; ce qui, leur consécration ayant eu lieu avant la mienne, leur donnait sur moi un droit de préséance. A cette injure capitale il en ajouta une autre. Comme j'avais pensé qu'il était de mon devoir d'offrir au pape ma *Démonstration évangélique*, j'en avais fait relier magnifiquement un exemplaire, et j'avais chargé ce drôle du soin de le présenter. Mais il garda le livre pour soi et me frustra ainsi de l'approbation et des grâces du saint-père, que je m'étais flatté d'obtenir.

Un jeune homme, nommé Anselme Baudot, appartenant à la confrérie dite des pénitents, et assez savant dans les lettres grecques et latines, vint me voir à cette même époque. Il avait fini son cours de philosophie, et se préparait, selon l'usage, à soutenir sa thèse, non pas seulement en latin, dont il ne faisait pas assez de cas pour s'en servir exclusivement, mais aussi en grec. Et comme il y a ordinairement un juge de ces luttes littéraires, il souhaita d'en avoir un qui fût habile en grec et de plus évêque, et il me choisit à cet effet. Il soutint sa thèse en présence d'une assemblée brillante et nombreuse et aux applaudissements unanimes. Ses amis avaient conçu de lui de magnifiques espérances, lorsqu'il fit en Italie un voyage qui fut d'abord fatal à sa liberté, ensuite à sa vie même ; car ayant été pris par des pirates, il fut conduit à Tunis, et jeté en prison où il mourut de la peste.

Il y avait déjà quatre ans que j'étais évêque nommé de

Soissons, suivant la coutume reçue parmi nous de prendre le titre, sans attendre le sacre, lorsque l'illustre abbé Brûlart de Sillery, promu au siége épiscopal d'Avranches, me fit prier plusieurs fois par nos amis de demander au roi la faveur d'échanger son évêché contre le mien. Il donnait pour motif qu'Avranches était voisin de Caen, mon pays, et Soissons voisin de Sillery le sien. Afin de me persuader davantage, il vint à Aulnai; là, à force d'arguments subtils et par l'intervention de mes amis, de Ségrais notamment qui, pour bien des raisons, était très-attaché à sa famille, et qu'il avait mandé à Aulnai dans ce but; ensuite du père de La Rue, jésuite, qui passait alors chez moi le temps de la campagne, il triompha de ma résistance et m'arracha mon consentement (1689). Brûlart prit sur lui d'obtenir les rescrits royaux, et l'affaire ayant été conclue suivant ses vœux, je partis immédiatement pour Avranches, où, examen fait de l'état des choses, je vis que j'aurais infiniment plus de besogne qu'à Soissons. Je fus obligé d'y faire de fréquents voyages pendant trois ans, à l'issue desquels les différends entre la France et Rome étant accommodés, je reçus mes bulles en 1692 et fus sacré évêque d'Avranches. Brûlart observa pendant trois ans les conventions passées entre nous; alors, il commença de chercher des motifs en vertu desquels il ne pouvait pas se soumettre plus longtemps aux conditions qu'il s'était imposées volontairement à soi-même. Ses réclamations et les miennes allaient même être portées au parlement, lorsque les illustres prélats de Rheims, de Meaux et de Troyes arrangèrent l'affaire. J'administrai mon diocèse pendant près de dix ans et n'eus rien de plus à cœur que de restaurer la discipline qui s'y était fort relâchée durant tout le temps de la vacance du siége. C'est pourquoi, après avoir mûrement examiné les règlements des anciens évêques, appelés communément statuts synodaux, et après en avoir recueilli d'autres de différents côtés, j'en fis de nouveaux et les promulguai dans la forme prescrite. Et comme j'apprenais de jour en jour dans les assemblées diocésaines qui étaient annuellement convoquées, à mieux connaître mon clergé et ses besoins, je parvins à la faveur de mes nouveaux règlements à étouffer les désordres dans leurs racines. Mais, à la longue et par ma propre expérience, je reconnus que des travaux infinis et presque supérieurs aux forces humaines étaient le lot de quiconque entendait exercer dignement l'épiscopat, veiller au salut des âmes, extirper les germes des vices, ranimer le zèle pour la vertu, défendre la pureté de la religion, et se faire à soi-même des mœurs qui servissent de modèle à tout le troupeau.

N'y ayant pas un point où je ne portasse mes regards, pour être au courant de toutes les affaires concernant l'Église d'Avranches, je découvris que Charles Marquetel de Saint-Évremont appartenait à mon diocèse. Il était depuis longtemps exilé en Angleterre, à l'abri du ressentiment de la cour de France et non sans en avoir redouté quelque chose de pis, pour n'avoir pas su retenir sa langue. Pour moi, me rappelant qu'il était du devoir d'un bon pasteur de courir à la recherche de la brebis égarée et de la rappeler au bercail sur ses épaules, j'écrivis à Henri Justell, notre ami commun, qui alors était à Londres, pour le prier d'aller voir Saint-Évremont de ma part, de réveiller en lui le désir de voir son pays et d'ajouter que, avec le concours de mes amis, j'obtiendrais peut-être pour lui la permission de revoir sa famille. Mais notre homme avait si bien pris racine en Angleterre qu'il semblait avoir tout à fait oublié la France. Il alléguait de plus les infirmités de l'âge, et qu'il voulait mourir et être enterré en Angleterre.

Cependant, j'étais résolu à mourir dans ma charge d'évêque, si l'inclémence du ciel, si la crudité d'une eau qui filtrait à travers des rochers siliceux et dont l'usage avait été suivi pour moi de cruelles douleurs d'entrailles, ne m'eussent chassé de mon poste. Tel avait été l'effet de cette eau, que je dus m'en abstenir tout à fait les deux dernières années. Informé de cette circonstance, notre excellent roi me permit non-seulement de résigner mes fonctions d'évêque, mais encore me donna l'abbaye de Fontenai, pour que ma considération personnelle n'ait pas à souffrir de la médiocrité qui eût été mon partage sans ce dédommagement. Il me sembla dès lors que j'étais déjà de retour dans mon pays, car Fontenai, situé sur l'Orne, n'est qu'à deux milles de Caen. J'espérais donc enfin avoir trouvé un port pour ma vieillesse. Dans ma jeunesse, j'avais fait souvent d'agréables excursions à Fontenai, sur les instances réitérées de son digne abbé, Guillaume Boivin. Je m'appliquai en conséquence à réparer, à embellir la maison abbatiale, à la meubler convenablement, à faire cultiver les jardins : en quoi je n'épargnai ni les peines, ni la dépense. Mais je compris trop tard qu'autre chose est de jouir de la vue d'un séjour quelconque, autre chose est de l'habiter. D'anciens amis à moi, des parents même qui cultivaient les terres à l'entour de l'abbaye, et du voisinage desquels j'espérais tirer parti pour me créer une société et des distractions, devinrent au contraire mes plus grands ennemis. Telle est la méchanceté des hommes, que la personne qu'ils aiment ou affectent d'aimer le plus, lorsqu'elle est absente, présente est l'objet de leur haine déclarée. Des procès infinis me vinrent de tous côtés, soit de la part de ceux qui exigeaient que je réparasse les bâtiments de l'évêché d'Avranches, que je venais de quitter, soit de la part de ceux auxquels j'adressais la même requête au sujet des bâtiments que je venais d'occuper. A cette occasion j'éprouvai (pourquoi ne le dirais-je pas?) tout le mauvais vouloir du père de La Chaise, confesseur du roi. Comme en considération de notre ancienne amitié et de l'autorité que je lui reconnaissais sur moi-même, je l'avais établi juge de ces différends, il me traita avec une rigueur telle que mes affaires ne souffrirent jamais de plus grand dommage que ceux qui résultèrent de ses fâcheuses dispositions pour moi. Mon successeur à Avranches se montra surtout difficile. On eût dit qu'il se croyait non pas mon successeur mais mon héritier, tant il mit d'âpreté et d'opiniâtreté à revendiquer tout ce qui m'appartenait. Brûlart ajoutait à cette persécution, en essayant de revenir, s'il était possible, sur nos anciennes conventions. Mais l'un et l'autre y perdirent leur peine. Tout cela encore ne fut rien en comparaison des querelles que me suscitèrent mes fermiers pendant dix années entières; ce n'a été qu'à force d'arrêts des tribunaux et à force de patience que je me suis tiré de tous ces embarras.

Mais, suivant un ancien adage, en fuyant la fumée je tombai dans le feu. L'homme que j'avais employé pour me préserver de ces misères, à qui j'avais confié le soin de mon patrimoine, mon parent, mon obligé, je le pensais du moins, depuis plusieurs années, travailla lui-même à me dépouiller par tant de manéges occultes que, si je n'eusse découvert à temps sa fourberie, si je ne l'eusse dénoncé aux tribunaux, qui en firent bonne justice, j'étais ruiné de fond en comble.

Je me rappelle ici avec plaisir Judith-Barbe Tilliac, femme remarquable et digne de toutes sortes d'éloges, tant à cause de son excellent caractère et de la pureté de ses mœurs qu'à cause de ses connaissances en hébreu et dans les antiquités sacrées, qu'elle mettait une modestie singulière à dissimuler. Quoique nous fussions intimement liés depuis l'enfance, le voisinage ayant été l'origine de nos premiers rapports, cependant elle m'avait si bien caché ses études que je ne soupçonnai jamais qu'elle dût savoir autre chose que ce que sait le commun des femmes. Elle ne me révéla son secret que, lorsque réfugiée en Hollande pour cause de religion, elle se trahit elle-même en me consultant par lettres sur plusieurs passages obscurs des livres sacrés. Le souvenir de tant de vertu et d'une amitié si sincère vit encore en moi et y vivra aussi longtemps que moi-même.

Lorsque je fus installé à Fontenai, Jean Mabillon, bénédictin, vint m'y trouver, non pas tant pour me voir que pour fouiller les archives et les anciennes chartes de l'abbaye et y trouver des matériaux pour l'histoire de l'ordre de Saint-Benoît, qu'il s'était proposé d'écrire. J'aurais bien voulu garder quelques jours ce moine, que je connaissais intimement depuis plusieurs années, si savant dans l'histoire ecclésiastique, et que ses longues études de la diplomatique et des vieux parchemins avaient rendu le plus habile critique de son siècle. Mais il ne voulut pas demeurer plus longtemps, les affaires de son ordre le rappelant en toute hâte à Paris.

J'avais été très-lié dans ma jeunesse avec Ézéchiel Spanheim[1]; nous cultivions les mêmes études, et je m'étais efforcé, par toutes sortes de bons offices, de mériter de plus en plus les bontés de cet excellent homme. Aussi, ni le temps, ni l'éloignement, ni la différence radicale de nos occupations, ne troublèrent cette pure et sincère union de nos cœurs, que rompit seule la mort de Spanheim.

---

1. Numismate, né en 1629, à Genève, mort en 1710. Il descendait d'une ancienne famille du Bas-Palatinat rhénan. Il fut professeur d'éloquence à Genève, gouverneur du fils de l'électeur palatin Charles-Louis, et chargé par ce prince de missions politiques en Italie, et son envoyé aux conférences d'Oppenheim et de Spire, et au congrès de Bréda. Il passa ensuite au service de l'électeur de Brandebourg qui le nomma son ambassadeur à Londres. Son principal ouvrage est le *De usu et præstantia numismatum antiquorum*, Rome, 1664, in-4°; Londres et Amsterdam, 1706-17, 2 vol. in-fol.

# LIVRE VI.

Après que les différends qui existaient depuis si longtemps entre le saint-siége et l'Église gallicane, furent vidés et que j'eus enfin l'espoir d'obtenir, pour l'évêché d'Avranches, les bulles que j'avais payées si cher, j'écrivis à quelques cardinaux et même au pape pour qu'on me fît la remise ou de la somme entière, ou du moins d'une partie. De ceux-là était Joseph Sanchez, cardinal d'Aguirre [1], Espagnol de naissance, théologien capable, qui avait bien mérité de l'Église et s'était fait un grand nom en Espagne par ses excellents écrits. Il me répondit sans délai (1703), que ma lettre lui avait fait un plaisir singulier; il comptait, ajoutait-il, qu'elle serait le point de départ d'un commerce d'amitié et de littérature entre nous; qu'il le désirait vivement depuis plusieurs années, et qu'il avait même exprimé ce désir en même temps que son opinion sincère sur moi-même, dans des livres qu'il avait autrefois publiés en Espagne; que si ses vœux étaient exaucés, il espérait venir m'embrasser un jour; que lui, et quelques-uns de ses collègues et compatriotes faisaient tous leurs efforts pour que je fusse admis au partage de leur dignité, qu'ils l'avaient déjà proposé au

---

[1]. Né à Logrono en 1630, mort en 1699. Il écrivit contre la déclaration de l'assemblée générale du clergé de France, concernant les pouvoirs civils et ecclésiastiques; le pape Innocent XI l'en récompensa par un chapeau rouge. Après son élévation au cardinalat, il rétracta ses opinions antérieures sur la *probabilité*, comme contraires à la pureté de la morale chrétienne.

pape; que sa sainteté n'y répugnait pas, mais qu'elle redoutait la jalousie, les remontrances et les oppositions des étrangers; que ni lui, ni ses collègues ne se décourageraient pour cela, qu'au contraire, ils importuneraient tellement le pape que, fût-il de pierre ou de bronze (je cite textuellement), il souffrirait qu'on lui arrachât son consentement; qu'au surplus, l'issue de cette affaire devait être laissée à la volonté de Dieu. Pour moi, j'avoue et je prends Dieu à témoin que, dans toute cette affaire, je ne considérai, avec le bon vouloir des cardinaux espagnols à l'égard de moi Français, c'est-à-dire d'une nation ennemie de la leur, que le zèle d'Aguirre, sa bienveillance et ses préjugés honorables en ma faveur; mais je ne fus pas ébloui un instant par l'éclat de leur dignité, quelque brillante qu'elle fût. Ayant donc adressé de vifs remercîments d'abord à celui qui avait eu l'idée de cette négociation, ensuite à ceux qui y avaient participé, je m'en reposai sur Dieu pour le reste. Le succès paraissait probable, tant Aguirre y mettait de feu; mais une maladie grave rendit vains ses efforts. Étant allé à Naples, sur l'avis des médecins, pour se guérir, il tomba dans un état de langueur chronique, et mourut sans avoir achevé son ouvrage.

J'eus moi-même, à cette époque, une maladie qui était plutôt de l'abattement et de la faiblesse qu'autre chose. J'en dirai la cause, afin que ceux qui me liront en fassent leur profit. Je souffrais tellement dans mon enfance du froid aux pieds en hiver, que si je ne les réchauffais par des moyens artificiels, je passais des nuits entières sans dormir. Pour me procurer cette chaleur, je me servais d'un vase d'étain en forme de gourde, comme on en voit beaucoup chez les marchands et qui sont destinés à l'usage que je voulais en faire. L'ayant rempli d'eau bouillante, je le mettais dans mon lit où il entretenait une chaleur qui me pénétrait doucement le corps et qui tenait chauds mes membres glacés, pendant toute la nuit. Il y avait déjà plusieurs hivers que j'employais cette chaleur factice, lorsque les muscles de mes jambes en furent affectés, et alors, chaque fois que je recommençais mes promenades du printemps à Aulnai, mes genoux fléchissaient et supportaient à peine mon corps. Enfin, ma jambe gauche fut si gravement endommagée que les deux os dont ce membre est formé, n'étaient plus à leur place, que le petit focile se détachait souvent du tibia, non sans me causer d'atroces douleurs, et que j'étais obligé, en marchant, de m'arrêter tout à coup comme si mes pieds eussent pris racine. Cet accident m'arriva dans le temps même où j'étais désigné pour l'épiscopat, dont je sentais qu'il me rendrait incapable de remplir les fonctions. La cause en fut adroitement découverte par Antoine Menjot, très-habile médecin et mon ami, qui se trouvait un jour chez moi au moment où on portait le vase d'eau bouillante dans mon lit. Il me déclara que le moyen de guérison le plus sûr était les eaux de Bourbon. Je suivis ce sage et judicieux conseil et allai à Bourbon. Je me saturai de ces eaux salutaires; je les pris en boissons, en lavements, et non-seulement mes jambes recouvrèrent leur ancienne vigueur, mais ma santé générale se rétablit même au delà de ce que j'avais espéré. Une quantité considérable de bile s'était accumulée dans mes intestins par suite de ma vie sédentaire; les vapeurs putrides qui s'en échappaient, affectant également le cœur et le cerveau, me donnaient assez souvent des accès de fièvre; la force pénétrante des eaux expulsa toute cette ordure. Je me rappelai que la même chose était arrivée à Juste Lipse. Après cette première épreuve de la salubrité des eaux de Bourbon, je résolus d'avoir souvent recours à elles, comme remède contre les maladies de l'âge avancé; car les médecins sont d'avis qu'un premier usage de ces eaux ne suffit pas pour guérir immédiatement, et qu'il faut y revenir une seconde et même une troisième fois. Aussi ce ne fut plus pour fortifier mes jambes, mais ma santé en général que j'allai à Bourbon sept fois dans l'espace de dix-sept ans. Dès qu'on arrivait là, les médecins vous prescrivaient un régime sévère, une abstinence complète de fruits et de livres. Si je leur eusse obéi, j'eusse quitté Bourbon non pas plus vigoureux sans doute, mais assurément beaucoup plus triste que je n'y étais venu. Je ne changeai donc rien à ma vie habituelle, rien à mes études, rien à ma nourriture, et je ne m'en trouvai pas plus mal. Convaincus par mon exemple et mieux avisés, les malades, mes compagnons, s'affranchirent peu à peu des injonctions sévères de la Faculté.

Il y avait alors à Bourbon une belle et modeste jeune fille que j'ai célébrée dans mes vers, Marie-Élisabeth de Rochechouart. Elle y avait accompagné l'abbesse de Fontevrault, sa tante. J'en citerai un trait qui donnera la mesure de son mérite. Je la trouvai un jour seule dans un coin de son appartement, tandis que ses compagnes ou jouaient, ou causaient entre elles. Elle lisait attentivement un livre qu'elle cacha soudain, dès qu'elle me vit entrer. Je lui déclarai que je voulais voir ce livre, et qu'au besoin, j'y emploierais la force. Après avoir longtemps résisté, elle céda enfin en rougissant beaucoup. Elle me montra le livre qui était un recueil de quelques opuscules de Platon, de l'édition grecque de Bâle. Elle me supplia de ne pas la trahir, et, puisque le hasard m'avait conduit céans, de lire avec elle jusqu'à la fin le *Criton*, dont elle avait déjà lu le commencement. C'est ce que nous fîmes en effet. Mais tout le temps de la lecture je demeurai dans un étonnement profond, causé par la découverte que je faisais alors de tant d'érudition jointe à tant de modestie dans un sexe et dans un âge si tendres. Ce n'était là pourtant que la moindre des qualités de M^lle de Rochechouart.

En quittant Bourbon, je passai par Bourges, où vinrent me saluer les professeurs de droit, étude qui y était florissante depuis plusieurs années. Nous dîmes bien des choses à ce sujet, et nous parlâmes de Cujas, l'éternel honneur de cette université. J'exprimai ma surprise qu'une si grande et si noble ville laissât périr la mémoire de l'excellent homme qui avait porté si loin la gloire de Bourges, et que sur son tombeau, que j'avais visité, on ne vît ni son buste, ni d'épitaphe, ni même d'inscription. Je les exhortai donc vivement à payer ce tribut à la mémoire d'un homme qui avait si bien mérité des lettres, de la jurisprudence, de cette université, de toute la ville enfin; j'ajoutai qu'encore que la chose me regardât fort peu, je ne laisserais pas de contribuer avec plaisir à la dépense, pour peu qu'ils voulussent prendre sur eux de fournir le reste et d'avoir soin de l'exécution. Ils parurent agréer mes propositions et j'espérais que la suite en serait heureuse; mais depuis je n'en ai plus ouï parler.

Avant de regagner Aulnai, cet agréable centre de mes études, je résolus de visiter la célèbre abbaye de Fontevrault, dont l'abbesse et supérieure de tout l'ordre qui porte ce nom, était Marie-Madeleine-Gabrielle de Rochechouart. J'ai déjà parlé d'elle et loué sa piété singulière, son esprit remarquable, son savoir-vivre exquis et toutes ses autres qualités. Avec une érudition au-dessus de son âge et de son sexe, elle avait autant de soin de l'envelopper sous le voile de la modestie que si elle eût eu honte d'être savante. Je la connaissais depuis son enfance, et j'avais religieusement entretenu mes rapports avec elle par toute sorte de bons offices et par un commerce de lettres. J'étais venu à Bourbon avec elle; mais elle avait été rappelée à Fontevrault pour des affaires urgentes quelques jours avant mon départ, et il avait été convenu entre nous que j'irais la voir, en retournant en Normandie. J'y allai donc, en passant par Bourges et par Tours. Arrivé à Chinon, sur la Vienne, je m'aperçus, étant à l'auberge, que je logeais dans la maison même où était né François Rabelais, cet insigne bouffon, si fameux par son esprit et sa causticité. J'admirai le hasard qui de la maison d'un personnage dont toute la vie avait été consacrée à célébrer les joies du cabaret et à s'y abandonner, avait fait un cabaret.

Au retour de mes excursions, j'avais coutume de me reposer à Aulnai, et d'y faire de temps en temps, comme je l'ai déjà dit, de pieuses retraites, afin de rappeler à la contemplation de Dieu et du ciel, mon esprit distrait par les voyages et toutes sortes de pensées. Je m'adressais alors à Urbain Mangot, jésuite, mon vieil ami, le plus habile que je connusse dans les choses qui regardent la sainteté de la vie et le salut de l'âme. Mon esprit, libre alors des soucis du monde et ayant rompu tout commerce avec les hommes, se pliait plus facilement aux pratiques religieuses; ce qui avait lieu toutes les fois que je faisais venir Mangot à Aulnai.

Ma solitude me portait aussi à reprendre l'étude de la philosophie, cette mère de toute science, que j'avais cultivée à l'aurore de ma jeunesse et n'avais jamais entièrement négligée, tant j'étais charmé de la grandeur des choses qui en sont l'objet! Cependant je voyais avec stupeur le triomphe de la philosophie ou plutôt de la corruption cartésienne. Elle avait séduit ce siècle déjà plongé dans l'indifférence et le mépris de la saine littérature; elle l'avait séduit par cet air de nouveauté qui plaît surtout aux hommes étrangers à l'ancienne philosophie, et encore que celle de Descartes ne leur offrît presque rien de nouveau. Mais sa popularité grandissait énormément, à la faveur des divisions qui régnaient parmi ses adversaires. Les uns défendaient la péripatétique reçue dans les écoles depuis plusieurs siècles; les autres voulaient l'anéantir, et étaient persuadés qu'ils entraîneraient dans leur sentiment ses patrons et ses défenseurs. Mais quoique la philosophie d'Aristote ait aussi bien des défauts qu'il y aurait de l'impudence ou de l'ignorance à méconnaître, quiconque voudra l'étudier avec soin, avouera qu'en beaucoup de parties elle l'emporte sur les rêveries de Descartes.

Je m'étais donc proposé, dans l'ouvrage dont j'ai parlé au livre précédent, de combattre par des arguments sérieux la philosophie de Descartes, lorsque j'appris, à Aulnai, qu'un gros de cartésiens s'était soulevé contre ma dissertation. Ce parti est remuant et ne peut souffrir la contradiction. L'un d'eux, Jean Schotanus [1], professeur à Franeker, avait embrassé la défense de cette cause avec une passion si féroce, qu'il semblait être d'avis que c'est vigoureusement et supérieurement philosopher que d'aboyer comme un chien et de disputer en débitant d'atroces calomnies. Cependant, les curateurs mêmes de cette université m'avaient assuré que les propres élèves de cet homme désapprouvaient hautement sa grossièreté ou plutôt sa fureur. Pierre Cally, dont j'ai aussi parlé ci-devant, autrefois mon ami et mon obligé, qui avait enseigné longtemps la philosophie à Caen, alors que celle de Descartes ne l'avait point encore gâté, ne se conduisit pas avec plus de modération. M'ayant entendu plusieurs fois combattre ce système, lorsqu'il assistait aux conférences philosophiques tenues dans ma maison, il en avait sondé aussi les mystères, et s'était enflammé pour lui à tel point qu'il avait abjuré publiquement les principes et les doctrines dont il faisait profession depuis tant d'années, et que, soit à son cours, soit dans la conversation, il ne parlait que de Descartes. En quoi il agit si inconsidérément et porta si loin la licence, que, même en traitant des sujets sacrés, il ne pouvait s'empêcher de les corrompre et d'y introduire ses opinions cartésiennes. Cette conduite, à la fin, lui causa quelque dommage et ne lui fit point honneur. Lorsqu'il vit que j'étais décidément contraire à cette philosophie, il rompit si bien cette amitié qui nous unissait depuis tant d'années, que non-seulement tous rapports cessèrent entre nous, mais que, donnant carrière à l'intem-

---

1. Ministre protestant, né en Frise en 1603, mort en 1671. Il fut professeur de grec, d'histoire ecclésiastique et prédicateur à Franeker.

pérance de sa langue, il déblatéra contre ma personne d'une manière indigne de lui et de moi.

Jean Eberhard Schweling, professeur à Brême, qui était dans les mêmes idées, me combattit avec plus de civilité. Il eût été facile de le réfuter, lui et plusieurs autres petits philosophes de la même farine qui partageaient ses illusions ; mais quand eût fini la dispute ?

Les deux colonnes du parti, Jacques Rohault[1] et Claude Clerselier[2] (celui-ci m'avait témoigné quelque amitié), souffrirent volontiers qu'on ne fût pas de leur avis. Pour ma part, ayant coutume de recueillir de la philosophie d'autres fruits que l'art de disputer à grand renfort d'injures et de médisances, je n'eus pas de peine à mépriser les sarcasmes lancés contre moi. Je ne m'en vengeai que par le silence, et dédaignai absolument de répondre à de vaines et futiles argumentations ramassées dans la poussière de l'école.

Il y avait déjà longtemps que Bossuet, alors évêque de Condom, puis de Meaux, avait embrassé lui-même le cartésianisme. Cependant il dissimulait assez adroitement, dans le public, son goût à cet égard; mais dans le particulier, nous eûmes l'un et l'autre, sur quelques doctrines de cette philosophie, plusieurs discussions vives et qui toutefois ne cessèrent point d'être amicales. Je lui envoyai mon Traité contre les chimères de Descartes, accompagné d'une lettre écrite dans des sentiments conformes à notre ancienne liaison. Je lui disais que je doutais qu'il eût pour agréable un ouvrage si contraire à ses opinions ; qu'avant tout, cepen-

---

1. Né à Amiens en 1620. Il enseignait les mathématiques à Paris, lorsqu'il s'éprit fortement du système de Descartes et s'en fit l'avocat. Son *Traité de physique*, 1671, in-4°, fut longtemps classique, même en Angleterre, où il fut traduit en latin par le docteur Clarke et introduit dans les universités. Il mourut en 1675, de chagrin, dit-on, d'avoir été accusé par ses envieux de ne pas croire à la transsubstantiation et d'être hérétique.

2. Beau-père de Rohault, né à Paris en 1614, mort en 1684. Il a été l'éditeur et le traducteur de plusieurs ouvrages de Descartes, entre autres de ses *Lettres*, Paris, 1667.

dant, il était de mon devoir de considérer les obligations dues à l'amitié, et que j'espérais que la nôtre ne souffrirait pas de la diversité de nos vues. Il me répondit, et, autant qu'il me parut, avec un peu d'aigreur, qu'il ne supportait pas aisément que je lui imputasse d'approuver la philosophie cartésienne, lorsque, dans mon livre, j'assurais qu'elle était contraire à la foi. Je répliquai incontinent, par une autre lettre, que j'étais parfaitement convaincu de la pureté de son orthodoxie, de laquelle il protestait, depuis tant d'années, et par ses paroles et par ses écrits; mais que, en le taxant de partialité pour Descartes, je n'avais eu ni la volonté ni le pouvoir d'ôter quelque chose à son orthodoxie, de même qu'on n'ôte rien à celle de saint Thomas d'Aquin, en l'accusant d'être du parti d'Aristote, ou à celle des anciens Pères de l'Église, en parlant de leur goût pour Platon.

J'avais les yeux très-malades, et ne pouvais absolument lire ni écrire. Pour faire diversion à mes souffrances, j'inventai une espèce de roman burlesque que je dictai à mon secrétaire, et dans lequel j'exposai à la risée des lecteurs raisonnables les folies de la secte cartésienne et de Descartes lui-même. Je l'intitulai: *Nouveaux mémoires pour servir à l'histoire du cartésianisme.* Il y avait de quoi puiser pour quiconque eût voulu se donner la peine d'écrire cette histoire. Mais comme je pensais qu'il ne convenait ni à mon caractère ni à ma dignité d'apprêter à rire au menu peuple de la littérature par des plaisanteries de bouffon, j'eus bien soin de n'y pas mettre mon nom. Et comme les éditeurs eux-mêmes ne le connaissaient pas, ils en fabriquèrent un à leur guise, lequel n'étant désigné que par des initiales et mal compris par d'autres éditeurs, subit diverses métamorphoses et fut appliqué tantôt à un auteur, tantôt à un autre.

Quelques années auparavant, de Thou, descendant de l'illustre famille à qui les lettres sont si fort redevables, était revenu de Hollande, où il avait rempli avec beaucoup d'éclat la charge d'ambassadeur du roi très-chrétien, et énergiquement défendu la dignité du nom français contre la morgue insolente de l'ambassadeur d'Espagne. Comme sa libéralité et sa magnificence avaient fait une brèche considérable à sa fortune, et qu'il s'était même à peu près ruiné, il résolut de vendre sa bibliothèque. C'était celle-là même que Jacques-Auguste de Thou[1], dans son testament, dit avoir formée à grands frais et avec des peines infinies, durant plus de quarante ans, et qu'il estimait d'une si haute importance, non-seulement pour sa famille, mais encore pour les lettres en général, qu'il avait défendu qu'elle fût partagée, vendue ou dissipée. Dans l'opinion des jurisconsultes, elle n'était possédée qu'à titre de fidéicommis; mais il fallait obéir à la nécessité. J'étais en bons termes avec de Thou depuis quelques années. Il vint chez moi, l'air triste et se plaignant fort de la difficulté des temps. Bref, il me demanda si je croyais pouvoir persuader au roi d'acheter sa bibliothèque pour le Dauphin. « Elle n'est pas, me dit-il, absolument indigne de cette haute destination, soit à cause du choix des livres, soit à cause de leur nombre et de leur beauté. » Je lui promis que la proposition en serait faite au roi et à Colbert. Ce qui eut lieu, mais sans succès. Le roi répondit qu'il avait une bibliothèque assez considérable dont le Dauphin pouvait faire usage. De Thou, frustré de son espoir, chercha d'autres acheteurs; mais il les trouva froids ou marchandeurs, et sa bibliothèque resta invendue jusqu'à sa mort. Alors (je le dis à la honte de la littérature), elle fut offerte par les héritiers à si bas prix, que les ouvrages qui la composaient et dont la reliure seule, ainsi que de Thou me l'avait affirmé, avait coûté cent mille livres, ne furent pas même vendus le tiers de cette somme. J'en achetai quelques-uns qui font aujourd'hui l'ornement principal

---

1. Frère puîné du malheureux François-Auguste, qui fut sacrifié à la vengeance de Richelieu.

de ma bibliothèque. Je n'en déplore pas moins la dispersion d'un si magnifique trésor littéraire et l'insuffisance des précautions qu'avait prises Jacques de Thou pour la conserver.

J'appris par là quel serait à coup sûr le sort de ma bibliothèque, si je ne me mettais aussitôt en mesure de le prévenir (1691). Cette pensée étant l'objet de ma préoccupation constante, il me parut que le meilleur moyen de la conserver à toujours dans son intégrité, était de la donner à quelque solide établissement religieux où les lettres fussent particulièrement cultivées, d'abord afin d'en pouvoir jouir ma vie durant, ensuite afin qu'après ma mort elle ne soit ni divisée, ni confondue avec d'autres, ni échangée en partie, ni transportée ailleurs que là où elle était, sous prétexte d'en rendre l'accès plus facile à ceux qui lisent et qui étudient, ou pour tout autre motif. S'il en était autrement, la donation serait nulle, et mes héritiers ou leurs descendants rentreraient dans leurs droits. Et pour perpétuer la mémoire de ces conditions, je les fis graver en lettres capitales sur une tablette de marbre qui, placée dans un endroit élevé et bien apparent de la bibliothèque, attirait immédiatement les regards. Elles furent acceptées par les jésuites de la maison professe de Paris, à qui je la donnai, et par le révérend père général. L'acte en fut passé devant notaire.

L'année 1691 fut fatale au duc de Montausier, alors âgé de près de quatre-vingts ans. Ses vertus, ses talents à la guerre comme dans les lettres, sont si bien connus de l'Europe savante, qu'il est superflu de les rappeler ici. Mais ses bontés pour moi et les excellents rapports que j'entretins avec lui pendant tant d'années, sont gravés profondément dans mon souvenir. Et, encore que je n'aie cessé de les rappeler, soit par mes paroles, soit dans mes écrits, ce souvenir même, qui est de tous les jours et de tous les instants, ne répond pas suffisamment à la vivacité de ma reconnaissance.

Je partis bientôt après pour Avranches, où de nouveaux

tracas m'attendaient. Il me fallut rassembler et soumettre à un examen scrupuleux différents rapports concernant des sorciers et des sorcières, dont les impiétés avaient pour théâtre tout le diocèse, scandalisaient une foule de personnes et avaient même troublé quelques esprits. Parmi les acteurs de ces criminelles extravagances, une femme, qu'on disait vouée au diable depuis quelques années, fut saisie et amenée en ma présence par un pieux ecclésiastique. Elle portait au front une cicatrice qui était comme le signe certain du pacte qu'elle avait fait avec le démon. Pour le prouver, le bon prêtre piqua la cicatrice avec une aiguille, sans que le sang coulât ni que la femme témoignât la moindre douleur. Le parlement de Rouen évoqua l'affaire, et comme elle paraissait obscure et pleine de mystères, je fus requis, par cette compagnie, de lui faire connaître mon avis d'après l'examen que j'en avais fait sur les lieux mêmes. Je répondis ingénument qu'on avait abusé de la crédulité et de la pudeur de quelques femmes simples et nullement criminelles d'ailleurs, et que je suppliais les magistrats d'user de clémence envers une populace ignorante; ce à quoi ils souscrivirent avec bonté.

Pendant que je remplissais les devoirs de mon ministère à Avranches, un malheur inattendu fondit sur ma bibliothèque et par conséquent sur moi-même. Je l'avais laissée tout entière à Paris, et, pensais-je, en lieu de sûreté. Mais la maison que j'avais louée et que j'habitais dans cette ville étant bâtie avec de mauvais matériaux, s'écroula une nuit, ensevelissant sous ses décombres et laissant exposés au pillage de la populace, non-seulement mes livres, mais tous mes papiers, mes manuscrits, fruit du travail de plusieurs années, et une partie de mon mobilier, assez considérable. A cette nouvelle, les jésuites, qu'elle intéressait comme moi-même (car je leur avais déjà cédé tous mes droits), dépêchèrent aussitôt quelqu'un pour arrêter cette canaille, tirer des ruines tout ce qu'on pourrait de livres, de papiers, etc., et faire transporter le tout à la maison professe. La dernière fois que j'avais quitté Paris, il avait été convenu entre nous qu'ils me prépareraient un appartement dans cette maison, et que je l'occuperais quand mes affaires m'appelleraient à Paris. Je me retirai là en effet, et je n'eus pas d'autre demeure dans cette ville, même après que j'eus résigné le siége d'Avranches.

En 1692, j'eus plus de chagrin qu'on ne saurait l'imaginer de la mort de Ménage, non-seulement mon ami depuis ma jeunesse, mais mon ami le plus intime, le plus cher associé de toutes mes études. Nous en avons donné l'un et l'autre des marques non équivoques. Longtemps avant que je me fixasse à Paris, et lorsque, habitant du pays qui m'a vu naître, je n'étais qu'un simple provincial, nous entretenions continuellement un commerce littéraire pendant lequel il me communiqua entre autres et par parties tout son commentaire sur Diogène Laërce. De mon côté, je lui envoyais mon commentaire sur Origène, et nous nous prêtions ainsi mutuellement aide et assistance dans la composition de nos ouvrages. Quand j'eus perdu ce juge et ce compagnon de mes études, je ne trouvai plus personne que je pusse consulter sur des points douteux ou à qui je pusse franchement ouvrir mon cœur. Parlerai-je de sa politesse, de son urbanité, de l'agrément de son esprit et du sel de sa conversation? Aussi, quand je pense au plaisir que j'ai goûté pendant plusieurs années dans sa société, plus le souvenir m'en est délicieux, plus la perte m'en est amère. Ce fut une sorte de consolation pour moi qu'il eût suivi mon exemple, en laissant, comme moi, sa bibliothèque à la maison professe des jésuites ; cependant il avait paru d'abord ne pas approuver mon dessein. Au reste, si on excepte les livres du savant François Guyot, qui contiennent des notes marginales écrites de sa main, et que Ménage avait achetés à ses héritiers, la bibliothèque de Ménage était peu de chose.

Peu de temps auparavant, Edelinck[1], artiste d'un grand talent, avait gravé mon portrait sur cuivre et en avait tiré plusieurs exemplaires. L'un d'eux étant tombé dans les mains de Pierre Francius[2], professeur d'Amsterdam, fameux par ses poésies, il en prit l'occasion de faire à ma louange des vers en grec et en latin. Il me les envoya avec une lettre très-aimable, où il se félicitait d'être de mes amis, et m'engageait à cultiver mes facultés poétiques. Depuis ce jour et aussi longtemps qu'il vécut, il me fit toujours part de ses productions.

Sur ces entrefaites, je reçus plusieurs lettres de Jean-Frédéric Mayer[3], docte personnage, qui me suppliait de lui donner mon avis et mes conseils au sujet d'une nouvelle édition qu'il voulait faire de ma *Démonstration évangélique*, et me demandait, si j'avais quelques corrections ou additions à faire à cet ouvrage, que je voulusse bien les lui envoyer sans délai. Il m'exprimait en outre un grand désir, comme c'est la coutume des Allemands, d'avoir mon portrait. J'aurais accédé volontiers à sa prière, si Jean-Thomas Fritsch, libraire à Leipsick, ne m'eût écrit peu après qu'il avait fait à Leipsick ce que Mayer voulait faire à Hambourg; à savoir qu'il avait réimprimé mon livre, et mis à la tête mon portrait. Ayant vu depuis ce portrait, je trouvai que l'air n'en était pas, comme on aime généralement à l'avoir, celui d'un honnête homme, mais celui d'un personnage laid et com-

---

1. Graveur, né à Anvers en 1649, mort en 1707. Il fut attiré en France par les bienfaits de Louis XIV, qui lui accorda le titre de graveur du cabinet avec une pension. Ses diverses estampes d'après Raphaël, Lebrun, Léonard de Vinci, le Guide et Mignard sont regardées comme des chefs-d'œuvre.

2. Né à Amsterdam en 1645, mort en 1703. On a de lui *Poemata*, Amsterdam, 1672, in-12; *Orationes*, ibid., 1692 et 1704, in-8°; etc.

3. Ministre luthérien, né à Leipsick en 1650, mort en 1712. Il fut surintendant des églises luthériennes en Poméranie. Il écrivit plusieurs dissertations savantes sur différents passages de l'ancien et du nouveau Testament, et une dissertation latine sur Catherine Bove, femme de Luther, dans le but de réfuter les assertions de Varillas au sujet de cette dame.

mun, comme il sied à un ânier ou à un portefaix. On avait joint à ce livre mon *Traité du Paradis terrestre*, traduit en latin, mais sans le nom du traducteur. Fritsch avertissait en outre le lecteur qu'il avait sous presse une seconde édition de mes poésies, selon celle d'Utrecht, publiée peu de mois auparavant par Grævius. Je n'en ai jamais eu un exemplaire.

J'appris en 1783 la triste nouvelle de la mort de Daniel Macé, mon cousin, jadis mon tuteur, et alors un des plus sages conseillers au présidial de Caen. Quoique engagé dans une autre carrière que moi, qu'il aimât les plaisirs, entre autres l'équitation et la chasse, et qu'il eût horreur de la science, je ne laissai pas, dès mon enfance, de le révérer comme un père et de l'aimer comme un frère, à cause de l'agrément de son caractère et de sa constante bonté pour moi.

Débarrassé du fardeau de l'épiscopat, j'avais quitté Avranches, et m'étais retiré dans ma solitude chez les jésuites de Paris, quand je fus atteint d'un mal avec qui je n'avais point encore fait connaissance, c'est-à-dire la goutte. J'en souffris cruellement pendant tout un mois, ne pouvant ni marcher, ni dormir, ni reposer même durant le jour. J'en eus une légère attaque l'année suivante; mais à la longue, elle disparut et je ne m'en suis plus ressenti.

A ces maux purement physiques, succéda la douleur morale et autrement vive que me causa en 1704 la mort de ma sœur aînée, la plus sage et la plus pieuse des femmes. Ayant perdu son mari dans la fleur de l'âge, et trouvé ses affaires domestiques dans le plus grand désordre et près de la ruine, elle les avait réparées par sa prudence, et avait très-bien élevé ses enfants dont elle était la tutrice. Elle avait eu soin que ses deux fils eussent des mœurs pures et les connaissances propres à former l'esprit des enfants, et elle avait marié ses deux filles à deux hommes distingués par le rang et par la fortune. Mais sa principale étude avait été de développer les sentiments de piété dans ses enfants.

Elle avait un souverain mépris des vanités et des délices du monde, une assiduité infatigable à la prière, une vie pleine d'austérité et de mortifications. On la voyait rarement par la ville; elle se tenait, ou renfermée chez elle, ou retirée dans quelque coin obscur de l'église. On eût pu lui appliquer ces vers que mon ami Hallé fit un jour sur une dame noble, pieuse, et toujours occupée dans l'intérieur du logis :

> Præbuit hæc vobis exemplum nobile, matres ;
> Nam fuit in templo Magdala, Martha domi.

Elle était sujette depuis longtemps à des attaques d'épilepsie, qui étaient pour elle autant d'avertissements de régler toutes choses et de se préparer à la mort. Elle mourut toutefois subitement. La nouvelle m'en vint à Bourbon; j'en fus si profondément affligé que je fus presque forcé d'interrompre mon traitement, de peur que mon corps, se ressentant des peines de mon esprit, ne fût hors d'état de supporter l'influence active et pénétrante des eaux.

J'étais à peine remis de cette affliction que j'en éprouvai une toute semblable de la mort de mon autre sœur, aussi plus âgée que moi. Elle était d'un esprit et d'un caractère bien différents de l'autre. Celle-ci était sérieuse et mélancolique; celle-là gaie, rieuse, et amie des divertissements et des plaisirs chers à la jeunesse. Elle était belle en outre et avait un port magnifique, ce qui lui valut bien des amis et même des galants. Mais mariée à un militaire qui avait quelque piété, et entraînée d'ailleurs par l'exemple et les exhortations de sa sœur, elle vécut saintement. Devenue veuve et maîtresse d'elle-même, elle rompit avec le monde et ses distractions tumultueuses, et se retira à la campagne. Elle se proposait d'y passer le reste de ses jours dans la solitude, de s'y donner toute à Dieu, et de préparer son salut par la prière et les bonnes œuvres. Mais ayant compris que dans cette solitude même elle ne serait pas à l'abri des visites, et que le repos auquel elle aspirait y serait troublé sans cesse, elle fit ses vœux dans le couvent de la Visitation de la Sainte Vierge, à Salésian. Vingt ans avant sa mort, une humeur dangereuse qui coulait de son cerveau commença d'attaquer ses muscles, ses nerfs, ses articulations; son corps en fut bientôt affecté d'un tremblement universel, et enfin elle ne put plus marcher qu'à l'aide d'un bâton. Le mal s'étant aggravé, les mains et les pieds ne firent plus leur office; la langue elle-même s'amollit, et ma sœur perdit la parole. Elle sentait des douleurs atroces, quand l'humeur, s'échappant du cerveau, excitait les membranes du corps et les enflammait par son âcreté. Au milieu de tous ces maux, la patience de ma sœur était admirable; nuls gémissements, nulles plaintes; son front, quoique presque toujours contracté par la douleur, avait souvent de la sérénité, comme si elle se fût réjouie intérieurement de participer aux souffrances de Jésus-Christ. Vaincue enfin par tant d'épreuves, elle mourut avec calme, ayant passé quatre-vingts ans.

Un cruel événement vint ensuite mettre le comble à mes chagrins, je veux dire la mort de Bourdaloue de la Société de Jésus, le plus grand des prédicateurs de son temps, et l'homme qui me fut le plus cher, soit à cause de son extrême bienveillance pour moi, soit à cause de la candeur de son âme, au fond de laquelle on lisait, tant elle était transparente et pure! Nul n'était plus aimable, d'un esprit plus charmant, d'une gaîté plus sympathique. Depuis plusieurs années, je le voyais presque tous les jours chez moi où il venait le soir et où il me racontait complaisamment et avec amitié tout ce qu'il avait appris de nouveau.

A cette même époque, je voyais aussi très-souvent et régulièrement Jean Pierre Moret de Bourchenu de Valbonnais, premier président de la chambre des comptes de Grenoble, personnage de beaucoup de politesse, et, ce qui est à peine croyable, d'une rare érudition, bien qu'il fût presque aveugle [1]; et comme il m'arrivait aux mêmes heures que lui quelques autres savants et honnêtes personnages qui passaient agréablement les après-dîners à converser sur des matières d'érudition, il fut convenu entre eux qu'ils se réuniraient ainsi chez moi deux fois par semaine. Je n'aurais pas osé souhaiter cette faveur, bien loin de la solliciter ou même de l'espérer. Ils furent si exacts à ces réunions qu'ils formèrent dans ma maison une espèce d'académie nouvelle et assez respectable.

Je reçus, vers ce temps-là, une lettre d'Henri Sickius d'Utrecht, où il m'annonçait l'envoi d'un livre arabe intitulé : l'*Évangile de l'enfance*, ou, suivant Gélase, *le Livre de l'enfance du Sauveur* (si toutefois il s'agit du même livre), traduit et annoté par lui. Il me rendait compte ensuite de ses études avec beaucoup de confiance, d'une traduction de l'*Alcoran*, prête à paraître, avec les scholies des deux Gialloddins, et d'une autre des actes du moine Sergius, le maître et le guide de Mahomet en impiété. Mais à voir de près ce dernier écrit, on pouvait douter qu'il ne fût pas faux ou du moins plus récent qu'on ne le supposait.

On avait réimprimé plusieurs fois ma réponse à une lettre où Gisbert Cupert [2] me demandait mon avis sur les dieux béréens, Malbach et Sélaman. Il s'était adressé à d'autres savants dans le même but, et entre autres à Jacques Rhenferd [3] qui l'était beaucoup. Ce dernier, ayant remarqué dans

1. Né à Grenoble en 1651. Il servit d'abord dans la marine, et la quitta pour s'adonner aux lettres. Son meilleur ouvrage est son *Histoire du Dauphiné*, Genève, 1722, 2 vol. in-f°. Il mourut en 1730.

2. Né en 1644 à Hemmen, en Gueldre, mort en 1716. Il étudia sous Gronovius à Leyde et fut, à 35 ans, élu professeur d'histoire à Deventer. Il fut souvent employé en des négociations publiques par les États de l'Over-Yssel. Il se fit connaître par quelques savants ouvrages sur l'histoire et sur l'antiquité, et il était en correspondance avec les doctes les plus éminents de l'Europe. Il était membre associé de notre académie des Inscriptions.

3. Né en 1654 à Mulheim, en Westphalie, mort en 1712. Il fut recteur de l'école latine à Franeker. Il avait un goût particulier pour la science des rabbins et pour les langues orientales, et il se retira à Amsterdam pour

les copies prises sur les marbres béræens la forme des anciens caractères syriaques, espéra qu'il pourrait en rétablir la série entière. Passant alors de l'écriture palmyrénienne à l'écriture punique, et de plus en plus satisfait de ses découvertes, il m'écrivit de Franeker, pour me les communiquer, sachant l'intérêt que je prenais à l'accroissement des richesses de la littérature. Il ajoutait qu'il avait trouvé trois alphabets phéniciens entièrement différents, celui des Syriens, celui des Africains ou Siciliens, et celui des Espagnols. Il me pressait vivement de seconder ses efforts, et de lui obtenir, soit par moi-même, si j'avais ce pouvoir, soit par d'autres qui l'auraient en effet, communication de quelques anciennes médailles relatives à son sujet, qu'on pourrait trouver en France.

Jacques Estienne, imprimeur de Paris, actif et passionné pour son art, fit dans ce même temps une cinquième édition de mes poésies. Elles avaient été déjà éditées à mon insu en Hollande par Théophile Hogers, un bon et savant jeune homme dont j'ai déjà parlé, et qui, lorsqu'il parcourait l'Europe, suivant la coutume de sa nation, arrivé à Caen, avait été si charmé de la politesse et de l'érudition des habitants, qu'il y était demeuré un temps considérable. A son retour dans son pays, comme il considérait les richesses littéraires qu'il avait rapportées, il joignit plusieurs de mes poésies aux siennes et les publia. D'autre part, Grævius, qui était alors le plus actif promoteur de ma réputation, ne permettait pas que le moindre écrit sorti de ma plume tombât dans l'oubli, et comme nous nous écrivions souvent, nous nous envoyions réciproquement les nouveaux fruits de notre industrie. Il refit donc à Utrecht l'édition d'Hogers, augmentée d'une quantité de pièces que je lui envoyais de temps à autre, et il m'en fit passer un exemplaire. D'autres éditions parurent

---

mieux les étudier près des rabbins eux-mêmes. Il occupa ensuite, pendant trente ans, la chaire de langues orientales à Franeker.

ensuite, faites d'après celle-là, jusqu'à ce qu'Estienne publiât cette dernière où il a déployé toute la science de sa profession. J'eus le très-vif plaisir de voir quelques-unes de mes églogues si bien goûtées de nos poëtes éminents, qu'ils les traduisirent en vers français avec une grâce et une délicatesse qui n'ajoutèrent pas médiocrement au mérite de l'original. Celle qui a pour titre *Vitis*, composée par moi lorsque j'étais encore un adolescent, fut traduite par Chanavarin, maître des comptes au parlement de Rouen ; *Iris*, par le marquis de La Fare, capitaine des gardes du duc d'Orléans ; *Lampyris*, par Paul Tallemant, de l'Académie française. Un autre de la même compagnie, Séraphin Regnier Desmarais, écrivit une spirituelle épître en vers latins, au sujet de *Melissa*. Quant à Chanavarin que je connaissais à peine de nom, je me rappelle l'avoir remercié par une épigramme de quatre vers des ornements qu'il avait ajoutés à ma pièce, et de l'envoi qu'il m'en avait fait.

Je ne négligeai pas non plus la muse française ; je la visitai souvent au contraire, et quoique mes visites fussent courtes et fort irrégulières, je ne laissai pas d'écrire presque autant de vers français que j'en ai écrit de latins. J'avoue pourtant que je ne fis jamais grande attention à elle ; si je la cultivai, ce fut en me jouant comme un homme qui fait ce qui n'est pas de son office et qui s'égare sur le terrain d'autrui, le plus souvent enfin en voiture et dans les rues de Paris. J'attachais si peu d'importance à mes œuvres de ce genre, qu'il y en a peu ou qu'il n'y en a presque pas dans mon portefeuille, et elles eussent toutes péri si mon illustre ami Foucault, intendant des finances, en Normandie, n'eût pensé que ces poésies n'étaient pas sans mérite, et ne les eût rassemblées et mises à l'abri de la destruction.

Puisque je parle ici de mes vers, je ferai une confession qui devra s'appliquer à tous généralement ; c'est qu'étant en grande partie des productions de ma jeunesse, ils en ont le défaut qui est de renfermer beaucoup trop de choses qui ont trait à l'amour et à ses vanités.

Enfin je me suis efforcé de faire entrer dans une épigramme grecque de six vers le nom de mon pays, mes goûts, mes études, et ma profession.

On m'apporta de Hollande l'horrible et abominable livre de Jean Toland[1] qui porte le titre barbare d'*Adeisidæmon*. Je dis horrible, et à cause de l'infamie de l'auteur qui est, dit-on, un vilain bâtard, et parce que son nom a été flétri en justice dans son pays, pour avoir fait profession ouverte d'impiété. On ajoute même qu'il eût été puni du dernier supplice, s'il ne se fût hâté de prendre la fuite. Je dis encore abominable, parce que ce misérable auteur semble y avoir déclaré la guerre à Dieu même. Quant à moi qu'il a pris pour but de ses outrages, je regarde comme un honneur, comme une gloire singulière d'être aussi indignement traité pour la cause de Dieu, et de partager avec lui les injures qui lui sont adressées. Que Dieu donc qui vengera sa propre cause défende aussi la mienne! quoique, à vrai dire, il se soit trouvé un homme de cœur pour entreprendre cette tâche. En effet, à peine cet odieux livre fut publié que le pieux et docte Jacques de La Faye tailla sa plume pour combattre l'impiété naissante et qui déjà grandissait, et, comme il châtia l'insolence du blasphémateur, il vengea mon honneur en même temps. J'aurais pu me contenter de ces représailles, tant la répression de l'orgueilleux sectaire avait été efficace; et je m'en fusse tenu là vraisemblablement, si la bonne foi avec laquelle je citais les témoignages des anciens pour confirmer les preuves de ma *Démonstration évangélique*, n'eût été mise en doute; et comme d'ailleurs je ne croyais pas qu'il fût de ma dignité de tremper mes mains dans cette

---

[1]. Célèbre incrédule irlandais, né en 1670, mort en 1722. Il était d'abord catholique, il se fit ensuite presbytérien, et finalement devint athée. Voy., au sujet du livre dont il est ici question, le *Recueil* de Tilladet, tom. I, pag. 367 et suiv.

fange, je publiai ma réponse sous un autre nom que le mien.

Mais l'illustre abbé Jean-Marie de La Mark de Tilladet[1] m'ôta mon masque ; autant par considération pour moi-même que par amour pour les lettres, il rassembla et revit quelques dissertations, partie religieuses, partie philosophiques, que j'avais publiées à différentes époques, et résolut de les tirer de l'oubli, et de les publier de nouveau toutes ensemble. Je souffris sans peine que les enfants que j'avais négligés et pour ainsi dire exposés, qui erraient dans les rues comme des vagabonds, fussent réintégrés dans la maison paternelle, réunis les uns aux autres, et prêts à reparaître au jour sous des dehors plus convenables et plus dignes. Tilladet, se souvenant de l'ancienne maxime qui veut que tout ouvrage livré à la publicité se recommande tout d'abord par quelque chose d'attrayant, mit à ce recueil de dissertations une préface élégante qui portait la marque de son érudition singulière, de son respect, de son amitié pour moi, et dans laquelle il exposait savamment et clairement le sujet de chaque pièce. Quiconque prendra la peine de parcourir ce recueil, y trouvera beaucoup de choses déjà connues, soit que je les aie écrites familièrement à des amis, soit que je les aie réservées pour mon usage personnel. Mais si j'avais été consulté, je les eusse toutes supprimées. Il introduisit en outre dans ce fatras plusieurs lettres aux principaux personnages littéraires du temps, que j'écrivis jadis peut-être sans beaucoup de réflexion, ayant à peine l'âge de puberté. Si j'avais voulu acquérir de la gloire par ce genre de compositions, cela m'eût été facile, comme il me le serait certainement encore aujourd'hui de tirer de mon magasin littéraire des charretées d'écrits de la même nature et de lettres ayant trait à des matières de doctrine. Il se pourrait même (s'il m'est permis de le dire sans exciter

---

[1] L'auteur du *Recueil de dissertations*, déjà nommé.

l'envie) qu'il fût de quelque intérêt pour la littérature de ne pas laisser périr tout cela.

Ce recueil était à peine imprimé et le public n'en avait pas encore dit ce qu'il en pensait, lorsque je tombai gravement malade (1712). Le huitième jour, j'étais condamné et abandonné des médecins. Ma raison s'en était allée, je n'avais plus sentiment de rien. Déjà même j'avais reçu l'extrême-onction, et j'étais recommandé à Dieu comme un homme perdu sans ressource, lorsque, par la grâce de ce Dieu et par un suprême effort de la nature, une sueur salutaire sortit en abondance de toutes les parties de mon corps, entraînant avec soi tout le virus de la maladie, et me sauva de la mort. Je n'étais pourtant pas encore tout à fait guéri; je souffris longtemps de si vives douleurs qu'il me semblait que mes membres brûlaient. Aussi mes domestiques m'entendaient-ils souvent invoquer la mort, et souhaiter, au milieu des gémissements et des soupirs, d'être enfin réuni à Jésus-Christ. J'étais si faible que je ne pouvais pas même porter ma main à ma bouche, et que je demeurai plusieurs jours comme une masse inerte. Mes oreilles et mes yeux se ressentirent particulièrement de la violence du mal, et je crus d'abord que je serais sourd et aveugle tout le reste de ma vie; s'il n'en fut pas ainsi, je ne recouvrai jamais, même quand ma santé fut revenue, le plein usage des unes et des autres; je restai un peu sourd, et je n'y vois facilement qu'au grand jour. Il résulte de là que depuis cette époque et après m'être servi précédemment par habitude des yeux d'autrui et d'un secrétaire pour me faire la lecture, je m'en sers aujourd'hui par nécessité.

Après avoir rendu grâce à Dieu de mon retour à la santé ou plutôt à la vie, je pus me convaincre en voyant la nouvelle édition de Despréaux dont j'ai parlé ci-dessus, de la violence, de la brutalité sauvage avec laquelle le parti qui survivait à cet homme, en agissait envers moi moribond. J'aurais souffert volontiers qu'ils triomphassent de leur impertinence, si par leurs suppositions, leurs falsifications, jointes à toutes les médisances qui sont accumulées dans les œuvres de leur poëte, ils n'eussent altéré la vérité de faits qui m'étaient parfaitement connus. Guidés par une intention malveillante et perverse, ils supprimèrent ceci, dissimulèrent cela, ou feignirent impudemment ce qui n'était pas. Ils eurent soin surtout de ne rien omettre de ce qui pouvait, quoique étranger au sujet, porter quelque atteinte à ma considération. Je puis mépriser les aboiements des roquets tant qu'ils ne vont pas jusqu'à mordre. Mais quand ils montrent les dents, je les chasse avec un bâton. Dans une courte mais modeste réponse, je repoussai la calomnie, et fis tous mes efforts pour détourner le soupçon d'orgueil, et mettre mon caractère à l'abri. Cet écrit tomba entre les mains de Jean Leclerc, comme cet autre dont j'ai fait mention ci-devant. Leclerc a plusieurs correspondants à Paris qui ne le laissent pas manquer de nouveautés. Il inséra ma défense dans la *Bibliothèque choisie*, et y joignit la sienne propre, où il se défendait lui-même fermement, mais modestement, contre les attaques désordonnées de Despréaux et de ses sales acolytes.

Parmi les plus cruelles calamités de ma vie, je dois compter la mort du cardinal d'Estrées, arrivée à cette époque. J'étais très-lié avec lui dès le temps de mon adolescence, nous avions du goût pour les mêmes études, et nous nous entendions à merveille en toute autre chose. Nous nous voyions de plus très-souvent, lorsqu'une maladie terrible l'emporta en quelques heures, et avec lui, la meilleure partie de moi-même, mon appui dans les circonstances critiques, ma consolation dans mes afflictions.

C'est alors que je songeai à écrire ces mémoires, pour les motifs que j'ai exposés en commençant. Ceux qui les prendront en mauvaise part et les supposeront écrits dans un but de vaine popularité, se repentiront peut-être de leur jugement, lorsqu'ils sauront que des personnes graves, remarquables par leurs talents et par leur savoir, et mes intimes amis, m'ont poursuivi de leurs instances pendant plusieurs années, et m'ont arraché la publication de ce travail, quelque résistance que je leur opposasse. Mais je n'ai pas tellement d'amour-propre, que je suppose qu'ils n'aient considéré que moi-même en cette occasion. Qu'y a-t-il en moi ou dans ma vie qui intéresse ce siècle et la postérité? Les érudits s'inquiètent bien, vraiment, de mes pensées, de mes études, de mes écrits, enfin si je suis blanc ou noir. Mais comme mes amis m'avaient entendu souvent raconter des anecdotes relatives aux savants illustres du siècle précédent, que j'ai connus, craignant que la mémoire n'en fût perdue, ils me prièrent de les consigner dans un écrit qu'on ne pouvait attendre d'aucun autre que de moi, puisqu'il ne restait presque plus de contemporains de ces personnages. Un motif plus puissant encore me détermina, à savoir que, revoyant en la présence de Dieu les actes de ma vie passée, et sentant combien il était nécessaire que je me corrigeasse, je profiterais de cette circonstance pour me débarrasser de leurs souillures par une pénitence salutaire.

Que s'il m'est permis de justifier ma résolution, non par des arguments, mais par des exemples, j'en produirai une foule et des plus illustres, tant chez les anciens que chez les modernes. Que le lecteur daigne seulement, par égard pour moi et pour ces commentaires, souffrir encore quelques mots. Je vais passer en revue plusieurs de ceux qui se sont principalement fait connaître par ce genre d'écrit, afin de parer au reproche de nouveauté ou de singularité. En premier lieu, je citerai plusieurs rois et empereurs fameux, lesquels, ayant eu conscience de leur mérite, de leur gloire et de leurs grandes actions, estimèrent que ce serait être injuste envers leur postérité que de les passer sous silence, et par là de priver leurs successeurs du bénéfice de tous ces avantages qui leur appartiennent par une sorte de droit héréditaire. De là viennent les commentaires d'Alexandre loués par Plutarque, et ceux de César; de là les treize livres dans lesquels Auguste raconte les événements de sa vie, ceux de Tibère, écrits sommairement sur le même objet, et les huit de Claude. Que dirai-je des mémoires de Vespasien, de Trajan, d'Adrien, de Sévère et d'Aurélien? Il faut prendre garde toutefois de ne pas confondre les mémoires des empereurs, relatifs aux affaires publiques et à leur gouvernement, avec ceux qui ont rapport à leurs affaires privées. Dans les premiers temps de la république romaine, Emilius Scaurus, qui fut consul en 639, écrivit trois livres de sa vie, qu'il dédia à L. Fufidius; Rutilius Rufus, consul dix ans après, fit de même. Cicéron dit que Q. Lutatius Catulus, qui fut consul avec Marius en 651, écrivit l'histoire de ses actes dans la manière délicate de Xénophon, et l'adressa au poëte A. Furius, son ami. Cicéron lui-même, le meilleur maître du genre et le meilleur précepteur de morale, craignant de ne pouvoir obtenir de son ami Luccius, historien éminent, qu'il transmît à la postérité, dans un ouvrage spécial, l'histoire de son consulat, dit : « Je serai peut-être forcé de faire ce qui est répréhensible aux yeux de quelques-uns, mais qui est autorisé par l'exemple de plusieurs illustres personnages, c'est-à-dire d'écrire ma propre histoire. » Il ne nie pas cependant qu'il n'y ait de graves inconvénients dans ce genre d'écrits, comme par exemple que l'auteur parle trop modestement de lui-même, s'il a fait des actions louables, et, s'il en a commis de répréhensibles, les passe sous silence : toutes choses qui diminuent d'autant le crédit et l'autorité des mémoires. Mais Tacite[1] excuse le sentiment des personnes qui laissent des mémoires de leur vie, dans un passage qui est applicable à ma défense, et que, à cause de cela même, je transcrirai : « Autrefois, qu'on était porté davantage à faire des actions

---

1. *Vie d'Agricola*, chap. 1.

dignes de mémoire, et que les occasions en étaient plus fréquentes, un homme de génie ne cédait ni à la vanité, ni à l'intérêt, en livrant ses actes au jugement de la postérité; il ne considérait que le bon témoignage de sa conscience. C'est pourquoi la plupart estimèrent que l'action d'être son propre biographe, était plutôt une preuve du sentiment qu'on a de ses prouesses, qu'une preuve d'arrogance. Rutilius et Scaurus, qui sont à l'abri du reproche d'infidélité à cet égard, en sont des exemples. » A tous ces noms je pourrais ajouter celui du grand et modeste philosophe Marc-Aurèle, suivant l'opinion de ceux qui regardent le livre qu'il a laissé comme l'histoire de sa propre vie. Mais on reconnaîtra facilement qu'il n'en est rien, si on juge ce livre selon ses impressions et non d'après celles d'autrui. En effet, dès le premier coup d'œil, on verra que Marc-Aurèle n'a pas raconté ses actions, mais exposé les règles suivant lesquelles il faut se conduire, et cela sans ordre, en tout temps, en tout lieu, comme un homme pressé et qui juge de la convenance des règles, soit après qu'il les a méditées, soit lorsqu'il les a mises en pratique. Mais quelle plus imposante autorité pourrais-je invoquer que celle de Joseph, historien si respectable à tant de titres, lequel, en écrivant sa propre vie comme un abrégé de l'ancienne histoire de sa nation, composée par lui en vingt livres, a montré manifestement qu'il ne voulait pas tant alors pourvoir à sa réputation personnelle qu'être utile à ses concitoyens?

Si les exemples tirés des modernes ont plus de poids à nos yeux, je citerai Jérôme Cardan qui semble avoir pris tant de plaisir à écrire l'histoire de sa vie et de ses études, qu'il put à peine y observer quelque mesure, et pensa qu'il importait à la postérité de savoir quel grand homme il était; Erasme, qui se proposa la même chose, quoique sous une autre forme et avec des déguisements; les deux Scaliger : Jules qui, dans ses *Lettres* à ses amis, est le héraut si bruyant de sa renommée, qu'on dirait qu'il a craint que le monde inconsidéré ne rabattît quelque chose de la haute opinion qu'il avait de son mérite; Joseph, son fils, qui écrivit sa vie et celle de Jules dans sa *Lettre à Douza*, là et dans ses autres ouvrages, chante ses propres louanges avec une insupportable présomption, et fait presque le procès à son siècle de ce qu'on ne lui a pas élevé des autels. Georges Buchanan est plus modeste dans le récit de sa vie; son style est également plus concis et sa candeur si dépouillée de voiles, qu'il ne dissimule pas assez ce qu'il pensait des détestables nouveautés religieuses qui, de son temps, infectaient presque toutes les âmes. Mais personne en ce genre, n'a surpassé Jacques-Auguste de Thou, la beauté mâle de ses mémoires, la variété des faits et l'élégance même du style qui ne laisse pas d'être cependant ni assez châtié ni assez pur.

Maintenant, si je voulais parler de ceux qui ont écrit leurs mémoires en leur langue naturelle, le jour finirait avant que je les aie comptés tous. Plusieurs mémoires de ce genre appartiennent aux Italiens, aux Allemands, à d'autres peuples de l'Europe, et principalement aux Anglais. Mais nos Français l'emportent de beaucoup sur eux tous à cet égard, et c'est leur exemple qui m'a surtout encouragé. Je n'ai pas cru qu'on pouvait justement me reprocher d'avoir fait ce qu'ont fait tant d'hommes remarquables parmi nos compatriotes : Olivier de La Marche, Philippe de Commines, les deux du Bellay (Guillaume et Martin), Blaise de Montluc, Gaspard de Coligny, Philippe Hurault de Chiverny, la reine Marguerite de Valois, esprit plein de grâce, Henri IV lui-même qui, au témoignage de Casaubon, avait commencé ses mémoires; Michel de Montaigne, dont l'ouvrage intitulé *Essais* est dans les mains de tout le monde, et où l'auteur, ayant fort bonne opinion de soi, semble s'être proposé de s'offrir en exemple à l'univers et de se louer sans vergogne, Maximilien de Béthune, Louis de Gonzague, duc de Nevers, Nicolas de Villeroy, les deux de La Tour, Henri et Frédéric

Maurice, père et fils; Henri de Rohan, le cardinal de Richelieu, François de Bassompierre, le duc d'Angoulême, François de La Rochefoucauld, Henri de Lorraine, duc de Guise; Pontis, Tavannes, Terlon, César de Choiseul du Plessis-Praslin, Philippe de Montault de Navailles, Beauveau, Roger de Rabutin, Chavagnac, Marolles et beaucoup d'autres. Quoique ces exemples, s'ils ne justifient pas mon dessein, l'excusent du moins aux yeux des juges impartiaux, ils en ont aussi retardé l'exécution par la crainte de me trouver autant au-dessous de ces grands hommes par le style, que je suis au-dessous d'eux par les actes. Laissant donc de côté tous autres exemples, à la hauteur desquels je ne puis ni ne dois m'élever, je m'appuie, ainsi que je l'ai fait au commencement, sur celui-là seul que m'a donné saint Augustin; c'est sur celui-là seul que je me suis réglé, principalement lorsque saint Augustin, sondant les abîmes de son cœur, déroule en présence de Dieu les fautes de sa vie, et en fait ensuite l'aveu en présence des hommes. Daigne ce Dieu, dans sa bonté inépuisable, laisser tomber quelque chose de sa faveur céleste sur ce modeste ouvrage et sur l'intention qui l'a dicté!

# APPENDICE.

## I.

## LETTRE DE M. HUET,

ANCIEN ÉVÊQUE D'AVRANCHES,

### A M. PERRAUT,

SUR LE PARALLÈLE DES ANCIENS ET DES MODERNES.

Sitôt que je fus hors de Paris, Monsieur, et des affaires qui me retenaient, je me mis à lire votre ouvrage; et le tracas du voyage ne m'empêcha pas d'y apporter toute l'attention nécessaire. J'espérais vous envoyer de Caen les remarques que j'y ai faites; mais j'y ai trouvé si peu de repos et de loisir, qu'il a fallu remettre tout à ce temps et à ce lieu-ci, où je me possède un peu davantage, quoique la proximité d'Avranches, et les affaires qui m'y mènent, m'attirent beaucoup de monde, et par conséquent beaucoup de distraction.

Pour venir au fait, votre livre m'a donné un extrême plaisir : l'esprit, l'élégance, l'érudition polie et digne d'un honnête homme, l'observation exacte des caractères de vos personnages, tout cela m'a charmé; mais plus que cela encore, un air de probité qui y éclate, dans le soin que vous avez pris de défendre courageusement, contre la malignité de la calomnie, des gens dont nous avons connu le mérite. J'ai été ravi des louanges que vous avez données à la *Pucelle* de M. Chapelain, contre la prévention du vulgaire. Vous avez démêlé avec beaucoup de pénétration le *burlesque* de M. Scarron, et celui de M. Despréaux. Enfin, j'ai trouvé mille et mille endroits qui m'ont infiniment plu.

Pour le fond de la question, soyez persuadé, Monsieur, que personne ne saurait apporter, pour en juger, un esprit moins prévenu que le mien. J'estime les anciens, mais je ne les adore point; je ne les tiens pas impeccables; je vois leurs défauts, et je conviens de plusieurs de vos accusations. J'admire d'ailleurs plusieurs ouvrages modernes, et je les préfère à plusieurs autres anciens du même genre. J'ai dit dans un ouvrage qui a paru en public il y a plusieurs années, que nous surpassons infiniment les anciens dans les ouvrages de galanterie, et dans la manière de traiter l'amour. J'ai pensé la même chose sur plusieurs arts et plusieurs sciences. Tel a toujours été mon sentiment; et j'ai cru que quiconque en aurait un autre, soit pour, soit contre les anciens, tomberait dans quelque extrémité vicieuse. J'ai déjà osé vous dire plus d'une fois, que si vous aviez pris ce parti un peu plus exactement que vous ne paraissez avoir fait, vous auriez gagné tous les suffrages; et que j'appréhendais que vous ne vous laissassiez flatter à la nouveauté de votre opinion, et aux applaudissements d'une infinité de gens qui, ne connaissant point l'antiquité et désespérant de la connaître, pour la longueur et la difficulté du travail, et la rareté des talents qu'il y faut apporter, trouvent que c'est plutôt fait de la mépriser que de l'étudier, par un effet de l'amour-propre, qui ne permet guère à l'homme d'estimer que ce qu'il possède. Vous avez trop de raison pour faire cas de ces approbateurs, et pour recevoir d'autres juges que des gens qui aient joint à beaucoup de lumières naturelles, un grand usage des lettres anciennes et modernes, et pour approcher plus près de votre sujet, une grande connaissance des poëtes de tous les temps. Je ne me donne pas tel : aussi ne prétends-je pas que vous vous en teniez à mon avis. Je vous supplie seulement de prendre en bonne part ce que mes connaissances bornées m'ont fourni et que j'aurais bien su me réserver à moi seul, si vous n'aviez désiré que je vous en fisse part.

Je commencerai par votre remarque, qui regarde le dessein de votre ouvrage : vous ne l'expliquez pas assez nettement, ce me semble, ni dans cette partie, ni dans les précédentes. Vous ne dites point si vous comparez les ouvrages ou les ouvriers : tantôt vous donnez l'avantage à notre siècle dans les uns et dans les autres, tantôt vous abandonnez à l'antiquité la supériorité de l'esprit, vous retranchant seulement dans la perfection des arts et des sciences : ce qui ne serait pas un grand avantage pour notre siècle, puisqu'il n'aurait la gloire que de quelque augmentation : et il semble que vous avez affecté cette incertitude, pour vous faire des retraites, quand vous seriez pressé. Cependant quand vous abandonnez ainsi aux anciens l'avantage de l'esprit, comme vous avez fait en quelques endroits de ce dernier livre, ne leur disputant plus que celui des ouvrages, vous allez directement contre votre titre, qui promet un parallèle des personnes seulement; et vous rendez inutiles tous les reproches que vous faites aux anciens, des fautes qu'ils ont commises contre le bon sens, et qui ne sont que des fautes personnelles. Et lorsque M. de Fontenelle a pris l'affirmative pour vous, la preuve dont il s'est servi, tirée de la disposition des fibres du cerveau, regarde les personnes et non les ouvrages. En effet, si vous eussiez disputé l'avantage de l'esprit aux anciens, et que vous leur eussiez égalé les modernes, c'eût été un grand préjugé pour la préférence des ouvrages modernes, qui, par-dessus cette égalité, ont toujours l'avantage des lumières que le temps a apportées. Au lieu qu'abandonnant aux anciens la supériorité de l'esprit, on ne peut douter que l'inégalité des productions ne suive celle des génies d'où elles partent.

Comme on ne voit pas assez clairement votre pensée sur cette question, permettez-moi de vous dire que vous n'exposez pas aussi assez fidèlement le sentiment de vos adversaires, qui parlent sous la personne de votre président. Quand vous lui ferez dire des sottises que personne n'a jamais dites, pour avoir lieu de les combattre et de vous égayer, la gloire n'en sera pas grande, et vous n'avancerez pas beaucoup votre victoire. Qui sont ces critiques, qui ont dit ce que vous faites dire au président, qu'on ne pourra jamais rien faire qui approche des ouvrages des anciens que vous nommez? qu'il est impossible qu'on atteigne au degré de beauté qu'on y voit? qu'*Homère est le plus mélodieux versificateur qui ait jamais été et qui sera jamais?* qu'il faut se mettre à genoux devant les inscriptions des médailles antiques, et que leur simplicité est adorable?

On ne manquera pas de vous répondre ce que vous répondez pour la défense de Saint-Amand, qu'il faut condamner les partisans de l'antiquité, *sur ce qu'ils disent et non pas sur ce que vous leur faites dire*. Ma seconde remarque s'étend sur tout votre ouvrage, dans le jugement que vous entreprenez de faire des poëtes et des poëmes. Vous ne le faites que par le détail et par l'examen de quelques pensées ou expressions particulières; au lieu qu'il semble qu'il fallait examiner les ouvrages en gros, le dessein, l'ordonnance, la conduite, la distribution, l'artifice, les ornements, les images, les arrangements et leurs effets. Et c'est ce que vous n'avez pas fait ; ou si vous l'avez fait, ç'a été très-superficiellement. C'était là pourtant le capital ; et quand vos adversaires vous passeraient comme véritables tous les petits défauts d'expression, de bienséance, et si vous voulez de jugement, que vous avez remarqués, ils seront toujours en droit de vous dire, qu'on ne juge point des ouvrages par des minuties que les plus grands hommes négligent, mais par le total. Vous vous servez vous-même de cette raison et de cette règle pour justifier la *Pucelle*, qui a été traitée comme vous traitez l'*Iliade*, et dont on a jugé par des expressions particulières, qui ont paru dures et forcées, par quelques comparaisons peu heureuses, et nullement par l'essentiel de la pièce : comme qui jugerait d'un palais par deux ou trois pierres écornées. Vous reconnaissez encore la certitude de cette règle, lorsque vous dites ailleurs que la versification n'est point essentielle au poëme. Vous pouviez y joindre les mœurs et les coutumes qui le sont encore moins ; et sur ce principe toutes vos remarques se réduisent à rien. On peut dire de plus, que notre nation et notre siècle, corrompus par le goût des femmes, sont ennemis des ouvrages longs et soutenus. Il ne nous faut plus que des madrigaux, des triolets et des rondeaux. A peine peut-on lire une ode entière. Peut-on élever aujourd'hui son esprit à la grandeur du poëme épique ? a-t-on la patience de le lire ou de l'examiner ? sait-on les règles par lesquelles il en faut juger ? On en juge par les mêmes règles par où l'on juge des madrigaux, par des pensées délicates, des tours agréables et des expressions fines et polies. On veut cela dans tout le poëme épique ; on veut qu'il soit partout madrigal, c'est-à-dire ridicule : comme qui voudrait que toute la peinture de la galerie de Versailles fût de miniature. Pour bien établir votre parallèle, il fallait opposer poëme à poëme, épopée à épopée; mais vous n'aviez garde de le faire; les modernes n'y auraient pas trouvé leur compte. Vous n'aviez garde non plus de rechercher en détail les pauvretés des poëtes modernes, comme vous avez recherché celles des anciens : les astragales de l'*Alaric* n'auraient pas accommodé vos affaires; et quand votre bonne foi et votre candeur vous forcent à reconnaître la supériorité de l'*Énéide*, sur les épopées modernes, cet aveu ne fait-il pas la décision de la question, non-seulement en faveur de l'*Énéide*, mais encore de l'*Iliade* et de l'*Odyssée*, dont l'*Énéide* n'est que le raccourci ?

Vous ne traitez de l'action de la fable et de la constitution de l'*Iliade* qu'en un seul endroit : c'est lorsque vous dites que quelques-uns ont cru que l'*Iliade* n'était faite que de pièces rapportées, et que cette opinion est une preuve incontestable du peu de bonté de la fable de l'*Iliade*. A ce raisonnement on en opposera un autre, que le peu de solidité de cette opinion paraît par la régularité de la fable de l'*Iliade*; parce qu'il est contre toute raison de penser qu'une si merveilleuse production soit l'ouvrage du hasard. Il faut donc en revenir à ce que vous faites dire à votre président, qu'il faut examiner la fable de l'*Iliade* en elle-même : et alors l'on trouvera l'unité de l'action, la proportion du temps qu'on a, ce me semble, réduit à cinquante-un ou cinquante-quatre jours; l'artifice de commencer sa narration par le milieu de la fable, la situation des épisodes, la variété et l'arrangement des images et le tissu de toute la pièce. Ce qu'il est aussi impossible d'imaginer qu'un amas fortuit de divers morceaux ait pu faire, que d'imaginer que des pierres jetées au hasard du haut d'une montagne, aient formé un palais au pied. Ajoutez à cela cette uniformité de style, de génie et de couleurs, qui règne par tout le poëme, et fait voir que toutes les parties viennent d'une même main. Ajoutez encore la convenance, non-seulement de caractère, mais encore de la disposition des parties de l'*Iliade* avec l'*Odyssée*, qu'on ne peut pas dire être un tissu de pièces rapportées. Ajoutez enfin que, lorsque Aristote a médité sur la nature de l'épopée, sa raison ne lui a pu rien fournir de meilleur, que ce qu'Homère avait mis en pratique. Et il ne faut pas croire qu'Aristote, pour être méprisé par quelques philosophes de ce siècle, qui ne l'ont jamais connu, soit coulé à fond. Il a des défauts, et de très-grands : mais à tout prendre, je ne connais point de philosophe qui lui soit comparable en pénétration, en subtilité, en étendue d'esprit et en profondeur d'érudition. Mais ce qui décide la question, c'est que l'*Enéide*, qui a de votre aveu la préférence sur tous les poëmes épiques anciens et modernes, et sur l'*Odyssée* même, a été formée sur ces règles et sur ce modèle.

Je viens maintenant aux remarques particulières que vous avez faites sur divers endroits d'Homère, de Virgile et d'Horace : et avant que de venir au détail, je puis vous dire en général que presque tout le ridicule et tous les défauts que vous y reprenez ne viennent que de la diversité des mœurs et des langues. Si notre siècle et notre nation étaient les règles du bien et du bon, le différend serait bientôt vidé : mais notre siècle étant partie en cette cause, il ne doit pas en être juge. Vous le faites juge néanmoins, en prétendant tacitement que les anciens ont dû faire tous leurs rois semblables au nôtre, et tous leurs palais semblables à celui de Versailles. Sur ce fondement, le siècle de Louis le Grand se moquera de celui de François Ier, qui portait les cheveux courts et la barbe longue ; et par le même droit, celui de François Ier plaisantera sur ces chariots tirés par des bœufs, dont se servaient les rois mérovingiens. Êtes-vous bien assuré qu'il ne viendra pas un siècle, où toute la magnificence du nôtre passera pour pauvreté ; et un autre plus sage que le nôtre, ennemi du luxe, amateur de la modestie, de la tempérance et de la frugalité, qui aura honte de notre vanité et de nos profusions? Vous trouvez mauvais qu'Homère ait mis du fumier à la porte du palais de Laërte; pourquoi? parce qu'il n'y a pas de fumier à la porte du Louvre, ni du palais de Versailles? Et ne nous reste-t-il pas une infinité d'actes faits par nos rois, et datés *in corte domini nostri regis*, où le mot *corte*, d'où est venu celui de *cour*, signifie un *pailler*, une cour de village, où l'on nourrit de la volaille? D'ailleurs, avez-vous fait réflexion qu'Homère représente Laërte comme un vieux seigneur, las du monde et des affaires, retiré à la campagne pour passer sa vieillesse dans les plaisirs innocents de l'agriculture, *qui rure vero barbaroque lætatur*? et l'agriculture s'exerce-t-elle sans fumer les terres? et peut-on fumer les terres commodément sans avoir le fumier à portée et sous la main du laboureur? N'est-ce pas là proprement le *rus verum et barbarum* de cette maison champêtre de Faustin, qui plaisait tant à Martial? Le siècle de Louis le Grand se moquera même de la grossièreté et de la malpropreté du siècle de Louis le Grand, lorsque tout le monde mangeait, il n'y a pas longtemps, du potage dans le même plat, chacun avec sa cuiller, qu'on portait du plat à la bouche et de la bouche au plat, ce qui ferait mal au cœur aujourd'hui. Votre prévention contre Homère vous fait dire sur cela une chose qui marque une grande démangeaison de reprendre, mais que personne n'approuvera. Vous dites qu'Homère n'a pas pu donner des mœurs plus polies que celles de son siècle, mais que ces sortes de mœurs avilissent pourtant son ouvrage. Le mérite d'un ouvrage peut-il dépendre des mœurs du siècle où il est écrit? L'élévation du génie, la beauté des pensées, la sublimité du style, la constitution ou la disposition régulière du poëme, ne sont-elles pas de tous les temps? et pour m'expliquer comme vous, ne semble-t-il pas qu'elles aient été faites de toute éternité? Méprisez donc non-seulement l'*Iliade*, mais même l'*Énéide*, la *Jérusalem délivrée*, et tous les poëmes épiques, parce qu'on n'y voit pas d'artillerie ni de fortifications à la mode d'aujourd'hui. Méprisez tous les tableaux anciens des plus grands maîtres, parce qu'on n'y voit pas de brandebourgs, ni de barbes à la royale, ni d'audaces aux chapeaux, ni de falbalas aux jupes des dames.

La diversité des langues donne encore beau champ à vos censures, sur la supposition que lorsque des termes de différentes langues ont une même signification, ils ont aussi un même usage. Il serait pourtant aisé de vous faire voir le contraire par cent exemples. Tel mot est bas dans une langue, qui ne l'est pas dans une autre; il plaît dans l'une et choque dans l'autre, la signification demeurant toujours la même. Dans ces paroles de Virgile : *Phyllis amat corylos*, le dernier mot est très-agréable; dites en français : *Phyllis aime les coudriers*, on s'en moquera. Les coudriers sont pourtant en latin et en français la même chose. Si l'on se sert de ce passage pour rendre Virgile ridicule dans les *ruelles*, Virgile y perdra-t-il beaucoup ? Et si un homme intelligent et connaisseur s'y rencontre, que pensera-t-il du goguenard et de ceux qui lui applaudiront ? Croyez-vous qu'il soit plus malaisé de ridiculiser Malherbe et tous nos meilleurs poëtes par cette voie, qu'il vous l'a été de ridiculiser Homère, Virgile et Horace ? Traduisez en latin ces vers de Malherbe :

De pleurs se noya le visage,

et vous verrez dans quel ridicule vous allez faire tomber l'Horace de notre langue. Traduisez encore ceux-ci :

Ta louange dans mes vers,
D'amarante couronnée,

et vous verrez si une louange couronnée d'amarante plaira autant en latin qu'elle plaît en français. Dites en latin ce que M. Chapelain a dit si noblement en français, que les beaux esprits ont pris le cardinal de Richelieu pour but de leurs veilles ; et vous verrez s'il sera bien difficile de se réjouir aux dépens de M. Chapelain, quand on verra les beaux esprits tirer au blanc et décocher leurs veilles sur le cardinal de Richelieu. Tournez en latin nos façons de parler à la mode : *un gros revenu, une grosse terre, il est à la cour sur un bon pied, il faut voir, il faut savoir, il se donne des airs, il a l'esprit mal tourné*, et mille semblables ; et vous donnerez beau jeu au parterre latin. Après avoir remarqué, comme vous avez fait avec justice, que nous ne savons pas assez bien le latin et le grec pour juger de leur beauté ; croyez-vous le savoir assez bien pour les reprendre ? Vous vous moquez d'Horace d'avoir mis le mot de *poutre* pour un *navire*. Si sa langue le lui a permis, vous devez vous moquer de la langue latine et non pas d'Horace. Si la langue française me permet de dire que je trouvai un homme avec une cravate, une brandebourg et un caudebec, quelque choquants que paraissent ces termes à un Danois ou à un Anglais, auront-ils le droit de se moquer de moi, parce que je me serai servi de termes que m'a appris ma langue maternelle?

Passons au détail de vos remarques. Vous reprenez Homère et Virgile d'avoir laissé leurs fables imparfaites; l'un en ne rapportant point la prise de Troie, et l'autre en ne parlant point du mariage d'Énée avec Lavinie, ni de la prise de possession du royaume des Latins. Cela revient assez à la remarque que vous avez faite, que l'éloquence laisse beaucoup de choses à suppléer à l'auditeur : ce que ne fait pas la poésie. Je vous avoue que j'ai été étonné de voir un grand maître comme vous dans ce sentiment : car tous ceux qui ont écrit de l'art poétique et de l'art de parler, conviennent que soit en vers, soit en prose, rien n'est plus fastidieux qu'un écrit trop circonstancié, entrant trop dans les minuties et dans le détail : comme, au contraire, rien ne flatte plus agréablement l'auditeur que la confiance qu'on prend en la bonté de son esprit, pour penser tout ce qu'il faut penser, sans qu'on prenne soin de le lui exprimer. De sorte que le souverain artifice est de faire penser les choses sans les dire. Appliquez cette maxime à l'*Iliade* et à l'*Énéide*, et vous trouverez qu'Homère, en rapportant la mort de celui qui seul empêchait la prise de Troie, a fait assez entendre la prise de Troie sans la rapporter ; comme Virgile a fait entendre le mariage d'Énée avec Lavinie, d'où dépendait la succession de son droit sur l'empire latin, en rapportant la mort d'un rival qui seul lui faisait obstacle. Mais de plus, de quel droit reprendrez-vous Homère de n'avoir pas rapporté la prise de Troie, si cela est hors de l'action et de la fable de son poëme? a-t-il dit dans sa proposition qu'il va chanter la prise de Troie? Nullement : il a dit qu'il va chanter la colère d'Achille; car il ne faut pas que vous espériez que l'on ait plus de foi aux conjectures que vous proposez, sur le dessein de l'*Iliade* et sur la manière dont elle a été composée, qu'aux paroles mêmes d'Homère, au témoignage de toute l'antiquité, à la réserve de deux ou trois sophistes aventuriers, peu entendus dans l'art poétique; et principalement, comme je l'ai dit, à la constitution de ce poëme, qui a servi de règle aux plus grands hommes qui sont venus depuis, anciens et modernes. Ainsi l'on jugera qu'ici, comme en d'autres endroits, vous vous faites jeu à vous-même et vous imposez à Homère tout ce que vous croyez pouvoir le rendre ridicule.

Lorsque vous blâmez ces odes libres, qui sont des écarts et sortent de leur sujet sans y rentrer, vous blâmez, non-seulement Horace et Pindare, mais encore les Psaumes et les cantiques sacrés, et l'usage de tous les siècles et de toutes les nations. J'ai connu un homme qui promettait bien sérieusement de prouver qu'il n'y avait point de Psaumes de David dans lequel il ne pût montrer la cause efficiente, la cause finale, la cause matérielle et la cause formelle. Ce sentiment a été renouvelé depuis peu par un commentateur du Psautier. Suivant cette règle, il n'y aura guère de différence entre un argument en forme et une ode : et la poésie ne dépendra plus du génie et de l'inspiration, mais des règles de la logique. Il n'y aura plus de fureur poétique, et les meilleurs dialecticiens seront les meilleurs poëtes lyriques. Pour moi je suis d'un autre goût; j'aime un esprit libre, affranchi des entraves de l'art dans la composition de l'ode, qui s'égaye sans contrainte, qui conduise le mien par des routes diverses, et qui me surprenne en me mettant devant les yeux des images nouvelles. Je n'aimerais pas une promenade forcée, où je serais assujetti à marcher toujours en droite ligne et à pas comptés; je veux pouvoir sortir de chez moi par une porte et rentrer par une autre, m'écarter à droite et à gauche, doubler le pas, courir, me coucher sur le gazon, sauter un fossé, grimper sur la montagne et descendre dans la vallée.

Au reste, je ne vois pas comment vous accommodez l'opinion que vous avez là-dessus, avec ce que vous dites ailleurs en parlant des comédies, qu'il n'est pas vrai que toutes choses demandent une grandeur déterminée. Vous voulez des règles à l'ode et vous n'en voulez pas aux comédies : sur ce principe, vous approuvez des comédies, où ni l'unité du lieu ni la règle des vingt-quatre heures ne seront point observées. Vous ferez des poëmes épiques de vingt-quatre heures et des comédies d'un an. Vous ferez les uns et les autres de cent ans, quand la fantaisie vous en prendra. Vous ferez un grand portail à une petite maison, sans craindre qu'on vous dise ce qui fut dit autrefois en pareil cas : Fermez votre porte, de peur que votre maison ne s'en aille. Vous ferez un grand habit à un petit homme et vous donnerez les mains d'un nain à un géant. On ne s'assujettira plus aux proportions, et ces galeries que vous faites longues sans bornes pourront être si basses et si étroites que l'on voudra. Je vous laisse à juger toutes les autres conséquences de votre paradoxe. Du moins en tirera-t-on une toute contraire aux bornes que vous donnez à ces comparaisons, que vous appelez à longues queues ; car si les choses ne doivent pas avoir une grandeur déterminée, pourquoi empêcherez-vous Homère d'étendre ses comparaisons tant qu'il lui plaira ? quoique ce ne soit pas tant à Homère qu'il le faille imputer qu'au génie des peuples d'Asie, chez qui on croit qu'il était né. Ces peuples sont grands parleurs, au contraire des Lacédémoniens : nous tenons le milieu entre eux ; mais nous ne devons pas prétendre que notre usage soit la règle du leur ; du moins ne l'obtiendrez-vous pas par un parallèle des anciens et des modernes, mais plutôt par un parallèle de l'Asie et de l'Europe.

Lorsqu'en condamnant les comparaisons d'Homère, vous avez avancé fort affirmativement que les livres saints, ni aucun poëte sacré ou profane, n'en fournissent aucun exemple ; vous ne pouvez rien alléguer de plus contraire à votre opinion. Les livres saints, les livres des Perses et des Indiens, l'Alcoran et les livres arabes sont pleins de ces comparaisons étendues. Salomon ne compare-t-il pas les cheveux de l'Épouse à des troupeaux de chèvres qui descendent du mont Galaad ; ses dents à des brebis tondues qui sortent du bain, ayant toutes deux agneaux, sans qu'aucune d'entre elles soit stérile ; son cou à la tour de David, qui a été bâtie avec des remparts et des défenses, de laquelle sont suspendus mille boucliers qui servent à armer de braves soldats ; ses mamelles à deux chevreaux qui paissent parmi les lis ; les jointures de ses jambes et de ses cuisses à des colliers précieux, travaillés par la main de l'ouvrier ; et son nez à la tour du Liban, qui est tournée du côté de Damas. Quoique les queues que ces comparaisons traînent ne leur soient pas essentielles, elles ne laissent pas d'en être un ornement ; et ces peuples ne se contentent pas de voir l'image de ce qu'on leur représente, ils en veulent encore voir la bordure. Qui y regarderait bien trouverait même plusieurs comparaisons semblables dans les poëtes modernes. Quand M. Chapelain a comparé un homme à un chêne battu par des vents, était-il essentiel à sa comparaison de représenter ce chêne sur l'Apennin? Et quand Malherbe a comparé un conquérant à un fleuve débordé, après avoir, dit-il, ravagé tout ce qu'il rencontre, était-il nécessaire d'ajouter qu'il ôte aux campagnes voisines l'espérance de moissonner? Il n'y a de différence de ces queues, à celles des Asiatiques, que du plus au moins. Si vous aviez pensé aux falbalas qui sont aujourd'hui à la mode, vous n'auriez pas dit qu'il faut que les queues soient de la même étoffe et de la même couleur que les robes dont elles font partie. Le reproche que vous faites à Pindare et à Horace, de finir leurs vers par les premières syllabes des vers suivants, tombe encore sur la nature de leur poésie et non pas sur leurs personnes. Ils ont fait des vers suivant les règles reçues chez eux et de leur temps. Ces règles ne vous plaisent pas, elles ne plaisent pas à notre siècle; elles plaisaient au leur : voilà un procès entre nous et eux; nous appartient-il de le décider et de nous constituer juges en notre propre cause? La rime fait une des beautés de notre poésie; si Pindare et Horace revenaient au monde, auraient-ils raison de s'en moquer et de dire que cette rencontre de sons, qui nous flatte si agréablement, est puérile; et que c'est une badinerie de chercher pour nos oreilles un agrément si bas et si vain, lorsqu'il faut s'appliquer à plaire uniquement à l'esprit? Et si à deux mille ans d'ici, il revenait un homme autant adorateur de son siècle et ennemi de l'antiquité que vous l'êtes, aurait-il raison de se moquer de nos poésies, parce qu'elles sont rimées?

Le précepte d'Horace sur la modestie des propositions des poëmes que vous reprenez est fondé sur la nature. L'esprit de l'homme est ennemi de la jactance et de l'ostentation : il aime, au contraire, la simplicité et la modestie. Les propositions fastueuses sont des dettes que l'on contracte avec les lecteurs; si l'on s'en acquitte, on leur fait justice et ils n'en savent point de gré au débiteur; si on ne le fait pas, ils s'en plaignent et ont action contre lui. Il est de l'adresse de ceux qui veulent plaire, de promettre peu, pour surprendre agréablement l'esprit en donnant beaucoup. Dire qu'on va chanter le vainqueur des vainqueurs de la terre, c'est dire qu'on va chanter les plus grands exploits qui aient jamais été faits : et quand après avoir élevé son esprit à de si vastes espérances, on ne trouve plus que des victoires remportées sur un peuple affaibli, divisé et trahi ; on accuse le poëte d'imposture et on a honte de sa propre crédulité. Mais comment avez-vous pu dire sur cela qu'on ne blâme point le frontispice d'un palais pour être magnifique, mais seulement le palais qui n'y répond point? Vous supposez donc que le palais est fait pour le frontispice et non le frontispice pour le palais ; car autrement l'on a dû proportionner le frontispice au palais pour lequel il était fait, et si on y a manqué, on y est blâmé avec justice. Témoin le magnifique portail d'une maison de Paris des plus médiocres, que vous connaissez, dont on s'est tant moqué et à quoi l'on a appliqué avec raison ce proverbe : *Belle montre et peu de rapport*. Je ne sais si c'est pour vous divertir ou si vous parlez sérieusement, quand vous comptez les *a* de *cantabo* et de *cano*, et que vous faites dépendre le précepte d'Horace du son que les lettres font entendre à l'oreille ; si c'est une plaisanterie, permettez-moi de vous dire qu'elle me paraît froide ; si c'est tout de bon, on vous répondra qu'il s'agit du sens et non du son des paroles ; et que la promesse d'écrire la *Fortune de Priam*, qui avait été agitée dès son enfance et suivie de tant d'événements, et l'épithète ajoutée à *bellum*, jettent dans l'esprit du lecteur une si grande attente que le poëte ne la saurait remplir.

Je ne vous suivrai pas pied à pied dans toutes vos autres remarques, cela nous mènerait trop loin. J'en toucherai seulement quelques-unes. Dans la comparaison agréable et ingénieuse que vous faites de la poésie et de la peinture, vous mettez les descriptions ornées et les métaphores hardies hors du nombre des figures de la rhétorique. C'est ce que les maîtres de l'art ne vous passeront pas.

Vous dites ensuite que le capital de la poésie est de plaire, comme celui de l'éloquence est de persuader ; il est vrai que la fin que se proposent d'ordinaire les poëtes, c'est de plaire. Ce n'est pourtant pas celle que se doivent proposer les poëtes épiques, tragiques et comiques, mais d'instruire en plaisant. Ainsi le plaisir est une fin subordonnée à l'instruction, ou pour mieux dire il est plutôt un moyen qu'une fin. Et comme le poëte cherche à instruire par le plaisir, l'orateur cherche aussi souvent à persuader par le plaisir. De sorte que le capital de la poésie n'est point de plaire, mais d'instruire en plaisant, et l'orateur ne cherche pas moins à plaire pour persuader, que le poëte à plaire pour instruire.

Vous daubez le pauvre Homère, parce qu'il a placé, dites-vous, l'île de Syrie sous le tropique. S'il a fait cette faute, elle est assurément grossière : et ceux qui l'ont loué de son savoir exact dans la géographie ont donc été de grands ignorants ? Mais s'il a parlé en cela très-correctement et très-véritablement, quelle prise donnez-vous vous-même sur votre ouvrage aux partisans de l'antiquité ! Il est certain premièrement que de reprocher à Homère qu'il ait ignoré la situation d'une des Cyclades, telle qu'était l'île dont il s'agit, si connues alors, si fréquentées et si voisines de son pays, c'est comme qui reprocherait à M. Chapelain d'avoir ignoré la situation de Bourges ou de Bordeaux. Mais si vous vous étiez donné la peine de consulter ce passage dans sa source, vous auriez vu qu'Homère a parfaitement désigné la situation de cette île, en faisant dire à Eumée dans Ithaque que l'île de Syrie est au delà de Délos, car elle en est voisine du côté du levant, et Ithaque est au couchant. Pousserez-vous votre accusation jusqu'à dire qu'Homère a mis aussi Délos sous le tropique, comme il a dû nécessairement faire, si Syrie, qui lui était voisine, était placée sous ce cercle. L'île de Délos était alors connue dans toute la mer Égée, dans toute la Grèce et dans toutes les côtes de l'Asie Mineure, comme le Pont-Neuf est connu à Paris. D'ailleurs, les termes d'Homère, ὅθι τροπαὶ ἠελίοιο, *où sont les conversions du soleil*, ne signifient nullement ce que vous prétendez, savoir qu'elle est située sous le tropique. Si Homère avait eu cette pensée, il aurait dit : *où est la conversion du soleil*, et non pas : *où sont les conversions*. A moins que vous ne disiez qu'Homère a entendu qu'elle est sous les deux tropiques : ce que je crois que vous ne direz pas. Je puis vous assurer, monsieur, que je connais et entends ce passage dès mon enfance. Il est vrai que Laërce dit qu'on voyait dans cette île un héliotrope fait par Phérécyde, plus récent qu'Homère. C'était une machine qui montrait les solstices par l'ombre d'un style. Or, il pourrait bien y en avoir eu un plus ancien que celui de Phérécyde. Ou peut-être Phérécyde ne fit-il que rétablir ou perfectionner l'ancien et mérita par là d'en être cru l'auteur. Ces héliotropes étaient en usage dans la Palestine et chez les Juifs : témoin celui du roi Achaz, père d'Ézéchias. J'ai montré dans mon petit livre du *Paradis terrestre* que dès le temps des juges d'Israël, on voyait dans ces contrées des parapegmes et des colonnes astronomiques, dressées par les Chananéens. Or, les Phéniciens trafiquaient fort fréquemment dans les îles de la mer Égée; d'où l'on peut conjecturer avec vraisemblance que, pour l'usage de leur navigation, ils auraient dressé un héliotrope dans l'île de Syrie; et il ne faut pas s'étonner que Phérécyde, qu'on sait avoir été fort curieux des livres et de la doctrine des Phéniciens, ait étudié cette machine, auprès de laquelle il était né, l'ait réformée, rétablie et augmentée de telle sorte qu'elle ait porté son nom, comme il est arrivé que des princes ont donné leurs noms à des villes bien plus anciennes qu'eux, lorsqu'ils les ont rétablies ou embellies. Jugez par tout ceci, monsieur, de quelle sorte votre critique sera traitée par les critiques. Les erreurs où l'on tombe par la démangeaison de reprendre, sont bien moins pardonnables que celles qui viennent d'inadvertance.

Je n'approuve pas l'exagération outrée de ceux qui ont dit qu'Homère est le père de tous les arts, si toutefois quelques-uns l'ont dit; mais aussi ne le faut-il pas prendre au pied de la lettre, comme si ceux qui ont parlé ainsi avaient voulu dire qu'il ait trouvé l'imprimerie, la chimie, l'artillerie, la navigation par la boussole, l'horlogerie et les pendules. Ils ont sans doute voulu dire qu'il n'était pas ignorant dans les arts qui étaient connus de son temps, et ils l'ont pu dire avec vérité.

Vous prétendez que la poésie est appelée le langage des dieux, parce qu'il semble que des vers bien faits aient été faits de toute éternité, et qu'on n'en saurait rien ôter sans les détruire. Il y a pourtant bien des ouvrages dont on ne peut rien ôter sans les détruire, et qui pour cela ne paraissent pas faits de toute éternité; et je n'ai jamais ouï dire qu'on appelle la poésie le langage des dieux, parce que des vers bien faits semblent avoir été faits de toute éternité, mais seulement pour leur élévation, qui les distingue du langage commun des hommes.

Vous appelez dénoûment la connaissance qu'eut Énée d'approcher de la fin de ses travaux, par la réflexion que fit Ascanius en mangeant le pain qui leur servait de table pour mettre leur viande. Mais ni la réflexion d'Ascanius, ni la connaissance d'Énée ne méritent point ce nom; c'était seulement une marque qu'ils étaient à la fin de leurs voyages et un présage que leurs travaux finiraient bientôt. Cependant l'intrigue n'était pas dénouée, comme la suite de l'*Énéide* le montre.

Vous prêchez ensuite le parfait amour et vous traitez Énée de perfide pour avoir quitté Didon; ce qui ne s'accorde pas, selon vous, avec le titre de pieux que lui donne Virgile. Vous ne vous souvenez donc pas qu'il n'a été perfide que parce qu'il était pieux, et qu'il ne quitta Didon que parce que les dieux le lui commandaient. Mais, d'ailleurs, en quoi consiste cette infidélité? en ce qu'il n'épousa pas cette princesse? le lui avait-il promis? Dites qu'il n'était pas aussi continent et aussi réglé dans ses mœurs qu'une vestale, et j'en conviendrai. Il était pleureux, dites-vous; il est vrai qu'il était tendre aux larmes, comme le sont, selon Homère, les gens de bien et les héros. Vous ajoutez qu'il était timide : il connaissait les périls et était homme; mais cette connaissance ne l'a pas empêché de s'y exposer. La véritable valeur ne consiste point à n'être pas ému à la vue du péril, mais à le mépriser malgré cette émotion.

Je vous ai dit autrefois mon avis sur la réponse dont vous vous servez pour éluder le témoignage que rend Horace au mérite de Pindare; il s'est peut-être moqué, dites-vous; peut-être donc aussi qu'Alexandre se moquait, lorsque, désolant la ville de Thèbes, il respecta la maison et la famille de Pindare, et les conserva. Peut-être que les Athéniens se moquaient quand ils lui érigèrent une statue de bronze au milieu de leur ville. Et peut-être enfin que tous ces autres anciens se sont moqués lorsqu'ils l'ont tant loué. Mais ne vous moquez-vous point vous-même de vouloir nous persuader qu'une ode très-sérieuse et d'un style très-sublime est une moquerie? Sur ce pied-là, le panégyrique de Trajan est, si je veux, une moquerie; et vous

vous serez moqué de saint Paulin quand vous avez fait un si beau panégyrique à sa louange. Vous vous moquez vous-même présentement en louant les modernes et blâmant les anciens ; tout ce que vous dites des uns et des autres sont des contre-vérités, et votre poëme sur le siècle de Louis le Grand sont des vers à la louange d'Homère.

Vous méprisez une ode admirable d'Horace, je veux dire celle qui commence ainsi : *Pastor cum traheret*, parce qu'on ne voit point, dites-vous, quel en est le but ; rien pourtant n'est plus visible, et la première strophe le dit clairement. La poésie, selon vous, n'ayant point d'autre but que de plaire, si celle-là plaît, comme elle plaît assurément, demandez-vous autre chose ? Et la poésie devant être, non-seulement agréable, mais utile et instructive, celle-ci ne l'est-elle pas, en rapportant tous les maux que causa la méchante action de Pâris lorsqu'il corrompit et enleva Hélène ? D'ailleurs, y a-t-il des agréments de poésie et d'éloquence plus ordinaires que les prosopopées ? C'en est une de Nérée, à qui on fait prédire les malheurs de Troie. Quand vous avez repris Horace d'avoir dit à Tyndaris qu'elle peut jeter ses vers dans la mer Adriatique, est-il possible que vous n'ayez pas vu qu'il met la mer pour toutes sortes d'eaux, et la mer Adriatique pour toutes sortes de mers, comme l'on met l'aquilon pour toutes sortes de vents et l'espèce pour le genre ? L'ode *Integer vitæ*, que vous taillez en pièces, est charmante, selon moi. Elle est ridicule en l'entendant comme il vous plaît de l'entendre ; mais elle est belle d'une beauté achevée, quand on l'entend comme il la faut entendre. Il dit que les gens de bien sont partout en sûreté ; qu'il l'a éprouvé lorsque, étant seul et chantant ses amours dans une forêt, sans verge ni bâton, un loup d'une grandeur horrible n'osa l'attaquer et s'enfuit devant lui. Il conclut sur la confiance de sa probité, qu'en quelque lieu du monde qu'on le place, il y demeurera sans crainte, chantant tranquillement la beauté de Lalagé. Peut-on rien dire de meilleur sens ? A quoi bon donc ces commentaires à votre mode, lorsque vous dites que vous ne savez pas si les loups de ce temps-là discernaient les gens de bien d'avec les scélérats ? N'avez-vous jamais ouï dire que ce que Dieu garde est bien gardé ? et pourquoi ne voulez-vous pas appliquer ici un autre passage d'Horace, où il dit qu'il aurait été écrasé de la chute d'un arbre, si le dieu Faune n'avait paré le coup? Direz-vous que vous ne savez pas si les arbres de ce temps-là discernaient les gens de bien? Vous continuez dans votre acharnement, en disant qu'Horace ajoute pour toute preuve de sa vertu, que quelque part qu'on le mette, il aimera toujours Lalagé. Après l'exposition de ce passage que je viens de donner, on peut juger avec quelle justice et quelle justesse vous le tournez ainsi. Vous vous éloignez encore davantage du sens de ces paroles de la vingt-septième ode du premier livre : *Vix illigatum, te triformi Pegasus expediet Chimæræ*. Bellérophon fut envoyé pour combattre la Chimère, dans l'espérance qu'on avait qu'il y périrait; il monte sur le cheval Pégase et tue ce monstre. Horace, plaignant un jeune homme engagé dans l'amour d'une femme dangereuse, dit que Pégase ne pourrait pas le délivrer de cette Chimère, comme il délivra Bellérophon : il me semble que cette comparaison est juste et ne cloche point; mais elle cloche sans doute de la manière que vous la déguisez. *Pégase*, dites-vous, *ne pourrait pas le délivrer de cette Chimère, pour dire que Bellérophon, qui est monté sur Pégase et qui avait vaincu la Chimère, ne pourrait pas venir à bout de le guérir.* Où prenez-vous que *Pégase* signifie *Bellérophon monté sur Pégase?* et où prenez-vous que ces paroles d'Horace : *Pégase ne vous délivrera pas de cette Chimère*, signifient : *Bellérophon monté sur Pégase ne vous saurait guérir?* C'est Pégase qui sauve Bellérophon, et Horace dit que Pégase ne sauvera pas ce jeune homme comme il a sauvé Bellérophon; vous, Monsieur, vous confondez Bellérophon avec Pégase, et vous prétendez que c'est Bellérophon qui a sauvé le jeune homme. Dieu vous fasse la grâce d'éviter les coups de patte des patrons de l'antiquité! Dieu veuille encore qu'il ne leur prenne point envie de repasser Malherbe comme vous avez repassé Horace, et de faire revivre toutes les impertinences que M. Chevreau y a remarquées. Si cela arrive, on vous fera faire bien des pas en arrière.

Je ne puis passer sans réflexion ce que vous dites, que la plus importante occupation de la philosophie est de corriger la pure nature, qui est toujours brutale. Tout au contraire, la fin que se propose la philosophie est de corriger la nature impure et corrompue. Les stoïciens, qui ont porté la perfection de la morale plus loin qu'aucuns autres philosophes, la faisaient consister à vivre convenablement à la nature, *convenienter naturæ vivere*, c'est-à-dire à purger la nature corrompue et à la ramener à sa pureté.

Vous appelez galimatias ce qu'a dit Aristote, que la tragédie doit purger les passions, quoique cela s'explique de soi-même et que rien ne soit plus intelligible. Cela revient à ce que je disais, que la fin du poëme épique et du dramatique est l'instruction de l'auditeur.

Il me semble que vous outrez un peu la matière, quand vous ne recevez que le merveilleux dans les opéras et que vous en excluez le vraisemblable ; et qu'au contraire vous ne recevez que le vraisemblable dans la comédie et que vous en excluez le merveilleux. De quelque nature que soit un ouvrage de ce genre, qui n'a aucune vraisemblance, il ne saurait plaire, parce qu'il n'y aura plus d'imitation en quoi consiste son essence. Et il n'y a point d'esprit, quelque simple et crédule qu'il soit, qui ne se révolte là contre. Il eût, ce me semble, suffi de dire que comme le vraisemblable domine dans les comédies et qu'elles reçoivent peu de merveilleux, le merveilleux domine, au contraire, dans les opéras sur le vraisemblable, et que la tragédie est également mêlée de l'un et de l'autre ; l'*Amphitryon* de Plaute fait la preuve de ce que je dis du merveilleux des comédies.

Je ne suis pas de votre avis sur ce que vous attribuez à l'auteur du *Lutrin* l'invention du genre burlesque, qui exprime des choses basses en termes pompeux. Quoi que vous en puissiez dire, la *Batrachomyomachie* et la *Secchia rapita* ne sont que cela. Et je ne comprends pas comment vous pouvez dire que les rats et les grenouilles ne sont point des choses basses. La comparaison que vous en faites avec les mouches à miel n'est nullement juste ; les abeilles, considérées par rapport au miel qu'elles font, sont très-utiles à la vie des hommes et sont une partie importante de l'agriculture, mais les rats et les grenouilles ne sont propres à rien qu'à faire du mal. Scarron est tout plein de ce même burlesque, dont vous attribuez l'invention à Despréaux, et j'ai dans la tête plusieurs endroits de nos poëtes français de ce même genre.

Le caractère de notre ami M. de La Fontaine, quoique infiniment agréable, n'est point nouveau. Il consiste dans une imitation de nos vieux poëtes français, qui avait déjà été affectée et attrapée par Voiture, par Sarrazin et par Charleval.

Je finirai cette lettre par un ramas de plusieurs endroits de votre livre, qui me semblent mériter d'être retouchés. Vous dites dans la première page de la préface, que vous aviez dessein d'abord de traiter de tous les arts, où les modernes surpassent les anciens pour venir ensuite à l'éloquence et à la poésie, mais que votre dernier dialogue a été sur l'éloquence et que celui-ci est sur la poésie. Cela est défectueux; il fallait ajouter que vous avez traité de l'éloquence et de la poésie sans avoir traité des autres arts, comme vous vous l'étiez proposé.

A la page 122 et dans les deux suivantes, c'est-à-dire dans un fort petit espace, l'on trouve ces trois expressions qui peuvent passer pour la même : *La pensée est fort bonne, cela est fort bien pensé, rien n'est mieux pensé*. A la page 137, vous vous étonnez comment Auguste, *si rétif contre la flatterie, ne regimbait point* contre celle dont vous parlez; cette métaphore est basse. A la page 173, on est en doute, dites-vous, si la mort frappe du pied contre ces habitations pour y heurter ou pour les abattre; c'est comme si vous disiez qu'on doute si elle frappe pour y frapper; il fallait dire, à mon avis, qu'on doute si elle y frappe pour les faire ouvrir ou pour les abattre.

Voilà, Monsieur, tout ce que ma critique m'a pu fournir contre votre parallèle; je le soumets à la vôtre, d'autant plus volontiers, que la lecture de votre ouvrage et la composition de cette lettre, s'étant faites dans l'agitation du voyage et parmi l'accablement des affaires qui m'environnent de toutes parts, dans le lieu, dans le temps et dans l'état où je suis, et avec beaucoup de précipitation, je ne doute pas que tout ceci n'ait besoin de votre indulgence : vous ne la refuserez pas,

Monsieur,

A votre, etc.

A l'abbaye d'Aulnai, le 10 oct. 1692.

# II.

# LETTRE DE M. HUET,

###### ANCIEN ÉVÊQUE D'AVRANCHES,

## A M. LE DUC DE MONTAUSIER.

DANS LAQUELLE IL EXAMINE LE SENTIMENT DE LONGIN SUR LE PASSAGE DE LA GENÈSE : *Et Dieu dit : Que la lumière soit faite, et la lumière fut faite.*

Monseigneur,

Vous avez voulu que je prisse parti dans le différend que vous avez eu avec M. l'abbé de Saint-Luc, touchant Apollon[1]. J'en ai un autre à mon tour avec M. Despréaux, dont je vous supplie très-humblement de vouloir être juge. C'est sur un passage de Longin, qu'il vous faut rapporter avant toutes choses. Le voici mot à mot : « Ainsi le législateur des Juifs, « qui n'était pas un homme du commun, ayant connu la puis- « sance de Dieu selon sa dignité, il l'a exprimée de même, « ayant écrit au commencement de ses lois en ces termes : « Dieu dit; quoi? Que la lumière soit faite; que la terre soit « faite, et elle fut faite. » Dès la première lecture que je fis de Longin, je fus choqué de cette remarque, et il ne me parut pas que ce passage de Moïse fût bien choisi pour un exemple du sublime. Et il me souvient qu'étant un jour chez vous, monseigneur, longtemps avant que j'eusse l'honneur d'être au- près de monseigneur le Dauphin, je vous dis mon sentiment sur cette observation ; et quoique la compagnie fût assez grande, il ne s'en trouva qu'un seul qui fût d'un avis contraire. Depuis ce temps-là je me suis trouvé obligé de rendre public ce sentiment, dans le livre que j'ai fait pour prouver la vérité

---

1. Cet abbé soutenait qu'Apollon et le Soleil sont le même dieu.

de notre religion. Car ayant entrepris de faire le dénombrement des auteurs profanes qui ont rendu témoignage à l'antiquité des livres de Moïse, je trouvai Longin parmi eux. Et parce que je soupçonnais qu'il ne rapportait ce qu'il dit de lui que sur la foi d'autrui, je me sentis obligé de tenir compte au public de cette conjecture, et de lui en dire la principale raison, qui est que s'il avait vu ce qui suit et ce qui précède le passage de Moïse qu'il allègue, il aurait bientôt reconnu qu'il n'a rien de sublime. Voici mes paroles : « Longin, prince des
« critiques, dans l'excellent livre qu'il a fait touchant le su-
« blime, donne un très-bel éloge à Moïse; car il dit qu'il a
« connu et exprimé la puissance de Dieu selon sa dignité,
« ayant écrit au commencement de ses lois, que Dieu dit : que
« la lumière soit faite, et elle fut faite; que la terre soit faite,
« et elle fut faite. Néanmoins, ce que Longin rapporte ici de
« Moïse comme une expression sublime et figurée, pour prouver
« l'élévation de son discours, me semble très-simple. Il est vrai
« que Moïse rapporte une chose qui est grande, mais il l'ex-
« prime d'une façon qui ne l'est nullement; et c'est ce qui me
« persuade que Longin n'avait pas pris ces paroles dans l'ori-
« ginal : car s'il eût puisé à la source, et qu'il eût lu les livres
« mêmes de Moïse, il eût trouvé partout une grande simpli-
« cité; et je crois que Moïse l'a affectée, à cause de la dignité
« de la matière, qui se fait assez sentir étant rapportée nue-
« ment, sans avoir besoin d'être relevée par des ornements re-
« cherchés. Quoique l'on connaisse bien, d'ailleurs, et par les
« cantiques, et par le livre de Job, dont je crois qu'il était l'au-
« teur, qu'il était fort entendu dans le sublime[1]. » Quoique je susse bien, quand j'écrivis ces paroles, que M. Despréaux avait traduit Longin, et que j'eusse même lu sa traduction, et qu'après l'avoir examinée soigneusement sur l'original, j'en eusse fait le jugement qu'elle mérite, je ne crus pas que pour avoir traduit Longin, il l'eût pris sous sa protection, et qu'il se fût lié si étroitement d'intérêt avec lui, que de reprendre cet auteur, ce fût lui faire une offense, non plus qu'à trois ou quatre savants hommes qui lui ont fait le plaisir de le traduire

---

1. *Démonst. évang.*, propos. IV, ch. ii, 51.

avant lui. A Dieu ne plaise que je voulusse épouser toutes les querelles d'Origène, et prendre fait et cause pour lui, lorsqu'on le traite tous les jours d'hérétique et d'idolâtre. Vous savez cependant, Monseigneur, que j'ai pris des engagements avec Origène, du moins aussi grands que M. Despréaux en a pris avec Longin. Ainsi, à dire la vérité, je fus un peu surpris, lorsqu'ayant trouvé l'autre jour, sur votre table, la nouvelle édition de ses œuvres, à l'ouverture du livre, je tombai sur ces paroles[1] : « Mais que dirons-nous d'un savant de ce siècle, « qui, quoiqu'éclairé des lumières de l'Évangile, ne s'est pas « aperçu de la beauté de cet endroit (il parle du passage de « Moïse rapporté par Longin), et a osé avancer, dans un « livre qu'il a fait pour démontrer la religion chrétienne, que « Longin s'était trompé, lorsqu'il avait cru que ces paroles « étaient sublimes. J'ai la satisfaction au moins que des per- « sonnes non moins considérables par leur piété que par leur « savoir, qui nous ont donné depuis peu la traduction du livre « de la Genèse, n'ont pas été de l'avis de ce savant, et dans « leur préface, entre plusieurs preuves excellentes qu'ils ont « apportées pour faire voir que c'est l'Esprit-Saint qui a dicté « ce livre, ont allégué le passage de Longin, pour montrer « combien les chrétiens doivent être persuadés d'une vérité si « claire, et qu'un païen même a sentie par les seules lumières « de la raison. » Je fus surpris, dis-je, de ce discours, monseigneur, car nous avons pris des routes si différentes dans le pays des lettres, M. Despréaux et moi, que je ne croyais pas le rencontrer jamais sur mon chemin, et que je pensais être hors des atteintes de sa redoutable et dangereuse critique. Je ne croyais pas non plus que tout ce qu'a dit Longin fussent mots d'Évangile; qu'on ne pût contredire sans audace, qu'on fût obligé de croire comme un article de foi, que ces paroles de Moïse sont sublimes, et que n'en pas demeurer d'accord, ce fût douter que les livres de Moïse soient l'ouvrage du Saint-Esprit; enfin, je ne me serais pas attendu à voir Longin canonisé, et moi presqu'excommunié comme nous le sommes par M. Despréaux. Cependant, quelque bizarre que soit cette censure, il pouvait

---

1. Dans la préface sur Longin, p. 10 de l'édit. d'Amsterdam, 1702.

l'exprimer d'une manière moins farouche et plus honnête ; mais il faut donner quelque chose à son naturel. Pour moi, monseigneur, je prétends vous faire voir, pour ma justification, que non-seulement il n'y a rien d'approchant du sublime dans ce passage de Moïse, mais même que s'il y en avait, comme veut Longin, le sublime y serait mal employé, s'il est permis de parler dans ces termes d'un livre sacré.

C'est une maxime de tous ceux qui ont traité de l'éloquence, que rien ne donne plus de force au sublime, que de lui bien choisir sa place, et que ce n'est pas un moindre défaut, d'employer le sublime là où le discours doit être simple, que de tomber dans le genre simple, lorsqu'il faut s'élever au sublime. Longin lui-même, sans en alléguer d'autres, en est un bon témoin. Quand les auteurs ne le diraient pas, le bon sens le dit assez. Combien est-on choqué d'une bassesse qui se rencontre dans un discours noble et pompeux! Combien est-on surpris, au contraire, d'un discours qui, étant simple et dépouillé de tout ornement, se guinde tout d'un coup et s'emporte en quelque figure éclatante! Croirait-on qu'un homme fût sage, qui, racontant à ses amis quelqu'événement surprenant dont il aurait été témoin, après avoir raconté le commencement de l'aventure d'une manière commune et ordinaire, s'aviserait tout d'un coup d'apostropher celui qui aurait eu la principale part à l'action, quoiqu'il fût absent, et reviendrait ensuite à sa première simplicité, et réciterait la fin de son histoire du même air que le commencement? Cette apostrophe pourrait-elle passer pour un exemple du sublime, et ne passerait-elle pas au contraire pour un exemple d'extravagance? On accuse cependant Moïse d'avoir péché contre cette règle, quand on soutient qu'il s'est élevé au-dessus du langage ordinaire, en rapportant la création de la lumière. Car, si on examine tout le premier chapitre de la Genèse, où est ce passage, et même tous les cinq livres de la Loi, hormis les cantiques qui sont d'un autre genre, et tous les livres historiques de la Bible, on y trouvera une si grande simplicité, que des gens de ces derniers siècles, d'un esprit poli à la vérité, mais gâté par un trop grand usage des lettres profanes, et saint Augustin, lorsqu'il était encore païen, n'en pouvaient souffrir la lecture. Je ne sortirai point de ce premier chapitre pour faire voir ce que je dis. Y a-t-il rien de plus simple que l'entrée du récit de la création du monde? « Au commencement, Dieu créa le ciel et la terre : « et la terre était vide et informe; et les ténèbres étaient sur « la face de l'abîme; et l'esprit de Dieu était porté sur les « eaux. » Moïse sentait bien que son sujet portait avec soi sa recommandation et son sublime; que de le rapporter nuement, c'était assez l'élever; et que, le moins qu'il y pouvait mettre du sien, ce serait le mieux; et comme il n'ignorait pas qu'un discours simple est souvent plus persuasif qu'un discours relevé (ce que Longin lui-même a reconnu), lorsqu'il a voulu annoncer aux hommes une vérité qui confond toute la philosophie profane, en leur apprenant que Dieu, par sa parole, a pu faire quelque chose du néant, il a cru ne devoir enseigner ce grand principe qu'avec des expressions communes et sans ornement. Pourquoi donc, après avoir rapporté la création du ciel et de la terre d'une manière si peu étudiée, serait-il sorti tout d'un coup de sa simplicité pour narrer la création de la lumière d'une manière sublime? « Et Dieu dit, que la lumière soit faite, et elle « fut faite. » Pourquoi serait-il retombé dans sa simplicité pour n'en plus sortir? « Et Dieu vit que la lumière était bonne, « et il divisa la lumière des ténèbres, et il appela la lumière, « jour, et les ténèbres, nuit; et du soir au matin se fit le pre- « mier jour. » Tout ce qui suit porte le même caractère. « Et « Dieu dit, que le firmament soit fait au milieu des eaux, et « sépare les eaux des eaux; et Dieu divisa les eaux qui étaient « sous le firmament de celles qui étaient sur le firmament; et il « fut fait ainsi. Et Dieu appela le firmament ciel : et du soir au « matin se fit le second jour. » Dieu forma le firmament de la même manière qu'il a formé la lumière, c'est-à-dire par sa parole. Le récit que Moïse fait de la création de la lumière, n'est point d'un autre genre que celui de la création du firmament; puis donc qu'il est évident que le récit de la création du firmament est très-simple, comment peut-on soutenir que le récit de la création de la lumière est sublime? Toute la suite répond parfaitement à ce commencement; il se tient toujours dans sa simplicité, pour nous apprendre comment Dieu forma les astres et y renferma la lumière. « Et Dieu dit, qu'il se fasse des lumi-

« naires dans le firmament, qui divisent le jour et la nuit et
« servent de signes pour marquer les temps, les jours et les
« années, et luisent dans le firmament, et éclairent la terre. Et
« il fut fait ainsi. Et Dieu fit deux grands luminaires : le plus
« grand luminaire pour présider au jour, et le plus petit lumi-
« naire pour présider à la nuit et les étoiles ; et il les mit au
« firmament pour luire sur la terre, et présider au jour et à la
« nuit, et diviser la lumière des ténèbres : et Dieu vit que tout
« cela était bon. » La création même de l'homme qui devait
commander à la terre, qui devait porter l'image de Dieu, et qui
devait être son chef-d'œuvre, ne nous est enseignée qu'en des
termes communs et des expressions vulgaires. « Et Dieu dit,
« faisons l'homme à notre image et à notre ressemblance, et
« qu'il préside aux poissons de la mer et aux oiseaux du ciel,
« et aux bêtes et à toute la terre, et à tous les reptiles qui se
« remuent sur la terre. Et Dieu créa l'homme à son image, il
« le créa à l'image de Dieu ; il les créa mâle et femelle. » Si, en
tout ceci il n'y a nulle ombre de sublime, comme assurément il
n'y en a aucune, je demande par quelle prérogative la création
de la lumière a mérité d'être rapportée d'une manière sublime,
lorsque tant d'autres choses plus grandes et plus nobles sont
rapportées d'un air qui est au-dessous du médiocre. J'ajoute
encore, que si ces paroles sont sublimes, elles pèchent contre
un autre précepte d'éloquence, qui veut que les entrées des ouvrages les plus grands et les plus sublimes, soient simples
pour faire sortir la flamme du milieu de la fumée, pour parler
comme un grand maître de l'art. Saint Augustin assujettit à
cette loi ceux même qui annoncent les mystères de Dieu : « Il
« faut, dit-il, que dans le genre sublime, les commencements
« soient médiocres. » Moïse se serait bien écarté de cette règle
si le sentiment de Longin était véritable, puisque les livres de
la loi porteraient un exorde si auguste. Aussi, ne voyons-nous
pas qu'aucun des anciens Pères de l'Église, ni des interprètes
de l'Écriture, ait trouvé rien de relevé dans ce passage, hormis
la matière qui, étant très-haute et très-illustre, et frappant vivement l'esprit du lecteur, s'il n'a pas toute l'attention nécessaire, il attribue aisément à l'artifice des paroles, ce qui ne
vient que de la dignité du sujet. Mais, s'il considère cette ex-

pression en elle-même, faisant abstraction de ce grand sens qui la soutient, il la trouvera si simple, qu'elle ne peut l'être davantage. De sorte que si Longin avait donné les règles du simple, comme il a donné celles du sublime, il aurait trouvé, sans y penser, que les paroles qu'il a rapportées de Moïse y sont entièrement conformes.

La vérité de ceci paraîtra par des exemples. Pourrait-on soupçonner un homme de vouloir s'énoncer figurément et noblement, qui parlerait ainsi : « Quand je sortis, je dis à mes gens, « suivez-moi et ils me suivirent. » Trouverait-on du merveilleux dans ces paroles : « Je priai mon ami de me prêter son « cheval, et il me le prêta ? » On trouverait, au contraire, qu'on ne saurait parler d'une manière plus simple. Mais si le sublime se trouvait dans la chose même, il paraîtrait dans l'expression quelque nue qu'elle fût. « Xercès commanda qu'on enchaînât « la mer, et la mer fut enchaînée. » Alexandre dit : « Qu'on « brûle Tyr et qu'on égorge les Tyriens, et Tyr fut brûlée et « les Tyriens furent égorgés. » Il y a en cela de l'élévation et du grand ; mais il vient du sujet ; et ne pas faire cette distinction, c'est confondre les choses avec les paroles ; c'est ne savoir pas séparer l'art de la nature, l'ouvrage de la matière, ni l'industrie de l'historien de la grandeur et du pouvoir du héros. Or, je ne puis croire qu'un homme d'un jugement aussi exquis qu'était Longin, eût pu s'y méprendre, s'il avait lu tout l'ouvrage de Moïse, et c'est ce qui m'a fait soupçonner qu'il n'avait pas vu ce passage dans l'original ; et j'en ai même une autre preuve qui me paraît incontestable ; c'est qu'il fait dire à Moïse ce qu'il ne dit point : « Dieu dit : Quoi ? Que la lumière soit « faite, et elle fut faite ; que la terre soit faite, et elle fut faite. » Ces dernières paroles ne sont point dans Moïse, non plus que cette interrogation : « Quoi ? » et apparemment Longin avait lu cela dans quelque auteur qui s'était contenté de rapporter la substance des choses que Moïse a écrites, sans s'attacher aux paroles. M. Le Fèvre ne s'éloigne pas de ce sentiment. « Il est « assez croyable, dit-il, que Longin avait lu quelque chose « dans les livres de Moïse ou qu'il en avait entendu parler. » Le philosophe Aristobule, tout juif qu'il était, et passionné pour Moïse comme tous ceux de sa nation, n'a pas laissé de bien distinguer la parole dont Dieu se servit pour créer le monde, d'avec la parole que Moïse a employée pour nous en faire le récit. « Il ne faut pas nous imaginer, dit-il, que la voix « de Dieu soit renfermée dans un certain nombre de paroles « comme un discours; mais il faut croire que c'est la production « même des choses. Et c'est dans ce sens que Moïse appelle la « création de l'univers la voix de Dieu; car il dit de tous ses « ouvrages : Dieu dit, et il fut fait. » Vous voyez, Monseigneur, que cette remarque n'est pas faite pour la création seule de la lumière, mais pour la création de tous les ouvrages de Dieu ; et que, selon cet auteur, le merveilleux et le sublime, qui se trouvent dans l'histoire de la création, sont dans la parole de Dieu, qui est son opération même, et non pas dans les paroles de Moïse. Aristobule poursuit en ces termes : « Et c'est, à mon « avis, à quoi Pythagore, Socrate et Platon ont eu égard, quand « ils ont dit que lorsqu'ils considéraient la création du monde, « il leur semblait entendre la voix de Dieu. » Ces philosophes admiraient le sublime de cette voix toute-puissante, et n'en avaient remarqué aucun dans les paroles de Moïse, quoiqu'ils ne les ignorassent pas. Car, selon le témoignage du même Aristobule, on avait traduit en grec quelques parties de la sainte Écriture avant Alexandre : et c'est cette traduction que Platon avait lue et non pas celle des Septante, comme l'ont écrit depuis quelques-uns des amis de M. Despréaux pour le savoir desquels il fait profession d'avoir une grande admiration. Je dis de plus que tant s'en faut que cette expression de Moïse soit sublime ; elle est, au contraire, très-commune et très-familière aux auteurs sacrés ; de sorte que si c'était une figure, étant employée aussi souvent qu'elle l'est, elle cesserait d'être sublime, parce qu'elle cesserait de toucher le lecteur et de faire impression sur son esprit, à cause de sa trop fréquente répétition. Car, selon Quintilien[1], les figures perdent le nom de figures quand elles sont trop communes et trop maniées. J'en pourrais donner mille exemples; mais il suffira d'en rapporter quelques-uns qu'on ne peut soupçonner d'être sublimes. Dieu dit à Moïse dans le huitième chapitre de l'Exode : « Dites à

---

1. Livre IX, ch. III.

« Aaron qu'il étende sa verge et qu'il frappe la poussière de la
« terre, et qu'il y ait de la vermine dans toute l'Égypte. Et ils
« firent ainsi. Et Aaron étendit sa main tenant sa verge et
« frappa la poussière de la terre, et il y eut de la vermine dans
« les hommes et dans les animaux. » Voilà le même langage
qu'au premier chapitre de la Genèse, et ce n'est point ici le
commencement de la loi, que Longin a cru que Moïse avait
voulu rendre plus auguste par une expression sublime. En voici
une autre du chapitre neuvième de l'Exode qui ne l'est pas
davantage : « Et Dieu dit à Moïse : Étendez votre main vers le
« ciel, afin qu'il se fasse de la grêle dans toute la terre d'Égypte.
« Et Moïse étendit sa verge vers le ciel, et Dieu fit tomber de la
« grêle sur toute la terre d'Égypte. » Dans le dix-septième chapitre du même livre, Moïse dit à Josué : « Combattez contre les
« Amalécites. Josué fit comme Moïse avait dit et combattit contre
« les Amalécites. » Dans le premier chapitre des *Paralipomènes*, où nous lisons que David, ayant défait les Philistins,
prit leurs idoles et les fit brûler, le texte porte : « Et David dit,
« et elles furent brûlées dans le feu. » Ceci ressemble encore
mieux à du sublime que ce qui a imposé à Longin, et cependant tout le narré et tout le livre des *Paralipomènes* font assez
voir que l'historien sacré n'a pensé à rien moins qu'à s'expliquer en cet endroit par une figure. Dans l'Évangile, lorsque le
centurion veut épargner à Notre-Seigneur la peine de venir
chez lui pour guérir son fils : Seigneur, dit-il, sans vous donner
la peine de venir chez moi, vous n'avez qu'à dire une parole et
mon fils sera guéri, car j'obéis à ceux qui sont au-dessus de
moi; et les soldats qui sont sous ma charge m'obéissent, et je
dis à l'un : « Va, et il va; et à l'autre, viens, et il vient; et à
« mon valet, fais cela, et il le fait. » Ce centurion avait-il lu les
livres des rhéteurs et les traités du sublime, et voulait-il faire
voir à Notre-Seigneur par ce trait de rhétorique la promptitude
avec laquelle il était obéi ? Quand saint Jean rapporte en ces
termes le miracle de la guérison de l'aveugle-né, Notre-Seigneur lui dit : « Allez, lavez-vous dans la piscine de Siloë. Il
« s'y en alla, et s'y lava. » Et quand l'aveugle raconte ainsi
ensuite sa guérison. « Il m'a dit : Allez à la piscine de Siloë et
« vous y lavez; j'y ai été, je m'y suis lavé et je vois. » L'aveugle

et l'évangéliste usent-ils de cette expression figurée pour faire admirer davantage le miracle? Croient-ils qu'il ne paraîtra pas assez grand s'il n'est rehaussé par le secours du sublime? Est-ce dans cette vue que le même évangéliste, rapportant la guérison du malade de trente-huit ans, s'explique ainsi : Jésus dit : « Levez-vous, prenez votre lit et marchez. Et cet homme « fut aussitôt guéri, et prit son lit et marcha? » Saint Mathieu prétend-il orner le récit de sa vocation, quand il dit, parlant de soi-même : « Notre-Seigneur lui dit : Suivez-moi, et lui « s'étant levé le suivit? » A-t-il le même dessein, lorsque, parlant de l'homme qui avait une main sèche, et qui fut guéri par Notre-Seigneur, il se sert de ces termes : « Alors il dit à cet « homme, étendez votre main et il l'étendit. » Ces façons de parler ne sont pas particulières aux auteurs sacrés; quand les Juifs, qui sont venus après eux, parlent de Dieu, ils le nomment souvent ainsi : « Celui qui a dit, et le monde a été fait; » pour dire celui qui a créé le monde par sa parole, et ils le nomment ainsi dans des ouvrages dogmatiques dénués de toutes sortes d'ornements et de figures. La louange la plus ordinaire que Mahomet donne à Dieu dans l'Alcoran, c'est que lorsqu'il veut quelque chose, il dit : sois, et elle est. Tout cela fait voir manifestement que quand Moïse a écrit : « Dieu dit que la lumière « soit faite, et la lumière fut faite, » ce n'est qu'un tour de la langue hébraïque qui n'a point d'autre signification, ni d'autre force, que s'il avait dit : Dieu créa la lumière par sa parole. Et, comme cette expression, qui est si commune et si naturelle dans la langue hébraïque, ne s'emploie guère dans la langue grecque que par figure, le pas était glissant pour Longin et il lui a été aisé de tomber dans l'erreur, particulièrement l'ayant trouvé répété coup sur coup dans les livres qu'il avait vus, où ce passage était autrement rapporté que Moïse ne l'avait écrit : « Que « la lumière soit faite, et elle fut faite; que la terre soit faite, « et elle fut faite. » Cette répétition, dis-je, d'une expression qui est souvent figurée parmi les Grecs, et qui ne l'est point parmi les Hébreux, a paru à Longin avoir été faite à dessein, car, selon Quintilien[1], la répétition seule fait une figure. Et

---

1. Livre VIII, ch. v.

même l'interrogation qui précède : « Dieu dit : Quoi? Que la « lumière soit faite; » cette interrogation, dis-je, qui n'est pas de Moïse, excitant, comme elle fait, l'attention du lecteur, et préparant son esprit à apprendre quelque chose de grand et n'étant point du langage ordinaire, a dû lui paraître venir de l'art. C'est en vain que quelques-uns prétendent que ce *Quoi* n'est pas mis là par Longin comme venant de Moïse et faisant partie du passage qu'il rapporte, mais qu'il l'a mis là comme venant de lui-même. Car, à quoi serait bonne cette interrogation? Si la sublimité prétendue du passage consistait purement dans ces paroles : « Que la lumière soit faite, » on pourrait croire qu'il aurait voulu réveiller par là l'esprit du lecteur, pour le lui faire mieux entendre. Mais si ce sublime consiste, selon l'opinion de nos adversaires, dans l'expression vive de l'obéissance de la créature à la voix du créateur, il s'étend autant sur ce qui précède l'interrogation que sur ce qui la suit, et ainsi elle aurait été mise là fort mal à propos par Longin. Outre que ce n'est pas sa coutume que de se mêler ainsi parmi les gens qu'il cite. Dans tous les passages dont son ouvrage est rempli, il rapporte souvent leurs paroles sans y rien mettre du sien. Ainsi, on peut dire que si l'on n'a égard qu'aux paroles de Moïse altérées, et peu fidèlement rapportées, telles qu'il les avait lues, le jugement qu'il en fait se peut excuser; mais il n'est pas supportable, si on le rapporte à ce que Moïse a écrit en effet. Et, c'est cet original que M. Despréaux devait consulter. Il se trouve d'autres expressions dans l'Écriture sainte, qu'on a crues figurées et sublimes, et qui, dans leur langue originale, ne le sont nullement. Un des plus polis écrivains de ce siècle [1] a mis dans ce genre ce passage du premier livre des Machabées, où il est dit que la terre se tut devant Alexandre, prenant ce silence pour une expression métaphorique de la soumission que la terre domptée eut pour ce conquérant. Et cela, faute de savoir que l'origine de cette façon de parler vient d'un mot de la langue hébraïque qui signifie *se taire et se reposer, être en paix*. Il serait aisé d'en rapporter plusieurs exemples. De sorte que ce qui paraissait sublime dans notre langue et dans la

---

1. Le P. Bouhours.

langue latine, n'est en hébreu qu'une façon de parler simple et vulgaire. Aussi, dans ce même livre des Machabées, on trouve ces paroles : *Et siluit terra dies paucos, et siluit terra annis duobus*; où le grec porte ἡσύχασεν, *fut en paix*. De même que dans saint Luc, lorsqu'il dit que les femmes de Galilée, *sabbatho siluerunt*, pour dire qu'elles se livrent au repos le jour du sabbat. Le lecteur jugera si ces expressions sont sublimes.

Je ne désavouerai pas que David n'ait parlé figurément, quand il a dit au psaume trente-deuxième, en parlant de Dieu : *car il a dit et il a été. Il a commandé et il s'est arrêté.* C'est ainsi que parle l'original. Tout le tissu de ce psaume, enrichi de tant de figures si nobles et si hautes, fait assez voir ce qu'on doit penser de celle-ci ; et elle porte aussi en elle-même des marques du sublime. Car, en disant que Dieu a dit, sans ajouter quoi, et que ce qu'il a dit, a été, le prophète ne donne aucunes bornes à l'imagination du lecteur, et par deux paroles il lui fait parcourir en esprit tout le ciel et toute la terre, et tous les grands ouvrages qui sont sortis de la main de Dieu. Il fait ensuite une espèce de gradation, et de la simple parole, il passe au commandement, pour faire connaître la puissance infinie de cette parole et la souveraineté de Dieu. Et quand il ajoute qu'à ce commandement il s'est arrêté, sans dire ce qui s'est arrêté, soit qu'il veuille rappeler le souvenir du miracle qui arriva à la bataille de Gabaon, quand le soleil s'arrêta, ou qu'il veuille faire entendre le pouvoir absolu que Dieu a toujours sur les créatures, pour les tenir dans le repos et dans le mouvement, pour les créer et les conserver ; ne déterminant rien, il porte notre esprit jusque dans l'infini ; et c'est cela qui mérite le nom de sublime.

Pour mieux juger encore du passage de Moïse, il faut faire une distinction des divers genres de sublime, différente de celle de Longin, et en établir de quatre sortes, qui, étant bien reconnues, feront la décision entière de notre différend : le sublime des termes, le sublime du tour de l'expression, le sublime des pensées et le sublime des choses. Le sublime des termes est une élévation du discours, qui ne consiste que dans un choix de beaux et de grands mots qui ne renferment qu'une pensée commune, et quelques-uns n'estiment pas que ce genre mérite proprement le nom de sublime. Mais, en cela, il n'est question que de nom. Le sublime du tour de l'expression vient de l'arrangement et de la disposition des paroles qui, mises en un certain ordre, ébranlent l'âme, et qui demeurant, au contraire, dans leur ordre naturel, la laissent sans aucune émotion. Le sublime des pensées part immédiatement de l'esprit, et se fait sentir par lui-même, pourvu qu'il ne soit pas affaibli, ou par la bassesse des termes, ou par leur mauvaise disposition. Pour le sublime des choses, il dépend uniquement de la grandeur et de la dignité du sujet que l'on traite, sans que celui qui parle ait besoin d'employer aucun artifice pour le faire paraître aussi grand qu'il est; de sorte que tout homme qui saura rappeler quelque chose de grand tel qu'il est, sans en rien dérober à la connaissance de l'auditeur et sans y mettre rien du sien, quelque grossier et quelque ignorant qu'il soit d'ailleurs, il pourra être estimé avec justice véritablement sublime dans son discours; mais non pas de ce sublime enseigné par Longin. Il n'y a presque point de rhéteurs qui n'aient reconnu ces quatre sortes de sublimes; mais ils ne conviennent pas dans la manière de les distinguer et de les définir. De ces quatre sublimes, il est évident que les trois premiers sont de la juridiction de l'orateur, et dépendent des préceptes; mais que la nature seule a droit sur le dernier, sans que l'art y puisse rien prétendre; et partant que quand Longin, rhéteur de sa profession, a donné des règles du sublime, ce n'a pas été de ce dernier sublime, qui n'est point de sa compétence; puisque ce qui est naturellement grand est toujours grand, et paraîtra grand aux yeux de ceux qui le regarderont tel qu'il est en lui-même. Cela posé, si on applique cette distinction des sublimes au passage de Moïse, on verra bientôt que le sublime des termes ne s'y trouve pas, puisque les termes en sont communs. Le sublime de l'expression façonnée et figurée n'y est pas non plus, puisque j'ai fait voir que les paroles sont disposées d'une manière qui est très-ordinaire dans les livres de Moïse, et dans tous les livres des hébreux anciens et modernes, et que c'est un tour de leur langue et non de leur rhétorique. On ne peut pas dire non plus qu'il y ait aucune sublimité de pensée, car où trouverait-on cette pensée? Donc, ce qui nous frappe et nous émeut en lisant ces paroles de Moïse, c'est le sublime même de la chose exprimée par ces paroles : car, quand on entend que la seule voix du Seigneur a tiré la lumière des abîmes du néant, une vérité si surprenante donne un grand trouble à l'esprit ; et le saint historien ayant bien connu que tout ce qu'il pourrait ajouter de son invention en obscurcirait l'éclat, il l'a renfermé dans des termes simples et vulgaires, et il ne leur a point donné d'autre tour que celui qui était d'un usage commun et familier dans sa langue : semblable à un ouvrier habile qui, ayant à enchâsser une pierre précieuse sans défauts, n'emploie qu'un fil d'or pour l'environner et la soutenir, sans rien dérober de sa beauté aux yeux des spectateurs, sachant bien que ce qu'il ajouterait ne vaudrait pas ce qu'il cacherait, et que le grand art, c'est qu'il n'y ait point d'art ; au lieu que quand il faut mettre en châsse une pierre défectueuse, il use d'un artifice contraire, couvrant adroitement sous l'or et l'émail la tache qui en peut diminuer le prix. Ce sublime des choses est le véritable sublime, le sublime de la nature, le sublime original, et les autres ne le sont que par imitation et par art. Le sublime des choses a la sublimité en soi-même, les autres ne l'ont que par emprunt ; le premier ne trompe point l'esprit ; ce qu'il lui fait paraître grand l'est en effet. Le sublime de l'art, au contraire, tend des piéges à l'esprit, et n'est employé que pour faire paraître grand ce qui ne l'est pas, ou pour le faire paraître plus grand qu'il n'est. Donc, le sublime que Longin et ses sectateurs trouvent dans le passage contesté, fait véritablement honneur à Moïse, mais un honneur qu'il a méprisé : celui que j'y trouve fait honneur à l'ouvrage de Dieu, et c'est ce que Moïse lui-même s'est proposé. Ç'a été dans cette vue que Chalcidius Platonicien, en rapportant le commencement de la Genèse, a dit que Moïse, qui en est l'auteur, n'était pas soutenu et animé d'une éloquence humaine ; mais que Dieu même lui mettait les paroles à la bouche et l'inspirait. Ce philosophe ne trouvait pas, comme Longin, dans le discours de Moïse, le fard de l'école et les déguisements que l'esprit humain a inventés, mais il y reconnaissait le voix féconde de Dieu, qui est tout esprit et vie.

Mais ce n'est pas encore le seul et le principal défaut que je trouve dans le jugement que Longin a fait du passage en question. Quand il a dit ces paroles : *Dieu dit, que la lumière soit faite, et elle fut faite.* En voulant rehausser la beauté de cette élocution, il a rabaissé la grandeur de Dieu, et a fait voir que ni la bassesse de l'esprit humain, ni l'élévation de la majesté divine ne lui étaient pas assez connues. Il ne savait pas que nos conceptions et nos paroles ne sauraient atteindre à la hauteur infinie de la sagesse de Dieu, dont les richesses ne sont jamais entrées dans le cœur de l'homme, et qui lui sont incompréhensibles; et que quand Dieu a commandé aux prophètes de publier ses mystères, l'un lui a remontré qu'il était incirconcis des lèvres, l'autre lui a dit qu'il ne saurait parler, et tous se sont reconnus inférieurs à la dignité de cet emploi; et cela seul découvre assez l'erreur de ceux qui croient que le sublime de ce passage consiste en ce que l'acte de la volonté de Dieu nous y est représenté comme une parole. Quoique les homme n'aient que des idées très-basses et très-grossières de la grandeur de Dieu, leurs expressions sont pourtant au-dessous de leurs idées. Ne pouvant s'élever jusqu'à lui, ils le rabaissent jusqu'à eux, et parlent de lui comme d'un autre homme; ils lui donnent un visage, une bouche, des yeux et des oreilles, des pieds et des mains. Ils le font asseoir, marcher et parler. Ils lui attribuent les passions des hommes, la joie et le désir, le repentir et la colère. Ils lui donnent jusqu'à des ailes et le font voler. Est-ce là connaître la puissance de Dieu selon sa dignité et l'exprimer de même? Et osera-t-on donner le nom de sublime à un discours qui avilit infiniment et déshonore son sujet? Enfin, si c'est une expression sublime que de dire que Dieu a parlé, qui est celui des prophètes qui n'a pu fournir mille exemples pareils à celui que Longin a tiré de Moïse? Les philosophes mêmes ne donnent-ils pas le nom de paroles aux jugements que nous faisons intérieurement des choses pour y consentir ou n'y consentir pas? Et la parole extérieure que forme notre bouche, qu'est-ce autre chose que la parole intérieure de notre entendement? Moïse s'est ainsi exprimé en philosophe, et non pas en rhéteur, quand il a dit que Dieu a créé la lumière par la parole.

Il est aisé maintenant de voir si la censure de M. Despréaux est bien fondée ; elle se réduit à faire un point de religion de notre différend, et à m'accuser d'une espèce d'impiété d'avoir nié que Moïse a employé le sublime dans le passage dont il s'agit. Mais cela est avancé sans preuves, et c'est donner pour raison ce qui est en question. Or, s'il est contre le bon sens de dire que ce passage est sublime, comme je crois l'avoir fait voir, il est ridicule de dire que c'est blesser la religion que de ne parler pas contre le bon sens. La seconde preuve roule sur les nouveaux traducteurs de la Genèse, qui ont appuyé son opinion ; mais il est visible que M. Despréaux ne les a pas tant allégués pour le poids qu'il a cru qu'aurait leur sentiment en cette matière, que pour s'acquitter des louanges qu'ils lui ont données, en rapportant ce même passage.

Puis donc que cette censure n'est soutenue que par l'air décisif et fier, dont elle est avancée, il me semble que j'ai droit de demander à mon tour ce que nous dirons d'un homme, qui, bien qu'éclairé des lumières de l'Évangile, a osé faire passer Moïse pour un mauvais rhétoricien, qui a soutenu qu'il avait employé des figures inutiles dans son histoire, et qu'il avait déguisé, par des ornemens superflus, une matière excellemment belle et riche d'elle-même ? Que dirons-nous, dis-je, de cet homme qui a ignoré que la beauté, la force et le prix de l'Écriture sainte, ne consistent pas dans la richesse de ses figures ni dans la sublimité de son langage ? *Non in sublimitate sermonis aut sapientiæ, non in persuasibilibus humanæ sapientiæ verbis, sed in ostensione spiritus et virtutis ; ut fides vestra non sit in sapientia hominum, sed in virtute Dei*, et que ni l'élévation ni la simplicité des livres sacrés ne sont pas les marques qui font connaître que l'Esprit saint les a dictés, puisque saint Augustin a estimé qu'il était indifférent que le langage de l'Écriture fût poli ou barbare ; qui a ignoré que saint Paul n'entendait point les finesses de la rhétorique et qu'il était *imperitus sermone* ; que Moïse avait de la peine à s'expliquer ; que le prophète Amos était grossier et rustique, et que tous ces saints personnages, quoique parlant des langages différens, étaient pourtant tous animés du même esprit ?

Du reste, Monseigneur, je vous demande un jugement. Vos lumières vives et pénétrantes, et le grand usage que vous avez des saintes lettres, vous feront voir clair dans cette question. Quelqu'encens que M. Despréaux vous ait donné dans la dernière édition de ses ouvrages [1], pour tâcher de fléchir l'indignation si digne de votre vertu, que vous avez publiquement témoignée contre ses satires, ni les louanges intéressées, ni le souvenir du passé ne vous sauraient empêcher de tenir la balance droite, et de garder entre lui et moi cette rectitude que vous observez si religieusement en toutes choses. Pour moi, je ne serai pas moins docile et soumis à votre décision que j'ai toujours été avec respect,

Monseigneur,

Votre, etc.

A Paris, ce 26 mars 1698.

[1] Voy. Épît. VII, v. 99 et 100.

# III.

## RÉFUTATION

D'UNE

# DISSERTATION DE M. LE CLERC

## CONTRE LONGIN.

> Ainsi le législateur des Juifs, qui n'était pas un homme ordinaire, ayant fort bien conçu la puissance et la grandeur de Dieu, l'a exprimée dans toute sa dignité au commencement de ses lois, par ces paroles : *Dieu dit : Que la lumière se fasse, et la lumière se fit ; que la terre se fasse, et la terre fut faite.* (Paroles de Longin, ch. VI.)

Lorsque je fis imprimer pour la première fois, il y a environ trente-six ans[1], la traduction que j'avais faite du *Traité du Sublime*, de Longin, je crus qu'il serait bon, pour empêcher qu'on ne se méprît sur ce mot de *Sublime*, de mettre dans ma préface ces mots qui y sont encore, et qui, par la suite des temps, ne s'y sont trouvés que trop nécessaires : « Il faut savoir « que par sublime, Longin n'entend pas ce que les orateurs « appellent le style sublime; mais cet extraordinaire et ce mer- « veilleux qui fait qu'un ouvrage enlève, ravit, transporte. Le « style sublime veut toujours de grands mots; mais le sublime « se peut trouver dans une seule pensée, dans une seule figure, « dans un seul tour de paroles. Une chose peut être dans le « style sublime, et n'être pourtant pas sublime. Par exemple : « Le Souverain Arbitre de la nature, d'une seule parole, forma « la lumière : Voilà qui est dans le style sublime : cela n'est pas « néanmoins sublime; parce qu'il n'y a rien là de fort merveil- « leux, et qu'on ne pût aisément trouver. Mais, *Dieu dit : Que*

---

1. En 1710.

« *la lumière se fasse ; et la lumière se fit :* ce tour extraordinaire
« d'expression, qui marque si bien l'obéissance de la créature
« aux ordres du créateur, est véritablement sublime et a quelque
« chose de divin. Il faut donc entendre par sublime dans Longin,
« l'extraordinaire, le surprenant, et comme je l'ai traduit, le
« merveilleux dans le discours. »

Cette précaution prise si à propos fut approuvée de tout le monde, mais principalement des hommes vraiment remplis de l'amour de l'Écriture sainte ; et je ne croyais pas que je dusse avoir jamais besoin d'en faire l'apologie. A quelque temps de là ma surprise ne fut pas médiocre, lorsqu'on me montra dans un livre qui avait pour titre *Démonstration évangélique*, composé par le célèbre M. Huet, alors sous-précepteur de monseigneur le Dauphin, un endroit, où non-seulement il n'était pas de mon avis ; mais où il soutenait hautement que Longin s'était trompé, lorsqu'il s'était persuadé qu'il y avait du sublime dans ces paroles, *Dieu dit*, etc. J'avoue que j'eus de la peine à digérer qu'on traitât avec cette hauteur le plus fameux et le plus savant critique de l'antiquité. De sorte qu'en une nouvelle édition, qui se fit quelques mois après de mes ouvrages, je ne pus m'empêcher d'ajouter dans ma préface ces mots : « J'ai rapporté ces
« paroles de la Genèse, comme l'expression la plus propre à
« mettre ma pensée en jour ; et je m'en suis servi d'autant plus
« volontiers, que cette expression est citée avec éloge par Longin
« même, qui au milieu des ténèbres du paganisme, n'a pas
« laissé de reconnaître le divin qu'il y avait dans ces paroles de
« l'Écriture. Mais que dirons-nous d'un des plus savants
« hommes de notre siècle, qui, éclairé des lumières de l'Évan-
« gile, ne s'est pas aperçu de la beauté de cet endroit, qui a
« osé, dis-je, avancer dans un livre qu'il a fait pour démontrer
« la religion chrétienne, que Longin s'était trompé, lorsqu'il
« avait cru que ces paroles étaient sublimes ? »

Comme ce reproche était un peu fort, et je l'avoue même, un peu trop fort, je m'attendais à voir bientôt paraître une réplique très-vive de M. Huet, nommé environ dans ce temps-là à l'évêché d'Avranches ; et je me préparais à y répondre le moins mal et le plus modestement qu'il me serait possible. Mais soit que ce savant prélat eût changé d'avis, soit qu'il dédaignât d'entrer en lice avec un aussi vulgaire antagoniste que moi ; il se tint dans le silence. Notre démêlé parut éteint, et je n'entendis parler de rien jusqu'en 1709, qu'un de mes amis me fit voir dans un X tome de la *Bibliothèque choisie* de M. Le Clerc, fameux protestant de Genève, réfugié en Hollande, un chapitre de plus de vingt-cinq pages, où ce protestant nous réfute très-impérieusement Longin et moi, et nous traite tous deux d'aveugles et de petits esprits d'avoir cru qu'il y avait là quelque sublimité. L'occasion qu'il prend pour nous faire après coup cette insulte, c'est une prétendue lettre du savant M. Huet, aujourd'hui ancien évêque d'Avranches, qui lui est, dit-il, tombée entre les mains, et que pour mieux nous foudroyer, il transcrit tout entière ; y joignant néanmoins, afin de la mieux faire valoir, plusieurs remarques de sa façon, presque aussi longues que la lettre même. De sorte que ce sont comme deux espèces de dissertations ramassées ensemble, dont il fait un seul ouvrage.

Bien que ces deux dissertations soient écrites avec assez d'amertume et d'aigreur, je fus médiocrement ému en les lisant, parce que les raisons m'en parurent extrêmement faibles : que M. Le Clerc, dans ce long verbiage qu'il étale, n'entame pas, pour ainsi dire, la question, et que tout ce qu'il y avance ne vient que d'une équivoque sur le mot de sublime, qu'il confond avec le style sublime, et qu'il croit entièrement opposé au style simple. J'étais en quelque sorte résolu de n'y rien répondre. Cependant mes libraires depuis quelque temps, à force d'importunités, m'ayant enfin fait consentir à une nouvelle édition de mes ouvrages, il m'a semblé que cette édition serait défectueuse, si je n'y donnais quelque signe de vie sur les attaques d'un si célèbre adversaire. Je me suis donc enfin déterminé à y répondre, et il m'a paru que le meilleur parti que je pouvais prendre, c'était d'ajouter aux neuf Réflexions que j'ai déjà faites sur Longin, et où je crois avoir assez bien confondu M. Perrault, une dixième Réflexion, où je répondrais aux deux Dissertations nouvellement publiées contre moi. C'est ce que je vais exécuter ici. Mais comme ce n'est point M. Huet qui a fait imprimer lui-même la lettre qu'on lui attribue, et que cet illustre prélat ne m'en a point parlé dans l'Académie française, où j'ai l'honneur d'être son confrère, et où je le vois quelquefois; M. Le Clerc permettra que je ne me propose d'adversaire que M. Le Clerc, et que par là je m'épargne le chagrin d'avoir à écrire contre un aussi grand prélat que M. Huet, dont, en qualité de chrétien, je respecte fort la dignité; et dont, en qualité d'homme de lettres, j'honore extrêmement le mérite et le grand savoir. Ainsi c'est au seul M. Le Clerc que je vais parler; et il trouvera bon que je le fasse en ces termes.

Vous croyez donc, monsieur, et vous le croyez de bonne foi, qu'il n'y a point de sublime dans ces paroles de la Genèse : *Dieu dit, Que la lumière se fasse, et la lumière se fit.* A cela je pourrais vous répondre en général, sans entrer dans une plus grande discussion, que le sublime n'est pas proprement une chose qui se prouve et qui se démontre; mais que c'est un merveilleux qui saisit, qui frappe et qui se fait sentir. Ainsi personne ne pouvant entendre prononcer un peu majestueusement ces paroles, *Que la lumière se fasse*, etc., sans que cela excite en lui une certaine élévation d'âme qui lui fait plaisir; il n'est plus question de savoir s'il y a du sublime dans ces paroles, puisqu'il y en a indubitablement. S'il se trouve quelque homme bizarre qui n'y en trouve point, il ne faut pas chercher des raisons pour lui montrer qu'il y en a; mais se borner à le plaindre de son peu de conception et de son peu de goût, qui l'empêche de sentir ce que tout le monde sent d'abord. C'est là, monsieur, ce que je pourrais me contenter de vous dire, et je suis persuadé que tout ce qu'il y a de gens sensés avoueraient que par ce peu de mots je vous aurais répondu tout ce qu'il fallait vous répondre.

Mais puisque l'honnêteté nous oblige de ne pas refuser nos lumières à notre prochain pour le tirer d'une erreur où il est tombé; je veux bien descendre dans un plus grand détail, et ne point épargner le peu de connaissance que je puis avoir du sublime, pour vous tirer de l'aveuglement où vous vous êtes jeté vous-même par trop de confiance en votre grande et hautaine érudition.

Avant que d'aller plus loin, souffrez, monsieur, que je vous demande comment il se peut faire qu'un aussi habile homme que vous, voulant écrire contre un endroit de ma préface aussi considérable que l'est celui que vous attaquez, ne se soit pas donné la peine de lire cet endroit, auquel il ne paraît pas même que vous ayez fait aucune attention. Car si vous l'aviez lu, si vous l'aviez examiné un peu de près, me diriez-vous, comme vous faites, pour montrer que ces paroles, *Dieu dit*, etc., n'ont rien de sublime, qu'elles ne sont point dans le style sublime; sur ce qu'il n'y a point de grands mots, et qu'elles sont énoncées avec une très-grande simplicité? N'avais-je pas prévenu votre objection, en assurant, comme je l'assure dans cette même préface, que par sublime en cet endroit, Longin n'entend pas ce que nous appelons le style sublime, mais cet extraordinaire et ce merveilleux qui se trouve souvent dans les paroles les plus simples, et dont la simplicité même fait quelquefois la sublimité? Ce que vous avez si peu compris, que même à quelques pages de là, bien loin de convenir qu'il y a du sublime dans les paroles que Moïse fait prononcer à Dieu au commencement de la Genèse, vous prétendez que si Moïse avait mis là du sublime, il aurait péché contre toutes les règles de l'art, qui veut qu'un commencement soit simple et sans affectation. Ce qui est très-véritable, mais ce qui ne dit nullement qu'il ne doit point y avoir de sublime; le sublime n'étant point opposé au simple, et n'y ayant rien quelquefois de plus sublime que le simple même, ainsi que je vous l'ai déjà fait voir, et dont, si vous doutez encore, je m'en vais vous convaincre par quatre ou cinq exemples auxquels je vous défie de répondre. Je ne les chercherai pas loin. Longin m'en fournit lui-même d'abord un admirable dans le chapitre d'où j'ai tiré cette dixième Réflexion. Car y traitant du sublime qui vient de la grandeur de la pensée, après avoir établi qu'il n'y a proprement que les grands hommes à qui il échappe de dire des choses grandes et extraordinaires: « Voyez, par exemple, « ajoute-t-il, ce que répondit Alexandre, quand Darius lui fit « offrir la moitié de l'Asie avec sa fille en mariage. — Pour moi, « lui disait Parménion, si j'étais Alexandre, j'accepterais ces « offres. — Et moi aussi, répliqua ce prince, si j'étais Parmé- « nion. » Sont-ce là de grandes paroles? Peut-on rien dire de plus naturel, de plus simple et de moins affecté que ce mot? Alexandre ouvre-t-il une grande bouche pour les dire; et cependant ne faut-il pas tomber d'accord que toute la grandeur de l'âme d'Alexandre s'y fait voir ? Il faut à cet exemple en joindre un autre de même nature, que j'ai allégué dans la préface de ma dernière édition de Longin, et je le vais rapporter dans les mêmes termes qu'il y est énoncé, afin que l'on voie mieux que je n'ai point parlé en l'air quand j'ai dit que M. Le Clerc, voulant combattre ma préface, ne s'est pas donné la peine de la lire. Voici en effet mes paroles : « Dans la tragédie d'*Horace* du fameux Pierre Corneille, une femme qui avait été présente au combat des trois Horaces contre les trois Curiaces, mais qui s'était retirée trop tôt et qui n'en avait pas vu la fin, vient mal à propos annoncer au vieil Horace, leur père, que deux de ses fils ont été tués; et que le troisième, ne se voyant plus en état de résister, s'est enfui. Alors ce vieux Romain, possédé de l'amour de sa patrie, sans s'amuser à pleurer la perte de ses deux fils morts si glorieusement, ne s'afflige que de la fuite honteuse du dernier, qui a, dit-il, par une aussi lâche action, imprimé un opprobre éternel au nom d'Horace; et leur sœur qui était là présente, lui ayant dit : « Que vouliez-vous qu'il fît contre « trois ? » il répond brusquement « Qu'il mourût. » Voilà des termes fort simples; cependant il n'y a personne qui ne sente la grandeur qu'il y a dans ces trois syllabes *qu'il mourût*. Sentiment d'autant plus sublime qu'il est simple et naturel, et que par là on voit que ce héros parle du fond du cœur et dans les transports d'une colère vraiment romaine. La chose effectivement aurait perdu de sa force, si au lieu de dire : « Qu'il « mourût, » il avait dit : « Qu'il suivît l'exemple de ses deux « frères; ou qu'il sacrifiât sa vie à l'intérêt et à la gloire de son « pays. » Ainsi c'est la simplicité même de ce mot qui en fait voir la grandeur. N'avais-je pas, monsieur, en faisant cette remarque, battu en ruine votre objection, même avant que vous l'eussiez faite? et ne prouvais-je pas visiblement que le sublime se trouve quelquefois dans la manière de parler la plus simple ? Vous me répondrez peut-être que cet exemple est singulier, et qu'on n'en peut pas montrer beaucoup de pareils. En voici pourtant encore un que je trouve à l'ouverture du livre, dans la *Médée* du même Corneille, où cette fameuse enchanteresse, se vantant que seule et abandonnée comme elle est de tout le

monde, elle trouvera pourtant bien moyen de se venger de tous
ses ennemis; Nérine, sa confidente, lui dit :

> Perdez l'aveugle erreur dont vous êtes séduite,
> Pour voir en quel état le sort vous a réduite.
> Votre pays vous hait, votre époux est sans foi.
> Contre tant d'ennemis que vous reste-t-il ?

A quoi Médée répond :

                Moi.

> Moi, dis-je, et c'est assez.

Peut-on nier qu'il n'y ait du sublime, et du sublime le plus
relevé dans ce monosyllabe *moi* ? Qu'est-ce donc qui frappe
dans ce passage, sinon la fierté audacieuse de cette magicienne
et la confiance qu'elle a dans son art? Vous voyez, monsieur,
que ce n'est point le style sublime, ni par conséquent les grands
mots, qui sont toujours le sublime dans le discours; et que ni
Longin ni moi ne l'avons jamais prétendu. Ce qui est si vrai
par rapport à lui, qu'en son *Traité du sublime*, parmi beaucoup
de passages qu'il rapporte pour montrer ce que c'est qu'il
entend par sublime, il ne s'en trouve pas plus de cinq ou six
où les grands mots fassent partie du sublime. Au contraire il y
en a un nombre considérable où tout est composé de paroles
fort simples et fort ordinaires, comme, par exemple, cet endroit
de Démosthènes si estimé et si admiré de tout le monde, où
cet orateur gourmande ainsi les Athéniens : « Ne voulez-vous
« jamais faire autre chose qu'aller par la ville vous demander
« les uns aux autres : Que dit-on de nouveau ? Et que peut-on
« vous apprendre de plus nouveau que ce que vous voyez ? Un
« homme de Macédoine se rend maître des Athéniens et fait la
« loi à toute la Grèce? — Philippe est-il mort, dira l'un ? —
« Non, répondra l'autre; il n'est que malade. — Hé ! que vous
« importe, messieurs, qu'il vive ou qu'il meure ? Quand le ciel
« vous en aurait délivrés, vous vous feriez bientôt vous-mêmes
« un autre Philippe. » Y a-t-il rien de plus simple, de plus
naturel et de moins enflé que ces demandes et ces interrogations? Cependant qui est-ce qui n'en sent point le sublime?
Vous peut-être, monsieur, parce que vous n'y voyez point de
grands mots ni de ces *ambitiosa ornamenta* en quoi vous le

faites consister, et en quoi il consiste si peu qu'il n'y a rien même qui rende le discours plus froid et plus languissant que les grands mots mis hors de leur place. Ne dites donc plus, comme vous faites en plusieurs endroits de votre Dissertation, que la preuve qu'il n'y a point de sublime dans le style de la Bible, c'est que tout y est dit sans exagération et avec beaucoup de simplicité, puisque c'est cette simplicité même qui en fait la sublimité. Les grands mots, selon les habiles connaisseurs, sont en effet si peu l'essence entière du sublime, qu'il y a même dans les bons écrivains des endroits sublimes dont la grandeur vient de la petitesse énergique des paroles, comme on le peut voir dans ce passage d'Hérodote, qui est cité par Longin : « Cléomène étant devenu furieux, il prit un couteau, dont il se « hacha la chair en petits morceaux ; et s'étant ainsi déchiqueté « lui-même il mourut. » Car on ne peut guère assembler de mots plus bas et plus petits que ceux-ci : *se hacher la chair en morceaux* et *se déchiqueter soi-même*. On y sent toutefois une certaine force énergique, qui, marquant l'horreur de la chose qui y est énoncée, a je ne sais quoi de sublime.

Mais voilà assez d'exemples cités pour vous montrer que le simple et le sublime dans le discours ne sont nullement opposés. Examinons maintenant les paroles qui font le sujet de notre contestation ; et pour en mieux juger, considérons-les jointes et liées avec celles qui les précèdent. Les voici : « Au « commencement, dit Moïse, Dieu créa le ciel et la terre. La « terre était informe et toute nue. Les ténèbres couvraient la « face de l'abîme, et l'Esprit de Dieu était porté sur les eaux. » Peut-on rien, dites-vous, de plus simple que ce début ? Il est fort simple, je l'avoue, à la réserve pourtant de ces mots : *Et l'Esprit de Dieu était porté sur les eaux*, qui ont quelque chose de magnifique, et dont l'obscurité élégante et majestueuse nous fait concevoir beaucoup de choses au delà de ce qu'elles semblent dire. Mais ce n'est pas de quoi il s'agit ici. Passons aux paroles suivantes, puisque ce sont celles dont il est question. Moïse ayant ainsi expliqué dans une narration également courte, simple et noble, les merveilles de la création, songe aussitôt à faire connaître aux hommes l'auteur de ces merveilles. Pour cela donc ce grand prophète n'ignorant pas que le meilleur moyen de faire connaître les personnages qu'on introduit, c'est de les faire agir; il met d'abord Dieu en action et le fait parler. Et que lui fait-il dire? Une chose ordinaire peut-être. Non; mais ce qui s'est jamais dit de plus grand, ce qui se peut dire de plus grand, et ce qu'il n'y a jamais eu que Dieu seul qui ait pu dire : *Que la lumière se fasse.* Puis tout à coup, pour montrer qu'afin qu'une chose soit faite il suffit que Dieu veuille qu'elle se fasse, il ajoute avec une rapidité qui donne à ses paroles mêmes une âme et une vie, *Et la lumière se fit :* montrant par là qu'au moment que Dieu parle tout s'agite, tout s'émeut, tout obéit. Vous me répondrez peut-être ce que vous me répondez dans la prétendue lettre de M. Huet : « Que vous ne voyez pas ce qu'il y a de si sublime dans cette manière de parler, *Que la lumière se fasse*, etc., » puisqu'elle est, dites-vous, très-familière et très-commune dans la langue hébraïque, qui la rebat à chaque bout de champ. En effet, ajoutez-vous, si je disais : « Quand je sortis, je dis à mes gens suivez-moi, et ils me « suivirent : je priai mon ami de me prêter son cheval, et il « me le prêta; » pourrait-on soutenir que j'ai dit là quelque chose de sublime? Non sans doute; parce que cela serait dit dans une occasion très-frivole, à propos de choses très-petites. Mais est-il possible, monsieur, qu'avec tout le savoir que vous avez, vous soyez encore à apprendre ce que n'ignore pas le moindre apprenti rhétoricien, que pour bien juger du beau, du sublime, du merveilleux dans le discours, il ne faut pas simplement regarder la chose qu'on dit, mais la personne qui la dit, la manière dont on la dit, et l'occasion où on la dit : enfin qu'il faut regarder, *non quid sit, sed quo loco sit.* Qui est-ce, en effet, qui peut nier qu'une chose dite en un endroit paraîtra basse et petite; et que la même chose dite en un autre endroit deviendra grande, noble, sublime, et plus que sublime? Qu'un homme, par exemple, qui montre à danser, dise à un jeune garçon qu'il instruit : allez par là, revenez, détournez, arrêtez. Cela est très-puéril et paraît même ridicule à raconter. Mais que le Soleil, voyant son fils Phaëton qui s'égare dans les cieux sur un char qu'il a eu la folle témérité de vouloir conduire, crie de loin à ce fils à peu près les mêmes ou de semblables paroles, cela devient très-noble et très-sublime, comme on le peut reconnaître dans ces vers d'Euripide, rapportés par Longin :

> Le père, cependant, plein d'un trouble funeste,
> Le voit rouler de loin sur la plaine céleste;
> Lui montre encor sa route ; et du plus haut des cieux
> Le suit autant qu'il peut de la voix et des yeux.
> Va par là, lui dit-il. Reviens. Détourne. Arrête.

Je pourrais vous citer encore cent autres exemples pareils ; et il s'en présente à moi de tous les côtés. Je ne saurais pourtant, à mon avis, vous en alléguer un plus convainquant ni plus démonstratif que celui même sur lequel nous sommes en dispute. En effet, qu'un maître dise à son valet « Apportez-moi mon « manteau ; » puis qu'on ajoute : « Et son valet lui apporta son « manteau, » cela est très-petit; je ne dis pas seulement en langue hébraïque, où vous prétendez que ces manières de parler sont ordinaires, mais encore en toute langue. Au contraire, que dans une occasion aussi grande qu'est la création du monde, Dieu dise: *Que la lumière se fasse*; puis qu'on ajoute : *Et la lumière fut faite*; cela est non-seulement sublime, mais d'autant plus sublime que les termes en étant fort simples et pris du langage ordinaire, ils nous font comprendre admirablement et mieux que tous les plus grands mots, qu'il ne coûte pas plus à Dieu de faire la lumière, le ciel et la terre, qu'à un maître de dire à son valet *apportez-moi mon manteau*. D'où vient donc que cela ne vous frappe point ? Je vais vous le dire. C'est que n'y voyant point de grands mots ni d'ornements pompeux; et prévenu comme vous l'êtes que le style simple n'est point susceptible de sublime, vous croyez qu'il ne peut y avoir là de vraie sublimité.

Mais c'est assez vous pousser sur cette méprise, qu'il n'est pas possible à l'heure qu'il est que vous ne reconnaissiez. Venons maintenant à vos autres preuves. Car, tout à coup retournant à la charge comme maître passé en l'art oratoire, pour mieux nous confondre Longin et moi, et nous accabler sans ressource, vous vous mettez en devoir de nous apprendre à l'un et à l'autre ce que c'est que sublime. Il y en a, dites-vous, quatre sortes; le sublime des termes, le sublime du tour de l'expression, le sublime des pensées et le sublime des choses. Je pourrais aisément vous embarrasser sur cette division et sur les définitions qu'ensuite vous nous donnez de vos quatre sublimes : cette division et ces définitions n'étant pas si correctes ni si exactes que vous vous le figurez. Je veux bien néanmoins aujourd'hui, pour ne point perdre de temps, les admettre toutes sans aucune restriction. Permettez-moi seulement de vous dire qu'après celle du sublime des choses vous avancez la proposition du monde la moins soutenable et la plus grossière. Car après avoir supposé, comme vous le supposez très-solidement, et comme il n'y a personne qui n'en convienne avec vous, que les grandes choses sont grandes en elles-mêmes et par elles-mêmes, et qu'elles se font admirer indépendamment de l'art oratoire, tout d'un coup prenant le change, vous soutenez que pour être mises en œuvre dans un discours elles n'ont besoin d'aucun génie ni d'aucune adresse ; et qu'un homme, quelque ignorant et quelque grossier qu'il soit, ce sont vos termes, s'il rapporte une grande chose sans en rien dérober à la connaissance de l'auditeur, pourra avec justice être estimé éloquent et sublime. Il est vrai que vous ajoutez *non pas de ce sublime dont parle ici Longin*. Je ne sais pas ce que vous voulez dire par ces mots, que vous nous expliquerez quand il vous plaira.

Quoi qu'il en soit, il s'ensuit de votre raisonnement que pour être bon historien ( ô la belle découverte ! ) il ne faut point d'autre talent que celui que Démétrius Phalereus attribue au peintre Nicias, qui était de choisir toujours de grands sujets. Cependant ne paraît-il pas, au contraire, que pour bien raconter une grande chose, il faut beaucoup plus d'esprit et de talent que pour en raconter une médiocre? En effet, monsieur, de quelque bonne foi que soit votre homme ignorant et grossier, trouvera-t-il pour cela aisément des paroles dignes de son sujet? Saura-t-il même les construire? Je dis construire : car cela n'est pas si aisé qu'on s'imagine.

Cet homme enfin, fût-il bon grammairien, saura-t-il pour cela, racontant un fait merveilleux, jeter dans son discours toute la netteté, la délicatesse, la majesté, et, ce qui est encore plus considérable, toute la simplicité nécessaire à une bonne narration? Saura-t-il choisir les grandes circonstances? Saura-t-il rejeter les superflues? En décrivant le passage de la mer Rouge ne s'amusera-t-il point, comme le poëte dont je parle dans mon *Art poétique*, à peindre le petit enfant,

Qui va, saute, revient,
Et, joyeux, à sa mère offre un caillou qu'il tient?

En un mot, saura-t-il, comme Moïse, dire tout ce qu'il faut, et ne dire que ce qu'il faut? Je vois que cette objection vous embarrasse. Avec tout cela, néanmoins, répondrez-vous, on ne me persuadera jamais que Moïse, en écrivant la Bible, ait songé à tous ces agréments et à toutes ces petites finesses de l'école; car c'est ainsi que vous appelez toutes les grandes figures de l'art oratoire. Assurément Moïse n'y a point pensé; mais l'esprit divin qui l'inspirait y a pensé pour lui, et les y a mises en œuvre avec d'autant plus d'art, qu'on ne s'aperçoit point qu'il y ait aucun art. Car on n'y remarque point de faux ornements et rien ne s'y sent de l'enflure et de la vaine pompe des déclamateurs, plus opposée quelquefois au vrai sublime que la bassesse même des mots les plus abjects : mais tout y est plein de sens, de raison et de majesté. De sorte que le livre de Moïse est en même temps le plus éloquent, le plus sublime et le plus simple de tous les livres. Il faut convenir pourtant que ce fut cette simplicité, quoique si admirable, jointe à quelques mots latins un peu barbares de la Vulgate, qui dégoûtèrent saint Augustin, avant sa conversion, de la lecture de ce divin livre, dont néanmoins depuis, l'ayant regardé de plus près et avec des yeux plus éclairés, il fit le plus grand objet de son admiration et sa perpétuelle lecture.

Mais c'est assez nous arrêter sur la considération de votre nouvel orateur. Reprenons le fil de notre discours et voyons où vous en voulez venir par la supposition de vos quatre sublimes. Auquel de ces quatre genres, dites-vous, prétend-on attribuer le sublime que Longin a cru voir dans le passage de la Genèse? Est-ce au sublime des mots? Mais sur quoi fonder cette prétention, puisqu'il n'y a pas dans ce passage un seul grand mot? Sera-ce au sublime de l'expression? L'expression en est très-ordinaire et d'un usage très-commun et très-familier, surtout dans la langue hébraïque, qui la répète sans cesse. Le donnera-t-on au sublime des pensées? Mais bien loin d'y avoir là aucune sublimité de pensée, il n'y a pas même de pensée. On ne peut, concluez-vous, l'attribuer qu'au sublime des choses, auquel Longin ne trouvera pas son compte, puisque l'art ni le discours n'ont aucune part à ce sublime. Voilà donc, par votre belle et savante démonstration les premières paroles de Dieu dans la Genèse entièrement dépossédées du sublime que tous les hommes jusqu'ici avaient cru y voir, et le commencement de la Bible reconnu froid, sec et sans nulle grandeur. Regardez pourtant comme les manières de juger sont différentes; puisque si l'on me fait les mêmes interrogations que vous vous faites à vous-même, et si l'on me demande quel genre de sublime se trouve dans le passage dont nous disputons, je ne répondrai pas qu'il y en a un des quatre que vous rapportez, je dirai que tous les quatre y sont dans leur plus haut degré de perfection.

En effet, pour en venir à la preuve et pour commencer par le premier genre : bien qu'il n'y ait pas dans le passage de la Genèse des mots grands ni empoulés, les termes que le prophète y emploie, quoique simples, étant nobles, majestueux, convenables au sujet, ils ne laissent pas d'être sublimes, et si sublimes que vous n'en sauriez suppléer d'autres que le discours n'en soit considérablement affaibli : comme si, par exemple, au lieu de ces mots « *Dieu dit : Que la lumière se* « *fasse, et la lumière se fit* ; vous mettiez : Le Souverain Maître « de toutes choses commanda à la lumière de se former, et en « même temps ce merveilleux ouvrage, qu'on appelle lumière, « se trouva formé. » Quelle petitesse ne sentira-t-on point dans ces grands mots vis-à-vis de ceux-ci *Dieu dit : Que la lumière se fasse*, etc.! A l'égard du second genre, je veux dire du sublime du tour de l'expression, où peut-on voir un tour d'expression plus sublime que celui de ces paroles *Dieu dit : Que la lumière se fasse, et la lumière se fit*, dont la douceur majestueuse, même dans les traductions grecques, latines et françaises, frappe si agréablement l'oreille de tout homme qui a quelque délicatesse et quelque goût? Quel effet donc ne feraient-elles point si elles étaient prononcées dans leur langue originale par une bouche qui les sût prononcer, et écoutées par des oreilles qui les sussent entendre? Pour ce qui est de ce que vous avancez au sujet du sublime des pensées, que bien loin qu'il y ait dans le passage qu'admire Longin aucune sublimité de pensée il n'y a pas même de pensée, il faut que votre bon sens vous ait abandonné quand vous avez parlé de cette manière. Quoi! monsieur, le dessein que Dieu prend immédiatement après avoir créé le ciel et la terre (car c'est Dieu qui parle en cet endroit); la pensée, dis-je, qu'il conçoit de faire la lumière, ne vous paraît pas une pensée? Et qu'est-ce donc qu'une pensée, si ce n'en est là une des plus sublimes qui pouvaient, si en parlant de Dieu il est permis de se servir de ces termes, qui pouvaient, dis-je, venir à Dieu lui-même? pensée qui était d'autant plus nécessaire, que si elle ne fût venue à Dieu, l'ouvrage de la création restait imparfait, et la terre demeurait informe et vide, *terra autem erat inanis et vacua?* Confessez donc, monsieur, que les trois premiers genres de votre *sublime* sont excellement renfermés dans le passage de Moïse. Pour le sublime des choses, je ne vous en dis rien, puisque vous reconnaissez vous-même qu'il s'agit dans ce passage de la plus grande chose qui puisse être faite et qui ait jamais été faite. Je ne sais si je me trompe, mais il me semble que j'ai assez exactement répondu à toutes vos objections tirées des quatre sublimes.

N'attendez pas, monsieur, que je réponde ici avec la même exactitude à tous les vagues raisonnements et à toutes les vaines déclamations que vous me faites dans la suite de votre long discours, et principalement dans le dernier article de la lettre attribuée à M. l'évêque d'Avranches, où, vous expliquant d'une manière embarrassée, vous donnez lieu au lecteur de penser que vous êtes persuadé que Moïse et tous les prophètes, en publiant les louanges de Dieu, au lieu de relever sa grandeur, l'ont, ce sont vos propres termes, en quelque sorte avili et déshonoré. Tout cela, faute d'avoir assez bien démêlé une équivoque très-grossière, et dont, pour être parfaitement éclairci, il ne faut que se ressouvenir d'un principe avoué de tout le monde, qui est qu'une chose sublime aux yeux des hommes n'est pas pour cela sublime aux yeux de Dieu, devant lequel il n'y a de vraiment sublime que Dieu lui-même. Qu'ainsi toutes ces manières figurées que les prophètes et les écrivains sacrés emploient pour l'exalter lorsqu'ils lui donnent un visage, des yeux, des oreilles ; lorsqu'ils le font marcher, courir, s'asseoir ; lorsqu'ils le représentent porté sur l'aile des vents, lorsqu'ils lui donnent à lui-même des ailes, lorsqu'ils lui prêtent leurs expressions, leurs actions, leurs passions et mille autres choses semblables : toutes ces choses sont fort petites devant Dieu, qui les souffre néanmoins et les agrée, parce qu'il sait bien que la faiblesse humaine ne le saurait louer autrement. En même temps il faut reconnaître que ces mêmes choses présentées aux yeux des hommes avec des figures et des paroles telles que celles de Moïse et des autres prophètes, non-seulement ne sont pas basses, mais encore qu'elles deviennent nobles, grandes, merveilleuses, et dignes en quelque façon de la majesté divine. D'où il s'ensuit que vos réflexions sur la petitesse de nos idées devant Dieu sont ici très-mal placées, et que votre critique sur les paroles de la Genèse est fort peu raisonnable ; puisque c'est de ce sublime, présenté aux yeux des hommes, que Longin a voulu et dû parler, lorsqu'il a dit que Moïse a parfaitement conçu la puissance de Dieu au commencement de ses lois ; et qu'il l'a exprimée dans toute sa dignité par ces paroles *Dieu dit*, etc.

Croyez-moi donc, monsieur, ouvrez les yeux. Ne vous opiniâtrez pas davantage à défendre contre Moïse, contre Longin et contre toute la terre une cause aussi odieuse que la vôtre, et qui ne saurait se soutenir que par des équivoques et par de fausses subtilités. Lisez l'Écriture sainte avec un peu moins de confiance en vos propres lumières, et défaites-vous de cette hauteur calviniste et socinienne qui vous fait croire qu'il y va de votre honneur d'empêcher qu'on n'admire trop légèrement le début d'un livre, dont vous êtes obligé d'avouer vous-même qu'on doit adorer tous les mots et toutes les syllabes, et qu'on peut bien ne pas assez admirer, mais qu'on ne saurait trop admirer. Je ne vous en dirai pas davantage. Aussi bien il est temps de finir cette dixième Réflexion[1], déjà même un peu trop longue, et que je ne croyais pas devoir pousser si loin.

---

1. Cette réfutation de Boileau est, en effet, la *Dixième réflexion* à laquelle a donné lieu sa traduction du *Traité du sublime*.

Avant que de la terminer, néanmoins, il me semble que je ne dois pas laisser sans réplique une objection assez raisonnable que vous me faites au commencement de votre Dissertation, et que j'ai laissée à part pour y répondre à la fin de mon discours. Vous me demandez dans cette objection d'où vient que dans ma traduction du passage de la Genèse cité par Longin, je n'ai point exprimé ce monosyllabe τὶ, *quoi?* puisqu'il est dans le texte de Longin, où il n'y a pas seulement *Dieu dit : Que la lumière se fasse*; mais *Dieu dit : Quoi? Que la lumière se fasse*. A cela je réponds en premier lieu que sûrement ce monosyllabe n'est point de Moïse et appartient entièrement à Longin, qui, pour préparer la grandeur de la chose que Dieu va exprimer après ces paroles *Dieu dit*, se fait à soi-même cette interrogation, *quoi?* puis ajoute tout d'un coup : *Que la lumière se fasse*. Je dis en second lieu que je n'ai point exprimé ce *quoi*, parce qu'à mon avis il n'aurait point eu de grâce en français; et que non-seulement il aurait un peu gâté les paroles de l'Écriture, mais qu'il aurait pu donner occasion à quelques savants comme vous de prétendre mal à propos, comme cela est effectivement arrivé, que Longin n'avait pas lu le passage de la Genèse dans ce qu'on appelle la Bible des Septante, mais dans quelque autre version où le texte était corrompu. Je n'ai pas eu le même scrupule pour ces autres paroles que le même Longin insère encore dans le texte, lorsqu'à ces termes : *Que la lumière se fasse*; il ajoute : *Que la terre se fasse; la terre fut faite*; parce que cela ne gâte rien, et qu'il est dit par une surabondance d'admiration que tout le monde sent. Ce qu'il y a de vrai pourtant, c'est que dans les règles je devais avoir fait il y a longtemps cette note que je fais aujourd'hui, qui manque, je l'avoue, à ma traduction. Mais enfin la voilà faite.

FIN.

# TABLE.

|  | Pages. |
|---|---|
| Avertissement | |
| Éloge historique de l'auteur | iii |
| Livre I | 1 |
| Livre II | 46 |
| Livre III | 75 |
| Livre IV | 129 |
| Livre V | 172 |
| Livre VI | 225 |
| APPENDICE. — I. Lettre à M. Perrault | 255 |
| II. Lettre de M. Huet à M. le duc de Montausier | 275 |
| III. Réfutation d'une dissertation de M. Le Clerc contre Longin, par Boileau | 292 |

FIN DE LA TABLE.

Imprimerie de Ch. Lahure (ancienne maison Crapelet)
rue de Vaugirard, 9, près de l'Odéon.

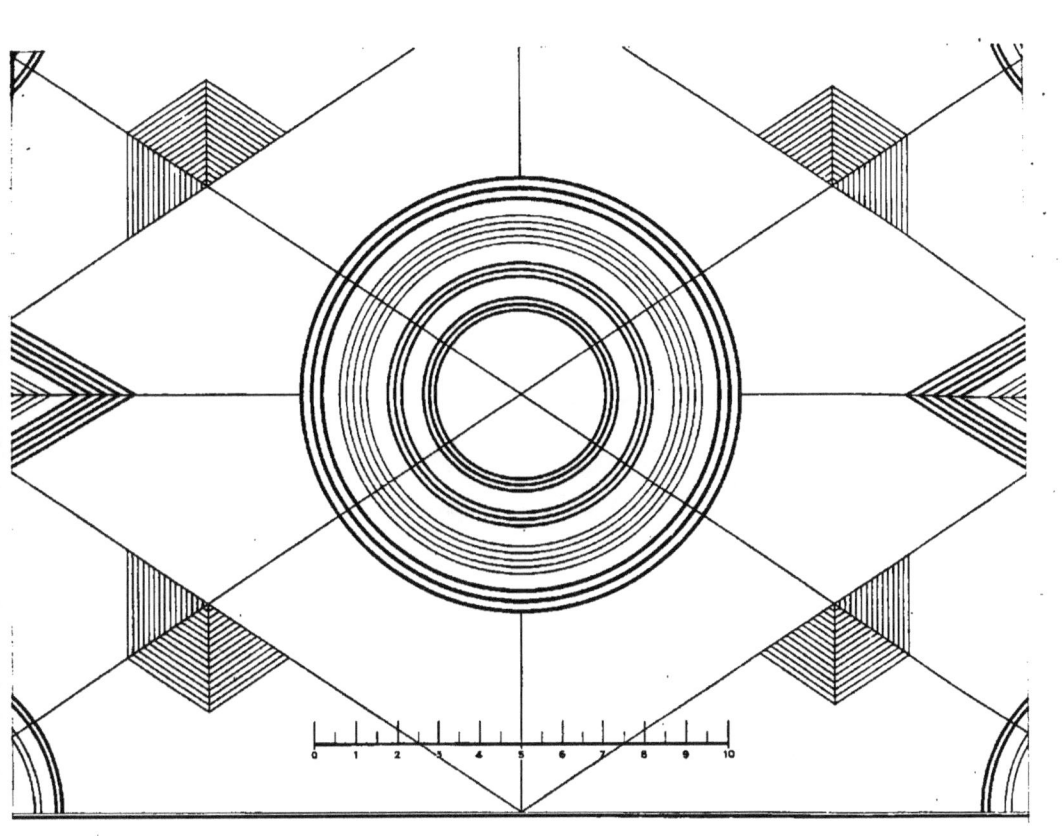

www.ingramcontent.com/pod-product-compliance
Lightning Source LLC
Chambersburg PA
CBHW060412170426
43199CB00013B/2105